Tiancom 天维

顺势 精准 赋能

绩效考核助力银行服务乡村振兴探索与实践

天维信息 · 天维研究院 ◎编著

BANK

中国经济出版社
CHINA ECONOMIC PUBLISHING HOUSE
· 北 京 ·

图书在版编目（CIP）数据

顺势 精准 赋能：绩效考核助力银行服务乡村振兴探索与实践／天维信息·天维研究院编著．—北京：中国经济出版社，2023.7

ISBN 978-7-5136-7393-8

Ⅰ.①顺… Ⅱ.①天… Ⅲ.①农村金融-商业服务-研究-中国 Ⅳ.①F832.35

中国国家版本馆 CIP 数据核字（2023）第 133731 号

责任编辑　张利影
责任印制　马小宾
封面设计　任燕飞

出版发行　中国经济出版社
印 刷 者　北京柏力行彩印有限公司
经 销 者　各地新华书店
开　　本　710mm×1000mm　1/16
印　　张　14
字　　数　280 千字
版　　次　2023 年 7 月第 1 版
印　　次　2023 年 7 月第 1 次
定　　价　52.00 元
广告经营许可证　京西工商广字第 8179 号

中国经济出版社 **网址** www.economyph.com **社址** 北京市东城区安定门外大街 58 号 **邮编** 100011

本版图书如存在印装质量问题，请与本社销售中心联系调换（联系电话：010-57512564）

编 委 会

主　　编： 蔡　华　袁东鸣

参编人员： 蔡小东　顾　昊　韩建欣
梁　郁　刘金梅　孟夕夕
钟国为

序　言

Preface

“民族要复兴，乡村必振兴”，农业农村农民问题是关系国计民生的根本性、全局性问题，必须始终把解决好“三农”问题作为全党工作的重中之重，实施乡村振兴战略。按照产业兴旺、生态宜居、乡风文明、治理有效、生活富裕的总要求，全面推进乡村振兴。随着国家乡村振兴战略的全面推进，各类资源向农村倾斜，给中小银行带来巨大的机遇。

金融是现代经济的核心，全面推进乡村振兴，离不开金融的支持。《中华人民共和国乡村振兴促进法》对不同类型银行机构的要求有所差别。政策性金融机构应当在业务范围内为乡村振兴提供信贷支持和其他金融服务，加大对乡村振兴的支持力度；商业银行应当结合自身职能定位和业务优势，创新金融产品和服务模式，扩大基础金融服务覆盖面，扩大对农民和农业经营主体的信贷规模，为乡村振兴提供金融服务；农村商业银行、农村合作银行、农村信用社等农村中小金融机构应当主要为本地农业农村农民服务，当年新增可贷资金主要用于当地农业农村发展。

中小银行支持乡村振兴战略的基本思路是，以提升金融服务支持乡村振兴的规模和效率为出发点，以实现乡村振兴战略总体目标为落脚点，结合县域乡村振兴战略规划实际，加大对农村产业发展资金需求的支持力度，以促进产业兴旺；加大对农村人居环境改善资金需求的支持力度，以推进生态宜居；加大对金融生态环境改善需求的支持力度，以推进乡风文明建设；加大对农村服务治理需求的支持力度，以推动治理有效；加大对普惠金融的投入力度，把助推生活富裕等方面作为金融支持的具体实施路径。农村商业银行是“农民身边的银行”，拥有本地化的优势、资金管控的优势、信息获取效率的优势，在乡村振兴中发挥了服务“三农”的“主力军”作用。

当前，国家监管部门鼓励金融机构建立服务乡村振兴的内设机构；在原有经济资本配置、内部资金转移定价、人员配备、考核激励、费用安排的基础上，鼓励银行在信贷审批流程、授信权限、产品研发方面对乡村振兴业务予以政策倾斜。要求金融从业者从过去对较少数农村群众的信贷支持转变成对大范围客群的支持；从过去的扶贫式的支持转变成对农户生产经营能力提升的支持；从过去的以完成指令式为目标的执行方式转变成以自主的经济效益业务模式为目标的执行方式。

绩效管理是商业银行发展的“指挥棒”，是实现战略目标的“牵引机”。商业银行业应充分发挥绩效考核“指挥棒”的作用，释放组织新活力，通过绩效管理体系、制度体系、文化体系和软件体系助力乡村振兴战略有效落地。2021 年 6 月，中国人民银行、中国银行保险监督管理委员会发布《金融机构服务乡村振兴考核评估办法》，明确了金融机构服务乡村振兴考核的指标、方法、程序及结果应用。一方面突出了考核评估指标的精准化、具体化，体现了金融机构对乡村振兴战略重点业务和薄弱环节的支撑；另一方面强化了评估结果运用，加大了考核力度。考核评估结果作为中国人民银行和中国银行保险监督管理委员会开展相关货币政策工具运用、银行间市场业务准入管理、金融产品创新试点、综合评价和监管评级、金融机构设立审批、差别化监管激励、涉农贷款风险补偿的重要参考依据，督促引导金融机构加大对乡村振兴的支持力度。

承接乡村振兴战略的银行既有农信机构，也有其他类别银行。相比其他银行类金融机构，农信机构需要更多考虑对省联社战略的承接。银行承接乡村振兴战略的绩效考核方案设计包含省联社考核设计和农信法人机构考核设计两个层面。本书通过案例剖析绩效考核指标设计、绩效考核配套制度，以及在实务中总结影响绩效考核的原因和注意事项。

综上所述，农村商业银行应加强乡村振兴战略研究，做好承接国家战略准备；强谋划，拓宽金融服务渠道，寻找乡村振兴与银行发展契合点；挖掘乡村振兴发展机会，破解资产荒等难题，从区域、产业、客户、产品 4 个维度寻求突破；加快组织调整与制度创新，保障战略承接实施落地；推进数字化技术应用，赋能乡村振兴普惠金融，强化政策激励引导，打造乡村振兴专业队伍。

本书是在广州天维公司多年深耕农村金融服务的基础上，集 600 多家银行实践案例提炼而成的，在此对这些客户表示感谢。天维研究院召集全公司最优秀的一线资深咨询师与高级研究员，历时一年之久，反复论证、仔细推敲，终成此书。但由于水平有限，书中不足之处在所难免，敬请读者批评指正。

广州天维信息技术股份有限公司
战略发展研究所副所长高级研究员
蔡 华

Catalogue

目　　录

第一章　乡村振兴与金融服务供需

乡村振兴战略是党的十九大做出的重大决策，在我国“三农”发展进程中具有划时代的意义。2018 年初发布的《中共中央 国务院关于实施乡村振兴战略的意见》明确了乡村振兴的总体要求和主要任务，从提升农业发展质量、推进乡村绿色发展、繁荣兴盛农村文化、构建乡村治理新体系、提高农村民生保障水平、强化乡村振兴制度性供给、强化乡村振兴人才支撑、强化乡村振兴投入保障等方面进行安排部署。2022 年 10 月 16 日，习近平总书记在党的二十大报告中对全面推进乡村振兴做出重要部署，提出加快建设农业强国，明确了新时代新征程上推进农业农村现代化的重大任务，为我们走好新时代乡村振兴路指明了方向、提供了遵循。乡村振兴战略作为国家战略，是关系全局性、长远性、前瞻性的国家总布局，是国家发展的核心和关键问题。乡村振兴正是关系到我国是否能从根本上解决城乡差别、乡村发展不平衡、不充分的问题，也关系到中国整体发展是否均衡，是否能实现城乡统筹、农业一体的可持续发展的问题。

全面推进乡村振兴，离不开金融的支持。党的二十大报告指出，“全面推进乡村振兴，完善农业支持保护制度，健全农村金融服务体系”。《中华人民共和国乡村振兴促进法》（以下简称《乡村振兴促进法》）把金融服务乡村振兴提升到了法律层面，《金融机构服务乡村振兴考核评估办法》的出台能够更好地引导金融“活水”流向农村经济社会发展的重点领域和薄弱环节。从需求侧来看，农业农村基础设施建设、农业产业发展、生态环境建设等方面均需要大量资金投入，对资金需求不断增加。从供给侧来看，乡村振兴战略涵盖经济、教育、科技、生态、社会、文化等方面，是一项系统性工程，要实现乡村振兴战略目标，政府部门和相关单位需要协同参与，不断投入发展资金，积极引导金融资本、社会资本投入农业农村发展建设，拓宽乡村建设融资渠道。金融支持不仅限于资金方面，还有保险机构类金融机构，以及资本证券基金等金融机构。本书主要关注乡村振兴的金融服务内容，特别是银行如何在乡村振兴中发挥重要作用。

第一节　乡村振兴的金融需求

乡村振兴战略的总要求是“产业兴旺、生态宜居、乡风文明、治理有效、生活富裕”。农业现代化、农村基础设施建设、农民增收致富和人居环境改善等方面都离不开金融的支持，只有聚焦乡村振兴重点领域与薄弱环节，优化金融资源配置、提升供给体系质量，才能提高金融服务乡村振兴的能力与水平。

一、乡村振兴的主要金融需求

（一）产业兴旺发展的金融需求

产业兴旺是乡村振兴的重要基础，只有加速发展乡村产业，才能有效促进农村生产力全面提升、农业技术不断进步、新农村建设全面发展。要实现产业振兴、农业现代化，需要加大农业科技研发投入力度，这些离不开金融的支持。

要发展高质量农业，实现发展效益和产业效益的共同提升，需要提高劳动生产率，减少农业生产的成本和时间。这需要现代化的机器设备、专业化的生产流程、集约化的经营方式，需要将高新技术更广泛地应用于农业，比如智慧农业、农业物联网等技术，农业科技化、智能化的发展离不开资金支持。

要实现产业振兴，需要结合乡村资源优势，培育新业态和新产业，推动农业与旅游、教育、康养等产业深度融合。要实现农村“三产融合”发展，需要加强农业全产业链建设，打通农产品的生产、销售、流通等环节，充分利用互联网电商平台，打通农产品线下和线上的销售渠道，实现农产品双通道销售、流通。农业产业化需要多层次、多渠道的资金投入，金融机构要适应产业融合发展新趋势，创新和优化金融服务与产品供给，拓宽上下游企业融资渠道，满足乡村振兴主体多元化融资需求。

（二）人才引进的金融需求

人才队伍建设是乡村振兴的保障，但也是当前制约农业与农村建设的障碍之一。《中共中央 国务院关于做好2023年全面推进乡村振兴重点工作的意见》特别提到要“加强乡村人才队伍建设”，强调“实施高素质农民培育计划，开展农村创业带头人培育行动，提高培训实效”。为推进乡村振兴人才队伍建设，加大落实国家对乡村人才培育的政策扶持力度，金融机构加强信贷支持，不断提升金融服务水平和服务效率，以金融“活水”助力乡村人才创业创新。

（三）农村生态环境的金融需求

农村生态环境建设是乡村振兴战略的基础性工程，保护农村生态环境，建设农村生态文明，对促进乡村振兴具有非常重要的意义。乡村生态环境建设重点是改善农村居民的居住环境，主要包括环境污染防治、生活垃圾处理和污水处理等各种生活环境污染治理，并在此基础上进行绿化美化建设，做好农村环境治理，改善农村的村容村貌等。第一，针对当前农村面源环境污染问题，认真做好农村面源环境污染整治工作。在面源环境污染整治过程中，要改变农业种植模式、创新发展农业绿色投入品以及精准应用科技等，均需要一定的农业环保改造资金投入。第二，在推动绿色生态农业发展过程中，应实施农村土地整治、大力发展农业节水灌溉等。农业绿色发展离不开金融的支持。第三，“田园综合体”是一个集农村的产业兴旺、生态宜居、文明传承于一体的新型农村发展模式，是一个包含农林牧渔、加工、制造、餐饮、旅游等行业的“三产融合体”和城乡复合体。“田园综合体”项目金融需求大、覆盖范围广，且金融需求也更全面、更多样，金融机构应积极统筹各渠道支农资金支持田园综合体建设。

（四）农村基础设施建设的金融需求

完善的基础设施建设是发展农村经济的基础，农村的水、电、网、路等领域建设都需要大规模的资金保障。《关于推进政策性开发性金融支持农业农村基础设施建设的通知》明确了农业农村基础设施建设重点领域，分别是耕地保护和质量提升、农业科技创新、农业产业融合发展、现代设施农业、农业农村绿色发展、农业防灾减灾、乡村建设。金融机构要探索支持农业农村基础设施建设的有效模式，为农业农村基础设施项目提供更多长周期、低成本贷款。

二、乡村振兴的金融需求主体

随着乡村振兴金融需求的逐渐增多，其需求主体、需求规模、需求类型等均发生了较大变化，并呈现出多元化特征。金融需求主体包括现代农户、新兴农业经营主体、涉农企业等。总的来说，农村金融的需求越来越多元化，金融需求的结构也越来越复杂化。

（一）农户的金融需求

农户的金融需求包括生产发展性需求和日常消费性需求。从生产发展性需求角度来看，随着乡村振兴战略的不断推进，农户生产发展性需求逐步向大额化、长期化转变，用于农产品初加工、深加工，提升农产品的经济附加值。从日常消费性需求来看，目前大多数农户的日常生活性消费已基本实现自给自足，但随着农村生活水平的不断提高，农户金融需求逐渐扩展为提升自身素质、改变居住环境、改善生活品质的消费需求，呈现出金额差异大、临时应急性强的特征。金融机构要紧跟农业农村发展步伐，以持续创新更好地满足农民差异化金融需求。

（二）农业企业的金融需求

推动乡村振兴发展，提高农业质量效益和竞争力，需要发展壮大农产品加工业，尤其是地方特色农产品精深加工。但当前我国农产品加工业以初加工、粗加工为主，自动化、智能加工线还没有普及，精深加工生产的比重还不高，产品同质化竞争仍然激烈，农业产品技术加工能力还有待进一步提高。发展农业精深加工，仅靠农户自身的经验积累远远不够，还需要资金的大量投入。在生产实践中，部分农业企业重视与农户建立更加密切的利益连接关系，更注重在农业规模化生产建设和价值链延伸进程中与农民共享收益，将企业与农户原来单纯的利益对立、签订买卖契约的松散式关系，逐步过渡到合作、合股的利益紧密式关系。农民能够共享更大的产品附加值带来的利益，从而成为农业产业效益提升的主要参与者和受益人，这也是乡村振兴追求的最终目标。为了实现乡村振兴，农业企业需要加速转型升级，强化技术革新和产品研发，深入实施精深加工，完成产业的提档升级。重点生产项目建立、重点实验室建成、重大技术设施改造升级、农业新技术新工艺新装备研制与引进、农产品废弃物综合利用等还需要金融机构的进一步扶持。

（三）农业龙头企业的金融需求

农业龙头企业作为现代农业企业，因其独特的行业联动作用和对农户增收的独特影响力，一直被认为是当前农村产业化发展的主体模式。农业龙头企业引导农户开拓和参与市场经济，引导农户进行生产，完成农产品生产、加工、营销和交易流通，并采取股权分配、收益返还等形式把这些环节中的收益部分地回报给农户，或以保护价收购农户生产或加工的农产品，农业龙头企业与农民共享收益、共担风险，形成一个经济共同体。因此，可以说，农业龙头企业的盈亏成败，将影响农业产业发展和农民收入增长，关系农村产业发展和农民收入增长。乡村振兴的工作重心之一是培育发展农业龙头企业，助力农业龙头企业的各类新兴业态发展，包括物流配送、电子商务、直播带货服务等。金融机构应优化信贷服务，创新信贷产品，加大对农业龙头企业支持力度，满足企业多元化金融需求。

（四）农民合作社的金融需求

农户专业合作组织，是指在农村家庭承包经营基础上，农产品的生产经营者或者农业生产经营服务的提供者、利用者，按照自主合作、民主管理、满足广大农民在经营上的共性需求原则成立的互助性农业经营组织。其成员以农民为主体，经营范围主要集中在种植业、养殖业、农产品生产加工等产业，盈余按照成员与农民专业合作社的交易量（额）比例返还。长期以来，农民合作社以农业生产为主，较难实现第二产业、第三产业的增值收益。随着乡村振兴的发展，农民合作社在国家有关政策的扶持下快速发展起来，致力于发展农业加工、交易，其经营涵盖的行业范围逐渐拓大，经营管理模式逐步规范，已具有形成产业链的优势，日益成为联结农村“小生产”和城市“大市场”的重要纽带，符合乡村振兴产业兴旺的基本方向。

但是，农村专业合作组织面临着资金问题。在自身资金积累不足、技术基础薄弱、抵担保物不足、风险抵御能力弱的背景下，农民合作社资金规模有限且不少农村专业合作组织还处在起步阶段，因此迫切需要强化金融服务保障。

（五）休闲农业的金融需求

发展休闲农业的关键在于用好当地的农业资源要素，保障好农村水源、环境、生态，发展环保农业、休闲农业、观光农业、体验农业，弘扬农耕文明、传播传统民俗，吃农家饭、做农村活，体验清新的乡土气息、浓郁的乡土文化。但目前面临的最大困难是，许多休闲农业点的运营管理模式、服务质量缺乏规范性，企业经营规模达不到金融机构提供信贷的标准，这些都限制了信贷资金的进入。尤其是在交通、停车场、酒店等基础设施完善，精品旅游设施发展，接待水平提高等领域，迫切需要资金支持。

三、乡村振兴的金融需求特点

从乡村振兴金融需求出发，可以分为产业发展金融需求与公共发展金融需求，呈现出多层次、多样化的复合型特征。其中，产业发展金融需求主要表现在农村产业结构优化、农业生产效益提升、产业发展质量保障等方面；公共发展金融需求则主要表现在农村基础设施建设和农村生态环境保护等方面。同时，乡村振兴本身就是创意、创造、创新的过程，新产业、新业态不断涌现，作为新生事物远未定型，对金融服务的需求要求高、变化快，具有明显的动态性和成长性特点。

（一）金融需求主体多样化、规模化

乡村振兴的基础是产业兴旺，产业兴旺需要通过乡村新型经营主体来实现。随着现代农业产业的经营模式不断拓展和丰富，生产经营模式从传统的以单一农户为主到如今专业大户、家庭农场、农民合作社、龙头企业、农业企业等多种新型农业经营主体并存，还衍生出“农户+公司”“农户+合作社”

"农户+合作社+公司""农户+合作社+社会化服务组织"等多元化经营模式。规模化、集约化、专业化、市场化和社会化的经营模式使农业发展更高效，全产业链发展模式、现代化生态模式等综合、高效的农业产业体系逐渐形成并发展起来，使得新型经营主体的生产经营更加专业化和规模化，财务管理更规范，其金融需求也更多样化、规模化。

（二）金融需求大额化、长期化

在乡村振兴战略背景下，现代农业发展带来生产经营模式的不断创新，新型农业经营主体不断规范，生产规模不断扩大，资本密集程度不断提高，生产经营方式与传统个体农户迥然不同。传统个体农户土地经营规模小决定了其用于生产的金融需求小，且随着中国农村产业发展呈现出季节性、临时性、分散性、周转性特点。与传统个体农户的生产发展需求不同，新型农业经营主体进行的农业生产经营行为更加规模化、集约化、复杂化，因此需要更大的资金投入和资本流动性做保证，对资金投入的需要呈现周期性、集中型、大额式投资的特征。

同时，新型农业经营主体进行的农业生产投资回报期长。农作物的耕种和收获，需要采用高质量的品种、农机设备和生产技术资料；发展壮大种植养殖业，需要引入具有高附加值的农业产品；发展农产品加工业和扩大农业生产经营规模，需要配备先进的机械设备、扩建工厂设施等。除此之外，乡村振兴背景下的现代农业功能从简单生产延伸到多个环节，包括农产品的收购、加工、运输、销售、储藏以及品牌打造等。这一过程中需要的管理费用、人力成本、营销费用等运营金融需求显著高于普通农户和单一生产环节的相应需求。

（三）金融服务需求动态化、信息化

乡村振兴的有效实施带来金融需求的不断交迭更替，需要金融机构结合实际情况提供服务。要发展产业融合新业态，促进产业链各经营主体尤其是农民获得更多增值收益分配，需要体现产业价值和收益向"三农"倾斜和"回流"。金融机构要紧跟农业农村发展步伐，满足乡村振兴多样化、多层次的金融需求。与此同时，在产业振兴过程中，随着农业经营规模的扩大，资金流规模更大、范围更广，包括产业链上下游的资金流动、国内外各市场的

资金结算，这就要求农村金融机构向各类农业经营主体提供信息化、网络化、全方位、全流程的信息和结算服务，帮助其更好地进行资金配置，有效地进行风险管理。

第二节　乡村振兴的金融供给

从供给侧来看，我国乡村振兴战略的落实与开展，对农业与农村经济的发展提出新的要求，“三农”在金融需求方面的新要求对农村金融供给提出了新挑战。近几年来，中央和地方各级政府通过强化财政的投入保障、加大农业农村投资项目信贷支持力度、出台相关政策规范和引导资本参与等办法，加大了公共财政、金融机构和社会资本对“三农”领域的资金投入力度。但整体而言，当前农村金融供需矛盾仍然突出，因此，优化当前农村金融供给体制机制，保证金融资源的合理、有效配置尤为重要。

一、乡村振兴的金融供给现状

一直以来，农业农村的发展受到党中央和国务院的高度重视，大力引导和促进金融资本、社会资本投向农村，乡村振兴战略实施的多元投入保障机制逐步建立、完善。但是，现有的农村金融供给仍然面临结构性矛盾，存在一些较突出的问题，影响和制约了乡村的振兴。

（一）资金投入力度持续加大，但仍存在较大资金缺口

随着乡村振兴战略的深入实施，中央政府不断发挥政策引导作用，国家财税支农资金投入总量持续增长。但长期以来，农村经济融资体制不健全、财政实力存在局限性、自筹能力有待提升，而乡村产业振兴、农村基础设施建设、农村环境改善、社会公共服务提升等对金融供给提出了新要求，导致农村金融供需明显不均衡。同时，尽管财政对“三农”领域投入力度持续加大，但是由于农业生产投资风险性高、回报率低、周期长，政府难以有效带动社会资本投资，仅依靠财政支农资金支撑乡村振兴战略的贯彻落实，资金缺口较大的情况依然存在。

（二）资金筹资格局逐渐形成，但资金的筹集机制不健全，来源途径受限

随着乡村振兴战略的深入推进，农村金融市场改革不断深化，政府通过政策倾斜的方式，培养了多层次的农村金融供给主体，逐渐形成财政资金优先扶持、金融机构着重投入、社会主体参与的多元化投资布局，使乡村振兴资金筹措更加有效、更加合理。但由于我国城乡发展差距大，新型农业发展和乡村基础设施建设的投资回报率较低，市场经济主体参与意愿不足，资金投入有限，农业农村发展的主要资金来源仍然是政府主导的财政资金。

（三）金融支农能力持续增强，但创新能力偏低，服务范围受限

随着乡村振兴战略的推进，各地政府积极探寻符合自身特点的经济增长模式和业务增长方式，以"一乡一业""一村一品"为指导，满足不同地域、不同行业和不同产业链环节的需求，使农村金融服务需求品种更加多样。然而，当前的农村金融产品和服务创新性不足，无法满足新业态的实际需求，也无法提供符合乡村特色的全方位、多样化的金融服务和多层次、多元化的金融产品，导致金融机构提供的产品种类与乡村振兴产业的发展需求存在较大差距。

（四）社会投入活力持续增强，但政策保障机制仍不完善，积极性难以充分发挥

随着农业农村经营效益日益提升，社会资本进入农业农村领域的积极性也显著提升。然而，在乡村振兴战略实施过程中，资金投入保障机制不健全，已经成为制约乡村振兴的主要因素。比如，土地经营权流转争议、农民违约等问题；政府扶持措施缺乏连续性，一些地方政府未能兑现对投资商的承诺，使得投资商陷入了两难境地。由于政策保障不健全，社会资本参与乡村振兴的积极性受到了制约。

（五）农户投资意向持续提升，但资源资本化机制仍不完善，农村发展内在动力仍然不足

由于农村的资源要素资本化机制不完善，农户参与农村发展受到诸多资金限制。例如，一些农村虽地处生态功能区，但生态资源转化为农业资产能

力不足，农户从中获益甚微；土地流转市场不完善，农村产权制度改革和产权交易市场建设总体上相对滞后；不同区域农业集体产权制度改革进展不一，部分地区农村集体经济发展相对落后，农户从中获取的收益率相对较低。农户作为乡村振兴的主体，主体作用难以发挥，农村发展内在动力仍然不足。

二、乡村振兴的金融供给主体

2018 年，财政部发布《贯彻落实实施乡村振兴战略的意见》，明确了完善农业农村投入优先保障机制，坚持把农业农村作为财政支出的优先保障领域，公共财政更大力度向“三农”倾斜，健全投入保障制度，创新投融资机制，加快形成财政优先保障、金融重点倾斜、社会积极参与的多元投入格局，确保投入力度不断加大、总量持续增加，财政投入与乡村振兴目标任务相适应。“十四五”期间，《乡村振兴促进法》具体规定：一方面，在投入力度上，县级以上人民政府应当优先保障用于乡村振兴的财政投入，确保投入力度不断加大、总量持续增加；另一方面，要综合运用多种政策措施，在财政资金优先保障和向乡村倾斜的基础上，提出以市场化方式设立乡村振兴基金，以及进一步加强金融政策支持等。《中共中央 国务院关于做好 2022 年全面推进乡村振兴重点工作的意见》（以下简称《意见》）指出，“扩大乡村振兴投入，继续把农业农村作为一般公共预算优先保障领域，中央预算内投资进一步向农业农村倾斜；强化乡村振兴金融服务，对机构法人在县域、业务在县域、资金主要用于乡村振兴的地方法人金融机构，加大支农支小再贷款、再贴现支持力度，实施更加优惠的存款准备金政策”。《意见》明确了乡村振兴战略实施的资金保障渠道，也对财政支农体系、金融支农体系及农村产业多元化投资机制创新提出了明确的要求。当前，乡村振兴的资金来源主要有财政资金、乡村振兴专项债、土地出让收益、土地增减挂调剂和流转收入、信贷资金等。

（一）财政资金

财政资金作为乡村振兴投入保障的重要支撑，不仅能提供基础保障，还能为农业生产提供支持。乡村振兴需要各领域的协同配合，这些基础设施领域有较强的公共物品属性，投资者往往无法在短期内获得收益，因此，需要财政资金的长期支持。尽管近年来金融机构大力支持乡村振兴，涉农贷款规模也有了显著扩大，但农村金融基础设施滞后、体制机制不健全、信用环境薄弱、融资需求多样化以及经营个体分散等因素，使得金融支持乡村振兴仍然面临着巨大挑战。而财政政策通过调节政府内部资源配置结构，发挥了“四两拨千斤”的政策杠杆作用，调动了金融资本和社会资本力量，健全了多元化融资机制，拓宽了资金保障渠道。因此，在明确政府与市场边界的基础上，财政将发挥更大的杠杆作用，推动乡村振兴的发展。

政府的一般公共预算资金主要来自税收收入、行政事业性收费收入、国有资源（资产）有偿使用收入等，收入来源相对稳定，把农业农村纳入财政优先保障范畴，通过政策性、制度性和工具性等手段，财政能够充分发挥杠杆作用，积极引导社会资本流入，扩大投资规模，以满足城乡居民日益增长的对农村公共产品的需求。

从政策落地的层面来看，随着乡村振兴战略的提出，近年来政府对乡村振兴的投入不断增加。2017—2022 年，乡村振兴的投入比例逐年上升，过渡期财政支持政策不但总体稳定，而且进一步加力，可见中央对乡村振兴战略的落实给予了很大的支持，中央财政加大对农业的投入力度，为乡村振兴提供了有力的支撑（见表 1-1）。

表 1-1　2017—2022 年乡村振兴补助资金情况

年份	全国公共财政预算支出（亿元）	乡村振兴补助资金（亿元）	乡村振兴补助资金占比（%）
2017	203330	861	0. 42
2018	220906	1061	0. 48
2019	238874	1261	0. 53
2020	245588	1461	0. 59
2021	246322	1561	0. 63
2022	260609	1650	0. 63

（二）乡村振兴专项债

在当前经济下行压力不断加大背景下，地方政府专项债作为实施积极财政政策的重要工具，以及推动补短板与稳投资的重要力量，已经成为农业发展的重要金融工具。近年来，乡村振兴债券得到了国家政策的大力支持，其影响力和重要性也得到了显著提升，并得到了广泛认可。

自2018年以来，政府积极推动乡村振兴债券的发行，从点到面、从部分到整体，营造了完善的政策措施环境。2018年，财政部明确将乡村振兴专项债列入发行支持范围，为乡村振兴专项地方债的推出提供了重要的政策依据。2019年中央一号文件明确指出“地方政府债券资金要安排一定比例用于支持农村人居环境整治、村庄基础设施建设等重点领域”，为发行乡村振兴专项债创造了更加有利的政策条件。2020年国务院政府工作报告指出，“增加专项债券投入，支持现代农业设施、饮水安全工程建设和人居环境整治，持续改善农民生产生活条件”。在政策支持下，乡村振兴专项债发行规模有所扩大，得到了市场更广泛的认可。2021年2月，《中共中央 国务院关于全面推进乡村振兴加快农业农村现代化的意见》明确“支持地方政府发行一般债券和专项债券用于现代农业设施建设和乡村建设行动，制定出台操作指引，做好高质量项目储备工作”。随着乡村振兴战略的推进，2021年4月，《乡村振兴促进法》鼓励省（区、市）人民政府依法发行政府债券，用于现代农业设施建设和乡村建设。在政策支持下，非金融企业债务融资工具也在不断增加，由地方政府债扩容至公司债、短期融资券、中期票据、定向工具、资产支持证券等，用于农业发展与乡村建设等乡村振兴领域。

2018年8月20日，四川省政府发行了全国首只乡村振兴专项债券——泸县乡村振兴专项债券，四川也是目前我国乡村振兴专项债发行数量、发行规模最大的省份，为乡村振兴注入了新的活力。根据中国地方政府债券信息公开平台披露的信息，截至2022年12月31日，地方政府乡村振兴专项债存量合计74只，余额934亿元（见图1-1）。募集资金投向包括农产品生产基地建设，农业产业园区、产业强镇建设，高标准农田建设，水库移民，耕地复垦，水利建设，乡村公路，特色小镇等方面。

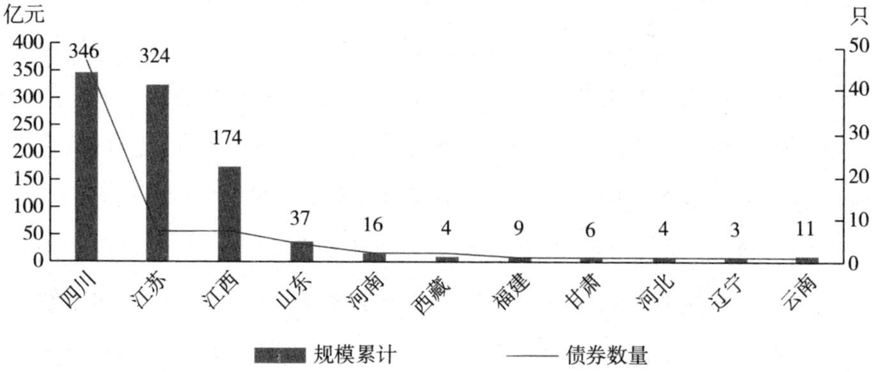

图 1-1　乡村振兴专项债发行情况

（三）土地出让收益

一直以来，土地都是农村最基本的生产资料，更是最具经济转换价值的物质资源。但长期以来，城市建设对“土地财政”依赖很大，土地增值收益主要用在城市。特定时期，这种做法确实有力地推动了工业化、城镇化发展，但也在一定程度上影响了农村发展。乡村振兴仅靠财政一般公共预算还不够，必须拓宽资金来源渠道，而土地出让收入用于农业农村的比例低，是农业农村投入不足的重要原因。

2020 年，中共中央办公厅、国务院办公厅明确，到“十四五”期末，以省（区、市）为单位核算，土地出让收益用于农业农村的比例要达到 50% 以上。2021 年，中央农村工作领导小组办公室、财政部、农业农村部印发《关于提高土地出让收入用于农业农村比例的考核办法》。2022 年 9 月，中共中央办公厅和国务院办公厅联合发布了《关于调整完善土地出让收入使用范围优先支持乡村振兴的意见》，确定了土地出让收入的两种计提方法：根据土地出让收益计提和根据土地出让收入计提。2023 年中央一号文件提出，稳步提高土地出让收益用于农业农村比例，是继 2018 年中央一号文件首次提出调整完善土地出让收入使用范围之后，再次强调这一要求。在加快建设农业强国的新时期，传递出中央健全乡村振兴多元投入机制的坚定决心。

在政策指导下，广西、云南、辽宁、贵州、河南、四川等省份均出台了提高土地出让收入用于农业农村比例的政策措施，并结合当地实际情况，确定了土地出让收入使用范围以及优先支持乡村振兴的具体目标、具体方向（见表 1-2）。河南省政府提出，将省级财政统筹的农田水利建设资金的 10% 用于支援农业粮食主产和财力薄弱县（市、区），集中的土地出让收入和分成的新增建设用地有偿使用费也将被用于支援这些县（市、区），以帮助它们实现乡村振兴目标。山东省政府则明确，在中央统筹的基础上，省财政将持续投入 20% 的农田水利建设资金，并增加 30% 的建设用地土地有偿使用费（青岛仍为 20%），着重扶持粮食主产区和财力薄弱县（市、区）的乡村振兴。

调整土地出让收入用于农业农村的比例，从政策对比来看，结束了延续近 30 年的土地出让收入优先用于城市建设的分配制度，标志着城乡关系的更深层次调整；从城乡对比来看，有利于通过财政资金在城乡支出的“加减法”来缩小城乡差距，在城市端做了“减法”，在乡村端做了“加法”；从同业对比来看，该政策对财政资金的总量没有影响，只涉及财政资金城乡支出结构的调整，事实上造成用于乡村的财政资金净增加，有利于农村金融机构发展。

表 1-2　部分省份土地出让收入支持乡村振兴情况　　单位：%

年份	土地出让收入用于农业农村的资金占比						
	河南	广西	贵州	云南	山东	辽宁	四川
2021	—	20	—	6	—	2	—
2022	32	30	35	7	7	4	5
2023	40	40	40	8	8	6	7
2024	48	45	45	9	9	8	9
2025	50	50	50	10	10	10	10

（四）土地增减挂调剂和流转收入

土地增减挂是一种新型的土地利用方式，是将农村建设用地（拆旧地块）整理复垦为耕地，将城市周边的农业用地转化为城镇建设用地，在耕地面积不变的前提下提高耕地的质量，增加城市可用建设用地，使城乡建设用地格局更趋科学合理。2018 年中央一号文件《关于实施乡村振兴战略的意见》中明确指出，“建立城乡建设用地增减挂钩节余指标跨省域调剂机制，将所得收益全部用于支持脱贫攻坚和乡村振兴”。随着城市群建设的推进，“土地增减挂调剂和流转”的价格也不断上涨，这将为乡村振兴提供更多的资金支撑。

2018 年 3 月，国务院办公厅印发《跨省域补充耕地国家统筹管理办法》《城乡建设用地增减挂钩节余指标跨省域调剂管理办法》，明确了指标调入省份支付的成本为“（基准价+产能价）×省份调节系数”，指标调出省份可获得的收益为“征地基准价+征收产能价”，剩余部分由中央财政统一安排调拨用于脱贫攻坚和乡村振兴（见表 1-3）。土地增减挂产生资金的注入，可以有效解决村级新农村建设资金缺乏的问题，全面加快旧村改造的步伐，有效集约土地；新开垦的土地有利于村集体经济发展，增加收入，给新农村建设带来新变化。

表 1-3 跨省域补充耕地成本与收益定价机制

<table>
<tr><td rowspan="8">指标调入省份支付成本</td><td>计算公式</td><td colspan="2">（基准价+产能价）×省份调节系数</td></tr>
<tr><td>基准价</td><td colspan="2">耕地每亩 10 万元，水田每亩 20 万元</td></tr>
<tr><td>产能价</td><td colspan="2">每亩每百公斤 2 万元</td></tr>
<tr><td rowspan="5">省份调节系数</td><td>北京、上海</td><td>2.0</td></tr>
<tr><td>天津、江苏、浙江、广东</td><td>1.5</td></tr>
<tr><td>辽宁、福建、山东</td><td>1.0</td></tr>
<tr><td>河北、山西、吉林、黑龙江、安徽、江西、河南、湖北、湖南、海南</td><td>0.8</td></tr>
<tr><td>重庆、四川、贵州、云南、陕西、甘肃、青海</td><td>0.5</td></tr>
<tr><td rowspan="3">指标调出省份可获收益</td><td>计算公式</td><td colspan="2">征地基准价+征收产能价</td></tr>
<tr><td>征地基准价</td><td colspan="2">补充耕地每亩 5 万元，水田每亩 10 万元</td></tr>
<tr><td>征收产能价</td><td colspan="2">每亩每百公斤 1 万元</td></tr>
<tr><td colspan="2">差价</td><td colspan="2">由中央财政统一安排调拨用于脱贫攻坚和乡村振兴</td></tr>
</table>

（五）信贷资金

乡村振兴首先需要促进乡村经济的发展，而乡村经济的发展离不开生产要素的投入，尤其是持续大量的金融资本的投入。《乡村振兴促进法》对金融机构尤其是银行类金融机构提出了更高的要求和部署，以支持乡村振兴。国家建立健全多层次、广覆盖、可持续的农村金融服务体系，完善金融支持乡村振兴考核评估机制，促进农村普惠金融发展，鼓励金融机构依法将更多资源配置到乡村发展的重点领域和薄弱环节。

《乡村振兴促进法》也对不同类型银行机构提出了不同要求。政策性金融机构应当在业务范围内为乡村振兴提供信贷支持和其他金融服务，加大对乡村振兴的支持力度。商业银行应当结合自身定位和业务优势，创新金融产品和服务模式，扩大基础金融服务覆盖面，扩大对农民和农业经营主体的信贷规模，为乡村振兴提供金融服务。农村商业银行、农村合作银行、农村信用社等农村中小金融机构应当主要为本地农业农村农民服务，当年新增可贷资金主要用于当地农业农村发展。

近年来，中国本外币涉农贷款余额呈现出稳定增长的态势，2022 年达 49.25 万亿元，较 2021 年增加了 6.04 万亿元，同比增长 13.98%（见图 1-2），实现近几年来首次超过全年信贷规模 11.10% 的增速。但涉农金融在整体金融中的占比仍然呈下降趋势，农村地区主动加杠杆的意愿不够强烈。其中，相当一部分仍是投向具有一定规模的农业生产企业，没有真正落实到农村。这种相对的缩减，阻碍了农村经济的发展和乡村振兴战略的实施。

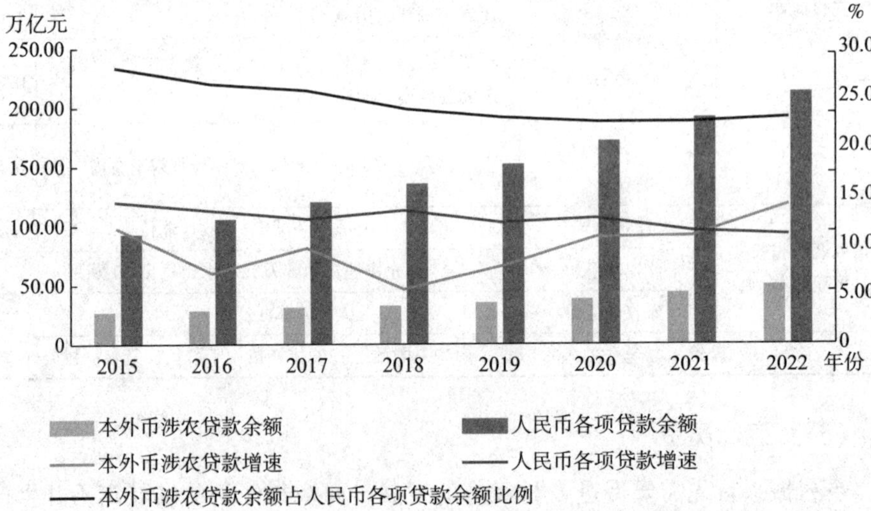

图 1-2　2015—2022 年本外币涉农贷款投放情况

近年来，涉农贷款余额增速连年低于整体增速，这是因为“三农”领域信贷基础薄弱、经营风险大、盈利空间小等，导致各商业银行的县域金融机构网络持续收缩，“三农”行业的金融支持重担大部分落在农信机构的肩上。而农信机构的资金实力有限、金融机构单一，“三农”的发展得不到有效支撑，致使乡村振兴的信贷资金投放不足。此外，农信机构的金融产品种类单一，以吸纳农民储蓄存款和办理农户贷款为主，期限较短，贷款利率较高，无法满足乡村振兴的金融需求。

从涉农结构上看，以 2015 年为起点衡量，各类涉农贷款增长显著（见图 1-3）。其中，农村贷款是增长最快的分项，占比不断攀升。从信贷主体来看，农户贷款虽然增速有所下降，但余额在不断增加，这与“让农民更多参与到增值环节中来”政策的指导思想一致。

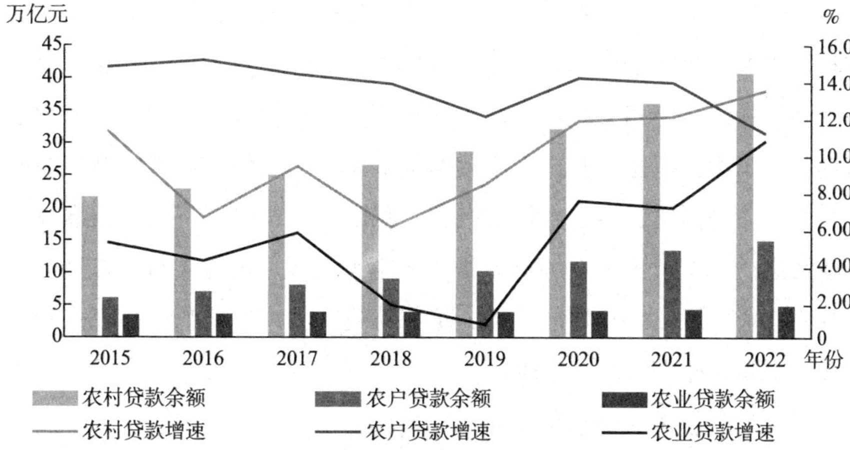

图 1-3 2015—2022 年各类涉农贷款投放与增速情况

三、强化政府引导与深化市场运作并举

实现乡村振兴要求产业政策、财政政策、金融政策形成合力。产业政策是关键，但必须经过长久的努力才能取得成功；财政政策是保证，应该向省政府寻求更多的资金支持，并从市政府、县政府的财政收入中拨出更大比例的资金支持乡村振兴，但财政收入的增长从根本上还是要依靠产业的蓬勃发展；金融政策是支持，金融行业靠资本市场化运营来实现利润最大化，对于

利润小、风险大的项目不愿涉猎，应充分发挥金融政策的正向激励作用，加快推进金融助推乡村全面振兴。推动产业政策、财政政策、金融政策深度融合，实现最大政策效应。

（一）优先加大对农业投入的保障力度

在政策保障方面，坚持把农业农村作为财政支出的优先保障领域。一是持续加大对农业农村发展的支持力度，将国家政策资金不断向乡村振兴倾斜。不断完善农业农村投融资体制机制，构建财政资金优先保障、金融机构着重投入、社会主体积极参与的多元投入格局，确保乡村振兴的财政投入力度持续加大。二是在资金的投入与使用问题上，保障财政支持乡村振兴的政策精准有效。要结合乡村振兴的总体目标和任务要求，建立起短期与长期相结合的财政优先保障机制，既要科学合理评估项目投资的可行性，又要科学合理界定投资规模、筹资渠道和债务能力。同时，加强绩效管理，根据乡村振兴战略发展目标，结合相关政府部门工作职责，有机协调事前评估、事中监控和事后评价工作，构建专业化信息数据资金库，不断促进涉农资金预算绩效管理工作。三是构建有利于乡村振兴与发展的长效机制，将资金精准投入农业产业发展、农户可持续发展能力培育的重点领域、重点项目，将资金主要用于加强产业发展和劳动技能培训、培育特色优势产业集群、加强基础设施等方面，增强农业农村发展韧性。

（二）建立财政与金融相协调的政策体系

面对乡村多层次、多领域的资金需求，仅仅依靠财政资金的投入远不足以支撑农业农村发展和乡村振兴战略的实施。一是在政策的设计上应注重财政资金与金融政策的协调配合，既要注重发挥政府投入的主体和主导作用，也要充分发挥好金融的引导和协同作用，结合实际情况加强政府与社会资本之间的有效合作，吸引更多社会资金，为促进乡村振兴提供资金支持。二是既要充分发挥财政资金的锚定和风险兜底作用，也要科学发挥金融的杠杆作用，充分调动金融机构的积极性，撬动更多资金投入“三农”领域，引导更多资金向乡村振兴重点领域和薄弱环节倾斜，科学转化财政资本。三是既要营造良好的金融生态环境，不断增强各类金融机构服务农村金融市场的信心和决心，也要科学建立财政风险补偿、风险分担机制，适度提高财政的补偿标准和风险分担比，同时积极培育以市场为导向的资金风险分担机制，调动金融机构服务乡村振兴的积极性，提升农村金融服务水平。

（三）建立健全多元化的资金筹集机制

乡村振兴的实施需要不断完善资金筹集机制，拓宽资金来源渠道。一是持续优化农村金融服务。不断深化和完善农业信贷担保体系，扩展农村信贷覆盖范围，强化国家农业信贷提供基金的服务功能；深入落实农村金融机构定向费用补贴政策，加大定向补贴政策实施绩效评估力度，推动政策补贴更加科学化、精准化、精细化；坚持政府引导与市场驱动相结合，规范基金管理，强化基金监督，充分发挥政府投资基金在农业农村发展中的引导作用。二是创新金融服务乡村振兴方式。在严控地方债务和金融风险的前提下，在经济发展环境较好、土地资源优良、社会信誉良好的地域建立乡村振兴基金，鼓励发行地方债券或开展地方资产证券化试点项目，以多种渠道筹措社会资金，重点用于农村基础设施建设或乡村公益类项目。三是构建多元化的土地出让收益分配机制，更好地促进农业发展。探索建立多元化的土地出让收益分配机制，深化农村集体经营性建设用地入市试点，建立城乡建设用地增减挂钩节余指标的跨区交易机制，严格土地收益资金管理，稳步提高土地出让收益优先用于农业农村比例。

第二章　乡村振兴中银行发展机遇

“产业兴旺、生态宜居、乡风文明、治理有效、生活富裕”是实施乡村振兴战略的总要求。随着乡村振兴战略的提出，银行机构不断深耕农村市场，积极发展普惠金融服务，开展涉农领域贷款业务，通过与地方经济产业深度融合，为农户以及各类新兴农业经营主体提供特色化、差异化的金融服务，在服务“三农”、助力乡村振兴中的作用越发凸显。

第一节　银行在产业兴旺中的发展机遇

实施乡村振兴战略，产业兴旺是基础，首要任务是确保国家粮食安全。党的二十大报告提出：“全方位夯实粮食安全根基，全面落实粮食安全党政同责，牢牢守住十八亿亩耕地红线，逐步把永久基本农田全部建成高标准农田，深入实施种业振兴行动，强化农业科技和装备支撑，健全种粮农民收益保障机制和主产区利益补偿机制，确保中国人的饭碗牢牢端在自己手中。”这充分体现了党中央对粮食安全问题的高度重视。2015—2020 年，我国粮食年产量连续六年稳定在 6.5 亿吨以上（见图 2-1），2020 年粮食消费量约 7.4 亿吨。数据显示，2022 年，我国粮食产量 6.87 亿吨，较 2021 年增加 368 万吨，预计 2031 年粮食自给率将提高到 88.1%。未来，我国粮食综合生产能力仍需要不断提高，粮食和重要农产品供给保障能力还应继续增强。

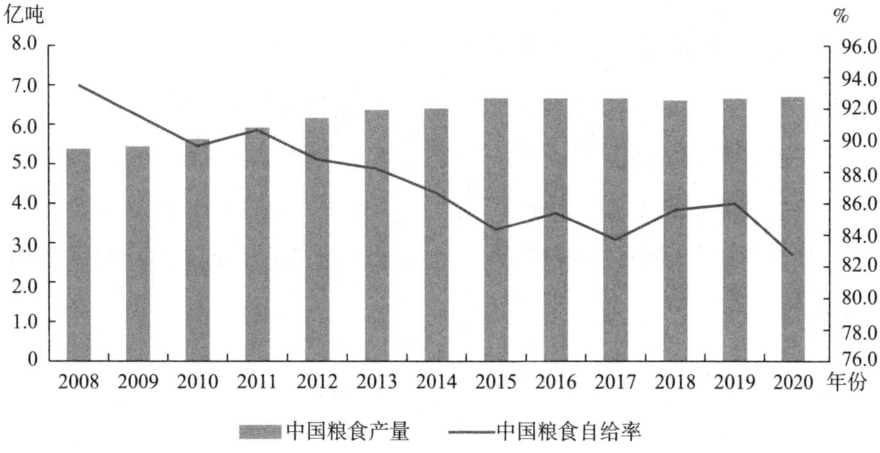

图 2-1　2008—2020 年中国粮食产量及粮食自给率

资料来源：平安证券、天维研究院。

一、农村地区产业兴旺发展存在的问题

（一）产业链不能形成有效衔接，产业附加值偏低

2020 年，全国农业及相关产业增加值为 16.69 万亿元，仅占国内生产总值（GDP）的 16.47%；第一产业就业人员占比 23.6%，只贡献了 7.7% 的 GDP，与二、三产业相比，农业的生产效率明显偏低，产业规模、总产值不高。乡村产业建设中，产业链延伸不足，第一产业向后端延伸不够，以供应原材料为主；第二产业发展相对滞后，农产品精深加工不足，副产物综合利用程度较小，农产品加工转化率较低；第三产业融合层次低，农村生产生活服务能力不强，乡村价值功能开发不充分，农户和企业之间利益联结不紧密，产品的销售渠道有限，销售范围窄。

（二）农村产业发展模式单一

一些农村地区的产业发展模式较为单一，仍以传统种植业为主，其他产业如特色养殖、特色旅游业等基础薄弱。以种植业为例，种植技术落后，机械化程度较低，商业化育种水平不高，缺乏技术创新和相适应的配套措施，金融资源供给不足等，这些使现代农业配套设施建设和乡村新产业新业态发展需求难以得到满足。

（三）乡村特色产业特色不突出

乡村特色产业是推动地方经济发展、助力农户致富的有效载体。虽然乡村产业发展取得了一些成绩，但一些乡村地区产业以原材料生产、粗加工为主，对特色资源挖掘不够，特色产业规模小而散，链条短，品牌少，特色不突出，缺乏产业发展的核心竞争力，特色地区的产品优势未能凸显，发展模式受限。

二、银行在乡村产业兴旺中的发展机遇

为贯彻落实2023年中央一号文件精神和《国务院关于促进乡村产业振兴的指导意见》要求，推动乡村产业高质量发展，做大做强农产品加工流通业，加快发展现代乡村服务业，培育乡村新产业新业态，培育壮大县域富民产业，提出通过聚焦规模化主导产业、建设标准化原料基地、发展精细化综合加工、搭建体系化物流网络、开展品牌化市场营销等多种方式延伸产业链条，构建完备的农业全产业链；完善支撑体系，提升全产业链稳定性和竞争力；强化保障措施，促进全产业链素质整体跃升。针对乡村产业振兴，银行机构可从以下三个方面着手。

（一）优化产业链模式，完善涉农金融供给机制

1. 优化产业链模式

农业全产业链是一个有机整体，包括研发、生产、加工、储运、销售、品牌、体验、消费、服务等环节。产业链模式主要是以核心企业、专业合作社为中心，服务上下游企业和农户等。该模式对银行服务能力等要求较高，银行机构在产业链模式方面，可采用“公司+农户”“专业合作单位+农户”等方式，强化与县域政府单位的紧密合作，由政府牵头，组建“政-银-企”三方合作机制，创新丰富与乡村产业链紧密相连的产品或金融服务，充分发挥龙头企业在农业全产业链中的价值和作用，助力农业、加工业、销售业等“产、加、销”一体化发展。

现代农业是健康农业、有机农业、绿色农业、循环农业、再生农业、观

光农业的统一，是田园综合体和新型城镇化的统一，是“三农”现代化的统一。现代农业的发展需要适应现代社会、经济、科技的发展需要，发展农村产业，要顺应经济发展规律，以市场需求为导向，依托农村资源、产业基础、人文历史等优势，大力发展农村新产业。乡村振兴背景下的九大产业包括现代特色农业、农业生产性服务业、农村生活性服务业、乡村传统特色产业、农产品加工业、休闲农业和乡村旅游、乡村建筑业、乡村环保产业、农村文化产业。推进乡村产业振兴，需要把一、二、三产业融合发展作为主要途径，以当地特色农业、原产地特色养殖业、种业等为基础，通过农产品加工业、手工制造业等第二产业与之融合，并将休闲旅游业、现代农业产业园、高标准试验田、商贸产业园、观光农业等产业进行配套发展，从而延伸农业产业链，实现农业、农产品加工业、农村服务业的融合。

2. 完善涉农金融供给机制

《中国银保监会办公厅关于 2022 年银行业保险业服务全面推进乡村振兴重点工作的通知》提出优化涉农金融供给体制机制。推动农村产业高质量发展需要引导更多的金融活水注入农村地区，银行机构需要将乡村振兴战略与自身发展规划紧密结合起来，构建多元化、持续性的涉农金融供给体系。在信贷资源投放层面，金融管理部门推出一系列配套举措，如银保监会明确各银行机构继续单列涉农和普惠型涉农信贷计划，努力实现同口径涉农贷款余额持续增长，完成差异化普惠型涉农贷款增速目标；中国人民银行明确地方法人银行新增可贷资金要更多用于发放涉农和小微企业贷款，围绕扶农、支农、惠农的金融资源持续引导和鼓励金融机构创新服务，有效落实涉农贷款优先发放、产品服务优先满足、绩效资源优先安排的机制。在银保监会、中国人民银行等金融管理部门的政策指引下，给予普惠型涉农贷款一定的内部资金转移定价优惠，努力提升银行机构对于乡村产业振兴的精准滴灌。

随着农村金融需求的不断变化与升级，银行机构需要不断优化涉农服务供给机制，前提是确保风险可控。在供给模式方面，积极简化不必要的农村信贷审批流程，创新授信模式，探索抵质押范围。在激励措施方面，做实做深尽职免责激励、绩效考核资金倾斜，鼓励更多的低成本资金投放到乡村振兴领域。借助绩效考核的“指挥棒”引导作用，优化完善内部考核评价标准，量化工作评估指标，加大“首贷户”拓展力度，积极填补农村金融市场服务空白，适度放宽涉农贷款不良容忍度，降低对涉农贷款不良率考核，促进涉农领域贷款供给。

（二）加大农业设施投入力度，完善配套机制

1. 支持农村种业发展

银行机构依托政府单位、保险机构，全力争取地方政府在客户信息推介等方面的支持，由地方政府落实保险保障措施，匹配地方政府需求和融资发展之间的关系，积极与农作物种子企业对接服务，梳理分析辖内种业行业发展现状，创新推出关于种业全链条式信贷产品，充分满足辖区内从事种子培训、加工、购销、包装、运输等行业的上下游产业链客户日常生产经营需求。加大对种业的关键技术领域创新攻关的支持力度，积极落实“减费让利”政策，建立专项工作机制，培育壮大种业龙头企业，从而更好地为农业农村发展提供资源。

2. 着力农业设施标准化建设

产业的发展需要相匹配的农村基础设施，银行机构应加强在资源保障方面制定专项服务方案，联合县域政府、水利局、土地管理局等单位，全面进行土地资源整治等，明确交通、水利、能源等网络型基础设施，加强高标准农田建设、水利工程等农业基础设施建设；充分利用本地银行在资金、产品、渠道等方面的优势，精准制定服务方案，着力满足项目个性化金融需求。同时，因地制宜地提供信贷帮助，支持项目匹配专项信贷政策，并在内部定价等方面给予一定的优惠政策，进一步发挥好绿色通道等机制的作用，在把握实质性风险的基础上，提高审批效率。

3. 加强农机生产链条资金保障

完善农业实施工具、配套措施等，为农机装备制造、农资产品生产等骨干企业提供必要的信贷支持，为农业生产规模化、机械化的发展提供资金保障；不仅需要为农机生产核心企业服务，还需要密切关注农机产业链的上下游，根据市场行情及农机销售、财务结算政策的变化，加快信贷产品创新。强化信贷资金的投放，支持粮食骨干企业、农业产业核心企业、农垦企业、

专业合作单位及家庭农场等新型农业主体，进一步探索担保方式，降低利率，提高授信额度，保障银行机构对其的金融供给能力，加大信贷引导、信贷倾斜的力度，调动农户种粮的积极性，夯实粮食安全产业基础。

（三）打造特色产业、产品服务模式

1. 打造专属产品

银行机构需要持续优化金融服务方式，创新金融服务产品，重点围绕当地特色产业，培养并推行“一村一品”“一县一业”的特色品牌。“一村一品”，是指在一定区域范围内，以村为基本单位，按照国内外市场需求，充分发挥本地资源优势，通过大力推进规模化、标准化、品牌化和市场化建设，使一个村（或几个村）拥有一个（或几个）市场潜力大、区域特色明显、附加值高的主导产品和产业。“一县一业”可视为扩大版的“一村一品”，以县域为单位发展特色明显的主导产业。银行机构根据当地实际推出乡村振兴专属产品，切实满足新型农业主体、农户的资金需求，比如，春种秋收期间的“惠农贷”、养殖产业的“养殖贷”、林业创新产品“林业贷”等。同时，不断探索拓宽农村抵质押范围和方式，充分缓解新型农业主体担保难、融资难的局面，并推动相关县域政府单位提供风险保障，以企业助保金和政府提供的风险补偿资金共同作为增信手段。此外，银行机构应深化与地方政府在推动“一村一品”“一县一业”中的合作：一是提供研究、人才培养、市场建设和金融支持等服务；二是协调、组织各村的特色产品生产，避免出现“一窝蜂”而上后产能过剩的局面。

2. 发展绿色农业

发展绿色农业的重点方向有 3 个。一是可以减少对环境的污染。持续推进化肥、农药减量增效，推广农作物病虫害绿色防治产品和技术；加强畜禽粪污资源化利用；全面实施秸秆综合利用和农膜、农药包装物回收行动，加强可降解农膜研发推广。二是加强农产品质量和食品安全监管。发展绿色农产品、有机农产品和地理标志农产品，试行食用农产品达标合格证制度。三是推进荒漠化、石漠化、坡耕地水土流失综合治理和土壤污染防治、重点区域地下水保护与超采治理。四是加强示范作用，建设一批农业面源污染综合

治理示范县，支持国家农业绿色发展先行示范区建设，推进国家农产品质量安全县创建。

银行机构可积极探索和创新符合绿色经济发展要求的金融产品与服务，发挥信贷优势，开通绿色通道，联合地方政府合力发展绿色农业。一是开展整村授信助推生态农业发展，依据行业特点推出特色信贷产品，走访对接全县绿色制造业单位等，建立“企业-加工组”全流程营销体系，同时与县融资担保单位展开合作，明确担保抵押形式。二是创新信贷模式扶持做大绿色产业，推行“党支部+合作社+农户+基地”的模式，成立专业合作社，由合作社进行统一管理，加大信贷产品创新研发力度，大力推广“信 e 贷”“信 e 快贷”线上办贷模式，支持基础设施绿色升级改造及节能环保、清洁生产、清洁能源、绿色服务等行业发展。

第二节　银行在生态宜居中的发展机遇

生态宜居是提高乡村发展质量的保证，生态宜居内容涵盖村容整洁，村内水、电、路等基础设施完善，以保护自然、顺应自然。2023 年中央一号文件指出，扎实推进宜居宜业和美丽乡村建设，加强村庄规划建设，扎实推进农村人居环境整治提升，持续加强乡村基础设施建设，提高基本公共服务能力。乡村振兴离不开农村基础设施建设，基础设施建设对于农村经济发展具有巨大的带动作用。

一、农村地区生态宜居发展存在的问题

（一）农村生活基础设施和公共服务设施相对薄弱

近些年，随着乡村振兴战略的不断推进，各地基层加大了农村生活基础设施投入力度，但在发展过程中暴露出一些短板。在农村生活基础设施方面，总体上还存在电网设施改造升级缓慢、污水处理设施薄弱、供热燃气设施投入不足等问题。

（二）农村生产基础设施落后，生产机械化水平偏低

农村生产基础设施主要包括水利灌溉、防洪涝设备、农业机械设备等为

农业生产服务的设施或设备。农村生产基础设施主要存在资源不足、渠道受限、生产工具落后等问题，阻碍了农业机械化、信息化水平的提高。加大对农业农村基础设施建设金融服务投入力度，是巩固拓展脱贫攻坚成果、强化金融服务乡村振兴的重要举措，银行机构作为“三农”服务主力军，具有精准提供信贷资源、持续延伸金融服务触角的有利条件。

（三）农村生态设施建设亟待强化

生态环境基础设施是改善城乡生态环境的基本保障。近年来，农村生态环境的治理虽然取得了一定成绩，但是农村污水收集处置系统尚不完善，面源污染威胁土壤、水环境等，农村的环境保护基础设施建设还比较薄弱，村民生态环境意识相对淡薄，农村生态环境保护还面临一些难题。金融机构要围绕农村环境基础设施建设，创新金融产品，加大投资力度，支持农村生态环境建设。

二、银行在乡村生态宜居中的发展机遇

2023 年中央一号文件提出健全政府投资与金融、社会投入联动机制，鼓励将符合条件的项目打捆打包按规定由市场主体实施，撬动金融和社会资本按市场化原则更多投向农业农村；推动金融机构增加乡村振兴相关领域贷款投放，重点保障粮食安全信贷资金需求；引导信贷担保业务向农业农村领域倾斜，发挥全国农业信贷担保体系作用。对于银行机构可从生活基础设施、生产基础设施和生态环境建设三个方面支持农村基础设施建设工作。

（一）生活基础设施方面

银行机构可围绕农村道路建设、农村饮用水安全等重点领域，加强与地方政府的合作，突出信贷支农的针对性、精准性、时效性，在农村基础公共设施建设短板方面，提供金融产品、金融服务支持，持续、稳定地推进农村生活基础设施建设。

1. 农村道路建设

农村道路网项目既是民生工程，又是民心工程。2019 年，全国公共财政支出中用于农村道路建设的资金为 218.9 亿元，低于 2014 年（见图 2-2），

且整体增长较为缓慢。《中国银保监会办公厅关于2022年银行业保险业服务全面推进乡村振兴重点工作的通知》指出，探索创新金融支持乡村建设有效方式，银行机构要强化乡村建设中长期信贷投入。银行机构要将当地交通运输部门作为重要合作伙伴，为当地交通运输领域相关规划或项目落地提供融智融资服务，为农村道路网重点项目开辟绿色办贷通道，在贷款利率、贷款期限等方面给予优惠政策。对于较大人口规模自然村（组）有序实施硬化路建设，加强农村资源路、产业路、旅游路和村内主干道建设，推进农村公路建设项目更多向进村入户倾斜。

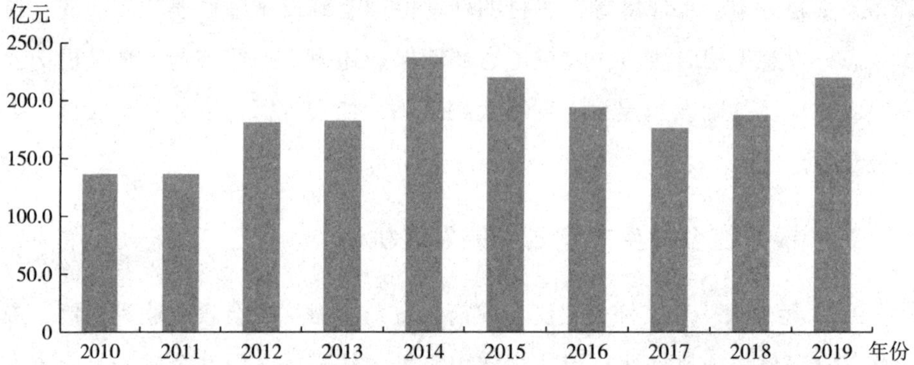

图 2-2　2010—2019 年全国公共财政支出用于农村道路建设的规模

资料来源：国联证券、天维研究院。

2. 农村供水保障

农村饮用水安全是关乎农民切身利益的大事，2019 年全国集中供水的行政村比例达 78.3%（见图 2-3）。近年来，中央一号文件对农村饮用水安全工作提出了明确要求，提出到 2025 年农村自来水普及率要达到 88%。水利部将农村饮用水安全作为水利系统实施乡村振兴战略的底线目标任务来抓。2021 年 9 月，水利部印发《全国“十四五”农村供水保障规划》，要求稳步推进农村饮用水安全向农村供水保障转变。

银行机构应加强与水利部等部门的多层级沟通合作，以《全国“十四五”农村供水保障规划》为指引，围绕“十四五”期间农村供水保障工作方向和重点内容，积极参与地方农村供水保障规划编制工作。在农村供水推动工作中，结合实际情况，以市场化方式支持项目推动，可采用“水价补贴+水费收入”的融资模式，做到“一地一策”，设置符合需求的贷款条件，保障项目的良性运转。

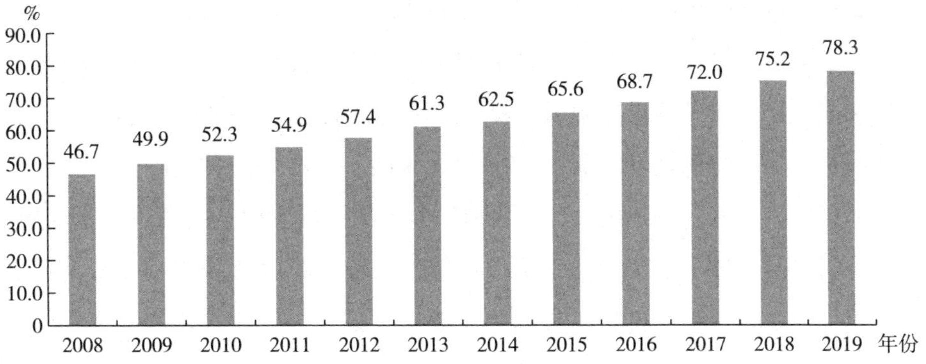

图 2-3　2008—2019 年全国集中供水的行政村比例

资料来源：民生证券、天维研究院。

（二）生产基础设施方面

中国人民银行《关于做好 2022 年金融支持全面推进乡村振兴重点工作的意见》，提出强化对农业农村基础设施建设的金融支持，各金融机构要围绕农业农村基础设施建设、人居环境改造等重点领域，根据借款人资信状况和偿债能力、项目投资回报周期等，探索开发合适的金融产品和融资模式。

一些大型银行围绕农田水利设施、农产品流通设施建设等领域，通过提高审批额度权限、简化业务审批流程，优化资源配置、差异化定价方式等给予相关政策、资源倾斜，用以提高农业生产能力。对于银行机构可以重点突出耕地保护和质量提升、农业科技创新、农业产业融合发展、现代设施农业、农村绿色发展等领域的部署工作，强化与政府机构的合作服务，积极参与高标准农田、农业现代化示范区、乡村建设等重点领域规划、方案的设计，引导更多中长期信贷资金高效率、低成本倾斜流入农业农村，加强配套融资支持，吸引民间资本参与，补充符合条件的农业农村新型基础设施等重大项目资本金。同时，深化普惠性金融服务实现“服务到村、帮扶到户、惠及到人”，持续向农村地区输送渠道、资金资源，扩大机具布局的覆盖面，推进农区机械化进程。

（三）生态环境建设方面

1. 提高清洁能源利用水平，完善绿色产业融资策略

银行机构坚守服务“三农”基本定位，聚焦当地区域，充分发挥县域机构、惠农服务点等渠道优势，聚焦农村能源转型、绿色产业发展、农村生态环境和基础设施建设等重点领域，增加清洁能源应用与建设中长期信贷投入，加快绿色、清洁能源产品创新，如天然气采暖，清洁煤与配套炉具，发展太阳能、风能、水能、地热能等，加大差异化政策倾斜力度，发挥规模化作用，加大乡村生态环境、环境卫生、清洁能源、人居环境改造等领域金融支持力度，以绿色金融推动乡村振兴与绿色发展深度融合，提高农村公共服务供给水平。

在全面实现碳达峰、碳中和目标的政策指引下，银行机构不断加大对低碳绿色创新产业融资需求的支持力度，绿色乡村作为绿色金融的重要组成部分，也是坚持人与自然和谐共生，走乡村绿色发展的必由之路。银行机构应根据地方产业特点，制定信贷优化政策，创新推出有针对性、符合当地需求的绿色信贷产品。比如，银行机构根据当地的电力需求情况，着力支持农村秸秆发电、沼气发电、光伏发电等清洁能源项目；种业、林业等多个涉及生物多样性保护的地区，通过制定相应的信贷政策，创新推出专项金融产品，支持生态种植、生态养殖等绿色农业产业链发展。

2. 强化政银合作，做好环境治理工作

乡村绿化覆盖率是反映乡村绿化建设成效的主要指标，《全国国土绿化规划纲要（2022—2030 年）》指出，到 2025 年我国村庄绿化覆盖率将达到 32%，乡村绿化覆盖率明显提高。中共中央办公厅、国务院办公厅印发的《农村人居环境整治三年行动方案》《农村人居环境整治提升五年行动方案（2021—2025 年）》政策实施以来，我国农村人居环境整治取得了不错的成绩，但依然存在一系列问题，仍需进一步精准整治。

相比于城市的人居环境，农村地区存在一定的差距，农村的生活污水、生活垃圾、土地沙化、水土流失等问题较为严重。改善乡村面貌，大力推进

“厕所革命”。“小厕所，大民生”，“厕所革命”事关农村居民生活品质提升，是重要的民生工程。农村“厕所革命”绝非一时之功，我国各地农村情况千差万别，改厕需要摸清底数，分区分类科学施策。推动建设农村生活垃圾收运体系，对农村生活垃圾进行源头分类处理，全面提升农村生活垃圾治理水平。

银行机构应加强与当地政府合作，着力做好顶层设计、政策支撑、技术供给、资金分配等工作，在明确还款来源、收益覆盖成本、符合地方政府债务管理规定的基础上，对农村生活垃圾和污水处理、黑臭水体治理、厕所改造及新型农房建设等项目，加大中长期信贷支持力度，发挥农民主体作用，推动农村人居环境改善，并对参与农户通过“家庭亲情贷”“农民住房贷”等给予支持。与此同时，在地方政府的大力支持下，对废物利用循环设施项目、生活垃圾收运处置设施设备等提供融资保障。

第三节　银行在乡风文明中的发展机遇

乡风文明是乡村建设的灵魂，乡村振兴的主体是农民，形成良好的乡风，能帮助农民树立发展信心，改变落后思想观念，主动摒弃陈规陋习；能帮助农民提高思想道德水准和科学文化等各方面素质，凝心聚力，鼓舞斗志。乡风文明建设需要大力弘扬社会主义核心价值观，传承遵规守约、尊老爱幼、邻里互助、诚实守信等乡村良好习俗，努力实现乡村传统文化与现代文明的融合；也需要注重农村文化教育、医疗卫生等事业发展，改善农村基本公共服务；同时需要与时俱进，充分吸收借鉴优秀乡村文明成果。

一、农村地区乡风文明发展存在的问题

（一）精神文化生活匮乏

随着城市化建设的大规模推进，大批农村中青年进城务工生活，现阶段留守农村的以老年人、儿童居多，多数乡村缺乏相对固定的文化活动场所，活动设施不足，无法满足人民日益增长的文化需求，除了看电视外，几乎没

有其他的文化活动，再加上村规民约不健全，执行力度小，文化活动流于形式。银行机构要充分发挥党组织、群团组织的优势，拓宽党组织沟通联系群众的渠道，将业务与品牌宣传糅合到农村文化建设中。

（二）信用意识薄弱，信用体系不健全

很多农村地区因地理环境差异、人员流动频繁等，信息采集较为困难，又因地区经济发展落后，村民受教育程度偏低，参与征信意识不强，信用体系基础较差。对于银行机构而言，打造农村金融信用体系是转变客户意识、拓展业务资源的有效渠道，也是提高客户数量、创新金融产品的良好时机。

二、银行在乡村乡风文明中的发展机遇

银行机构应找准助力乡风文明的突破点，既要立足当前，也要放眼长远，贯彻落实习近平新时代中国特色社会主义思想指引，助力农村基本公共服务建设，打造农村金融信用体系，努力营造乡风新环境。

（一）建立志愿服务网络平台

银行机构可与当地辖区政府单位合作，建立志愿者服务网络，形成网格化志愿服务小组。一方面依托学校、广告宣传站牌、文明文化站等阵地，广泛开展宣讲员培训、扶贫助困、环境保护、科技科普、移风易俗、文化教育等志愿服务，通过普惠派单业务等方式，直接与群众上门对接，深度挖掘居民需求，开展精准化金融服务。另一方面开展以“乡村振兴”为主题的政银企党建共建活动，借助活动主题宣传平台，切实打通乡村金融知识宣传服务“最后一公里”，在活动中组建乡村金融知识大讲堂，讲解当地的特色文化、优势产业、普惠金融服务、乡村振兴的成绩与进程等，现场组织进行答疑解惑、有奖竞猜等活动，提高村民参与的积极性。

（二）发展联合力量，拓宽金融渠道

注重引导农民的思想观念、行为习惯与农村社会现代化的发展要求相适应，是乡风文明建设的重要内容。银行机构可联合当地政府及其他文化企业单位，在重点村创建“农村党员书屋”，作为农村党员学习教育、农民文化宣传指导的重要活动载体；同时，完善配套设施，加快文化活动室、文化广场

建设，引导科技、教育、扶贫、普法、计生等各类文化资源下乡，定期通过组织、鼓励和激发广大群众开展丰富多彩的文化活动，增强村民的集体参与感和生活幸福感，深化服务的深度。

根据辖区居民需求，银行机构联合当地政府、医院有针对性地定期开展“走进社区、贴近群众、普及健康知识、宣传国家有关医保政策、服务百姓健康行动”的义诊活动；同时，根据乡镇卫生院的收入结构、风险承受能力等，运用小微客户创新产品权限，创新设计针对乡镇卫生院等基层公立医疗机构的融资产品，放宽准入条件，执行优惠利率，有效把握业务实质性风险，切实满足乡镇卫生院的融资需求，最大化地满足人们对基本文化教育、医疗卫生的需求。

先锋模范作为乡风文明建设中的榜样力量，具有影响农民群众的学习热潮和效仿作用。银行机构可联合当地政府围绕深化乡风文明行为，有针对性地为先锋模范提供创新型金融产品，针对优秀医生、教师、军人、创业者、道德模范、共产党员、文明家庭等创新推出多款信贷产品，给予贷款优先、利率优惠等特权，为先锋模范提供更好的金融服务，借助政府单位的传导力量，引导乡村居民学习文明先进，切实改善农村金融生态环境。

（三）建立健全农村金融信用体系

1. 完善客户经理驻村制度，扩大金融覆盖面，提高金融精准度

银行机构网点深入农村偏远地区，服务网络范围较广，可推广“金融村官”制度，选派优秀金融人才网格化对接行政村，建立“党建金融联盟”等类似组织、制度，通过“金融村官”考核激励办法，鼓励金融人才驻村开展宣传金融知识、信贷服务等金融服务，对表现优秀的人员予以增加工资、优先晋升职务等奖励，提高工作积极性。总部要对全行驻村驻点工作进行总体指导和部署，每个行政村可配备一名驻村客户经理，入户走访，按户座谈，深入了解村情民意，宣讲金融政策，扎实做牢驻村驻点基础性工作，真正实现向下延伸市场服务，鼓励完善人员下沉机制，不断向下扩充业务，建立客户动态管理台账，实行差异化产品匹配策略，打造驻村办公、走遍田间地头的特色服务模式；通过开展驻点工作，强化金融知识宣传，以强化品牌效应，

服务居民生活为根本，开展金融知识下乡活动、在农村区域组织金融“小夜校”，宣传货币政策、存款保险、信贷产品等农民群众关心的金融知识，营造良好的金融消费环境；保护金融消费者权益，利用驻村金融服务，第一时间为村民提供金融消费纠纷调解服务，不断提升金融服务普惠性和便利度。

2. 推进“整村授信”模式，优化信贷流程

“整村授信”模式作为普惠金融的新模式，是乡村振兴中农村金融发展的产物。“整村授信”采用的是授信额度预审批和零售业务批量做的形式。授信额度预审批，是指以“村”为一个区域概念，即以一个行政村或者一个企事业机关为单位，通过信息化平台，如银行机构自有的客户关系管理系统、掌上银行等金融信息平台等，全方位了解客户的基本信息情况，包括信用状况、家庭生产经营情况、偿债能力等，建立农村农户数据库，进而为客户确立初步授信额度，客户可以利用自己的初步授信额度，更加方便快捷地用信，及时获得资金需求。“整村授信”是坚守地方经济金融的创新普惠模式，是改善农村信用环境、重塑农村信贷流程的新模式，应坚持常态化推进。

银行机构要加大金融服务对农村地区的支持力度，以“整村授信”为抓手，切实解决农户生产、生活的资金需求。按照扎实推进、全面覆盖的原则，统一思想、统一认识，明确总体目标和具体要求。在应用建档立卡形式做好增户拓面工作的基础上，提升存量客户价值，多渠道进行有效客户筛选，实施动态管理，并对新客户进行分层对接，针对辖区内不同类型的村庄，制定不同的营销方案，系统性地开展“整村授信”评级授信评估工作，精准识别、深度挖掘需求。

第四节 银行在治理有效中的发展机遇

治理有效是乡村善治的核心。对于有效治理，需要强有力的组织管理机制，故而建立健全党和政府、社会协同、公众参与及法治保障的现代乡村社会治理体制，健全自治、法治、德治相结合的乡村治理体系是必要的；同时，结合村居金融服务的新内涵与新要求，聚焦“小微”“三农”客群特征制定数字化路径，推进“线上线下融合”的“数据驱动、线上流程、线下交叉”

的小微金融服务新模式，探索构建生态运营平台，数字化赋能乡村振兴。

一、农村地区治理有效发展存在的问题

（一）部分农村党建工作与乡村治理要求不匹配

部分农村基层党组织建设体系不完善，主业意识薄弱，重经济、轻党建；组织生活制度浮于表面、党员教育力度不够、集体经济发展思路不明确、农村居民参与感不强等问题不同程度地显现。做好党建引领工作，是银行机构优化自身组织管理体系、融入乡村振兴利益共同体的重要路径。

（二）数据信息共享不足，安全性易受制约

随着金融科技的不断进步和客户行为的深刻变革，新一轮重塑乡村经济的产业链和供应链也显著改变了乡村居民的行为习惯与金融需求。乡村数据、信用体系不健全是普遍存在的问题，因涉农数据共享开放不足导致“信息孤岛”、数据壁垒、数据碎片化及信息不对称等问题，传统金融在服务覆盖面、服务深度、服务效率等方面显露不足，而银行机构再以传统的方法改进金融服务，其边际效应已然不高。一方面，因为银行机构的资金、技术、人才有限，要自建平台建立私域流量并不容易；另一方面，因为借助第三方平台搭建的公域流量，对于信息数据治理要求颇高，信息安全性容易受到制约。

（三）村民内生动力不足，乡村治理体系不完善

由于农村地区大批青壮年外出务工经商，乡村治理中坚力量流失缺位，尤其是传统农区农村“空心化”、老龄化问题严重。一些基层组织和居民群众对乡村治理认识不够，受陈旧管理观念的严重影响，将自己定位为被管理对象，主动参与力度不足，尚未从传统的管理模式中解脱出来，普遍缺少自主治理和服务的意识。再加上缺乏完善的制度体系保障，在实际执行中，缺少明确的分工管理流程，落实到具体的乡镇、村部等往往各行其是，统筹乏力。

二、银行在乡村治理有效中的发展机遇

2023 年中央一号文件提出健全党组织领导的乡村治理体系，强化农村基层党组织政治功能和组织功能，全面培训提高乡镇、村班子领导乡村振兴能

力。派强用好驻村第一书记和工作队，强化派出单位联村帮扶。坚持以党建引领乡村治理，强化县、乡、村三级治理体系功能，压实县级责任，推动乡镇扩权赋能，夯实村级基础。创新农村精神文明建设有效平台载体，依托新时代文明实践中心、县级融媒体中心等平台开展对象化、分众化宣传教育，弘扬和践行社会主义核心价值观。

（一）"党建+乡村治理"服务模式

作为深耕"三农"的金融主力军，坚定不移实施乡村振兴战略，全面落实构建以总行党委成员为领导小组、分支部成立乡村振兴定点指导员、联络员式的组织网络，全流程、全方位推进乡村振兴工作开展。

1. 完善领导管理机制，健全基层党组织建设

以党建引领发展，以金融助力党建，走出一条基层党组织"牵线"、金融企业"搭台"、党员和群众"唱戏"助力乡村振兴的新路子，解决"三农"工作中金融服务体系不健全、服务机构和产品单一、产业基础薄弱、可持续发展基础不牢等问题，进一步提升金融服务的有效性、针对性和精准性，推动金融更好地融入乡村振兴战略促进共同富裕，实现基层党建、金融服务和乡村振兴共赢。建立和完善乡村治理建设管理和运行机制，需要明确工作的领导者、推动者和执行者。银行机构需要配合和助力当地政府创新工作思路，改进工作方式，强化服务意识，把工作责任落实到具体人，建立完善组织推动过程中的流程、职责要求、验收方式、服务范围等，把工作落到实处，从组织和制度上确保乡村治理建设取得实效。

落实好、发展好乡镇、村级组织建设，特别是党支部、村委会的建设，使之成为能够带领农民勤劳致富、促进当地经济发展的核心力量。银行机构需要夯实农村基层党组织建设，全面强化党组织队伍能力提升，开展支部书记党务知识培训工作，选拔优秀的从事党务工作、管理工作的人才指导协助农村党组织建设工作，持续推进支部建设"系列工程"，按照"一支部、一特色、一品牌"要求，大力培育品牌党支部。

2. 建立定向服务机制，发挥群众组织作用

银行机构可组建普惠金融服务队，全面实行驻点办公制度，将工作地点

由营业网点转移到服务辖区，向当地重点帮扶乡镇及村委会派驻定点服务人员，为每个村组、每户家庭、每位村民提供金融服务。充分发挥基层网点和“金融村官”的触角作用，全面融入和服务乡村治理，深度参与乡村建设行动，充当金融业务的营销员、金融知识的辅导员、村级网格管理的参与者，为驻村提供融资需求、金融知识宣讲和参与公益活动等服务，“自上而下”建立乡村振兴专业服务机制。

充分发挥村委会、共青团组织、妇联以及其他群众自治组织的作用，形成在村党支部领导下的各基层组织协调运行、民主管理的新体制。注重村规民约的落实和执行，充分尊重村民的主体作用，让村民参与村规民约的讨论、修改和执行，参与村务管理，做好互相监督工作。不断深化村民自治实践，建设平安乡村；进一步密切党群、干群关系，有效协调农户利益与集体利益、短期利益与长期利益，确保乡村社会充满活力、和谐有序。

（二）多方合作共建数据治理机制，实现数字化治理

进一步加强金融基础设施建设，不断完善农村数据及信用体系建设。目前，多家银行机构搭建“数字乡村”平台，融合场景金融建设，合理配置资源，逐步构建整体协同、分工明晰的服务网络。中央一号文件从推进智慧农业发展、加强农民数字素养与技能培训、赋能乡村公共服务、拓展农业农村大数据应用场景、加快推动数字乡村标准化建设、加强农村信息基础设施建设等方面着手，推动数字化技术在乡村地区全面铺开，为银行机构提供了明确的政策指引。

1. 打造场景化金融服务能力，链条化运作、全方位服务

在金融科技赋能的基础上，农村地区基本形成了“互联网+金融+‘三农’”的农村金融服务体系，即使用互联网技术和思维，以金融服务为核心，为农业生产提供全方位、多场景、链条化的民生服务。部分银行机构整合内外部资源，通过平台（App、小程序）不仅为农户提供借贷服务，还提供基础金融服务和农资农机购买、农技服务农产品销售等农业周边服务场景，围绕农村居民生产生活需求构建服务生态圈。此外，银行机构通过农业供应链为农户提供链条化的金融服务。针对龙头企业，银行机构依据供货数据，为

其产业链上游农户或者合作社提供小额信贷；针对农户个人，农村中小银行帮助其实现线上销售农产品，通过供应链掌握农户生产经营数据，并在一定程度上掌握农户销售收入信息，降低农户道德风险引起的违约风险。银行机构通过多场景、链条化的服务模式，将金融服务无缝嵌入农业生产的各个领域，打破农村金融服务的门槛和壁垒，解决农村数据匮乏的问题。

2. 推进农村数字化建设，打造数字治理人才队伍

提高数字体系化建设能力，支持全流程信贷风险控制，在基础数据处理层方面，通过大数据平台与第三方数据平台以及数据资产、分析平台，完成采集、清洗、存储、加工、分析等基础数据处理功能；在数据应用层方面，形成数字风控自主闭环控制，搭建反欺诈平台、智能决策平台、贷后监测管理系统和在线仲裁系统等，实现全流程信贷风险控制的数据应用功能。

为了挖掘农村居民征信数据，银行机构通过内部数据、外界数据和线下采集数据三种途径为农户信用画像和贷后风控提供数据支撑。其中，内部数据主要是商业银行、电商企业和农业服务性企业在日常业务中产生的农户银行流水、征信信息和用户消费习惯、消费能力和信贷守约等信息；外界数据是金融机构通过与农业企业合作，获取其在日常生产经营中积累的农户信息，以弥补数据不足；线下采集数据主要是对农户个人信息、家庭信息和生产经营信息进行详细调查，并建立信息库。通过线上、线下多渠道获取数据，不仅有利于补齐农村数据短板，还有利于金融机构准确、及时、深入了解农业生产状况、农户金融需求，弥补顶层产品设计针对性不足的缺陷。

银行机构强化人才引领，打造数字治理人才队伍，首先需要提高全员数字化转型意识，使其清晰理解和认知银行的整体数字化战略；其次开展数字化能力培训和实操培训，组建专业化数字化人才队伍，培养一批具备相应业务知识并且熟练掌握数字化工具的专业人才。除了内部人才培养外，还需要外部招聘，招聘一批管理和实战经验丰富的数字化人才，建立起涵盖研发、数据、风控、产品、运营等全功能的数字化人才团队；充分深入乡村一线，定期开展形式多样的学习培训，结合当地乡村现状及数字化潜在需求，为乡

村数字化治理提供智力支持和人才保障。

（三）制度健全促共治，夯实治理基础

2023 年中央一号文件提出健全党组织领导的村民自治机制，全面落实“四议两公开”制度；完善网格化管理、精细化服务、信息化支撑的基层治理平台；完善推广积分制、清单制、数字化、接诉即办等务实管用的治理方式。银行机构若充分参与乡村治理工作，要做到两个方面。一方面，结合当地实际，从乡村治理的重点、难点问题和农民群众最关心、最迫切、最现实的问题入手，因地制宜参与制定“一村一策”“一村多策”“多村一策”农户积分制度，合理设置积分内容，以农户积分激活内生动力，形成一套有效的激励约束机制。银行机构可发挥农户积分与信贷体系的关联性，对于农户积分达到一定分值的，在本行可获取更多增值服务，如贷款额度提高、贷款流程缩减等，或者在提供合作商户或其他单位的优惠券方面，给予一定的消费优惠。另一方面，健全网格化服务管理，充分发挥“枫桥经验”在社会治理中的作用，将涉及基层社会治理的部门人员、资金、设施等下沉进网络，全面推行“网格化管理、组团式服务”，打造集成社会治理各项功能的全科网格。结合党建引领在网格化管理中的堡垒作用，银行机构应加强网格员的技能培训和队伍管理，严格工作质效考评，开展网格式金融知识宣讲、常态化的“一揽子”金融知识宣传活动，内容涵盖消费者权益保护、支付结算、国债发行、人民币知识、反洗钱、打击电诈、信贷服务、征信知识、金融标准、网络科技、防范非法集资等。此外，银行机构发挥党员组织的引领作用，通过积分制调动村民参与积极性，使农村基层党组织联系和服务群众工作常态化，进一步增强基层党组织的凝聚力，发挥党员的先锋模范作用，强化党组织在乡村治理中的领导地位。引导农民群众主动参与村务管理，凸显农民群众在乡村治理中的主体地位，激活乡村发展内生动力；将复杂的村级事务标准化、具象化，让乡村治理工作可量化、有抓手，将农村基层治理由“村里事”变成“家家事”。

第五节 银行在生活富裕中的发展机遇

生活富裕是乡村振兴的目标，乡村振兴的出发点和落脚点就是让亿万农村百姓生活变得更美好，让农民有持续稳定的收入来源，经济宽裕，衣食无忧，生活便利，共同富裕，这是全面建设社会主义现代化国家的根本要求。要努力保持农民收入较快增长，不断缩小城乡居民收入差距，着力解决好人民群众急难愁盼问题，健全基本公共服务体系，提高公共服务水平，增强均衡性和可及性，扎实推进共同富裕。

一、农村地区生活富裕发展存在的问题

（一）关键领域缺少资源支持，产业发展受限

2020 年，城镇居民人均可支配收入为 43884 元，农村居民人均可支配收入为 17131 元，城镇居民人均可支配收入是农村居民人均可支配收入的 2.56 倍。长期以来，银行机构服务农村地区存在重存款轻贷款、重抵质押贷款缺信用贷款的现象，金融支持“三农”关键领域资金不足，而银行机构对于一般农户的小额贷款较多，对小型农业合作社、家庭农场、集体经济组织和经营法人等农业经营主体的投放不足。相较于城市，制约农村地区发展的主要因素在于资金短缺，农村资金供给不足，融资渠道窄，现阶段农户、农村实体经济及农村基础设施建设是农村资金的主要供给来源，从农村企业贷款情况来看，贷款满足率低于 30%，我国农村吸引资金能力有限，融资能力弱。

（二）农村地区公共服务水平落后，城乡差距较大

以医疗卫生为例，2003—2017 年城市每万人拥有卫生技术人员数是农村的 2.13 倍，2017 年提高到 2.37 倍（见图 2-4），基本公共基础服务差距不断拉大；农村小学和全国小学的生均教育经费之比从 1997 年的 80.8%，逐步提高到 2013 年的 98.4%，显示在农村小学教育上的财政投入稳步向全国平均水平靠近，但从 2014 年开始，两者比例呈现下降趋势，表明财政资金在农村和城市的小学教育投入上开始分化，对农村地区的支持力度小于城市（见图 2-5）。除此

之外，农村的交通、供水供电、物流、信息化等方面均远远落后于城市，提升农村基本公共服务水平，缩小城乡之间的基本公共服务差距，是实现乡村振兴的必经之路。

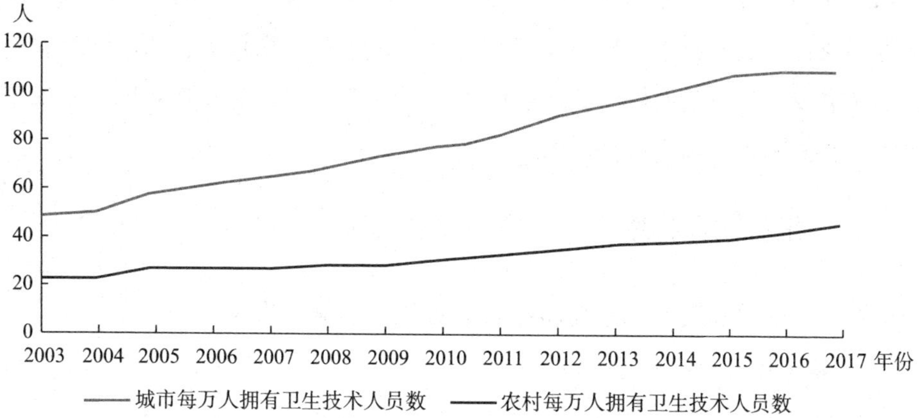

图 2-4　2003—2017 年城乡每万人拥有卫生技术人员数

资料来源：平安证券、天维研究院。

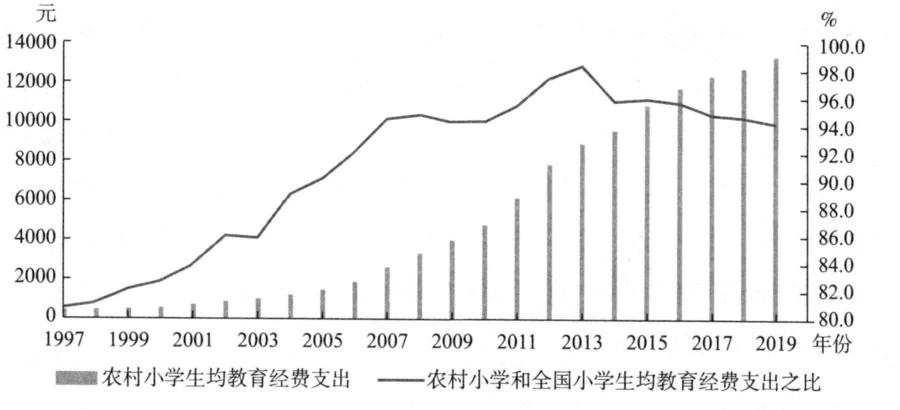

图 2-5　1997—2019 年农村小学生教育经费支出情况

资料来源：平安证券、天维研究院。

（三）产权交易制度不完善，生产要素缺乏市场化运营

2009 年，《农业部关于进一步加强农村集体资金资产资源管理指导的意

见》强调，建立健全农村集体资金、资产、资源管理制度，稳定和完善农村基本经营制度，切实维护农村集体经济组织和农民群众的合法权益。

受农村地区交易成本高、信息不对称、资本形成不足、机会不平等、金融资源配置扭曲等因素影响，农村地区的资产盘活较难；我国农村产权交易市场缺乏统一交易标准、农村产权交易平台缺乏统一规划等，从而影响农村产权流转交易市场的发展。我国农村生产要素市场化改革面临着城乡发展不均衡、缺乏外部力量支持等挑战。

二、银行在乡村生活富裕中的发展机遇

（一）从提高农民增收角度出发，聚焦产业融合发展

1. 加大资金支持力度，促进产业融合

银行机构应与地方政府深入展开合作，助力巩固拓展脱贫攻坚成果，支持农业农村现代化，加大对农村种养大户、家庭农场、农民专业合作社等新型农业经营主体的金融支持力度，在市场准入、利率、期限及审批等方面实行差异化政策，不断扩大金融服务的覆盖面，深度支持农村一、二、三产业融合发展，助力农业稳产保供、农民增收致富、农村和谐稳定。拓展支农、支小服务的广度和深度，加大涉农领域贷款投放力度，运用支农、支小再贷款、再贴现等工具，加强对“三农”、扶贫等领域的金融支持；积极推广银政、银担、银保合作模式，用好“新农信贷直通车”平台，加大“三农”金融资源供给；积极探索“整村授信”工作，扩大农村资产抵押担保融资范围，探索农户小额无抵押贷款、林权抵押贷款、农房抵押贷款等“三农”金融产品，有效解决农民融资难题。

2. 强化产业帮扶，做好产品创新

银行机构应发挥熟悉地方的优势，充分挖掘上下游产业链，扶持“三农”发展，构建产业发展的内生动力，推进可持续性金融扶持政策；探索产业帮扶信用贷款，支持脱贫地区产业链良性循环发展，有效带动经济薄弱村、低收入村、低收入农户增收；强化“智力帮扶”，积极开展金融知识下乡活动，提高广大群众的金融知识水平，营造良好的金融生态环境。

银行机构应加大金融服务和产品创新力度，搭建立体化的农村金融服务渠道，打造数字乡村 App，畅通手机银行、微信银行等渠道，提升农民金融服务的体验感。针对不同的产业特点提供特色化服务，支持生态农业、休闲农业、乡村旅游等多样化发展，服务农村集体经济。丰富农村金融产品，提升理财收益，满足农民资产保值增值和财富增长的需求；整合优化消费信贷产品，支持农民消费升级；提供丰富的第三支柱养老金融产品和服务，满足农民养老金融需求。

（二）从提升农村公共服务水平角度出发，提高农村农民获取金融服务的可得性

银行机构应立足本地，紧抓机遇，提升农村金融服务的可及性与普惠性，强化关键领域金融供给，补齐服务和产品供给短板，以金融服务的均等化促进共同发展，充分满足农民对美好生活的期盼和诉求。

1. 加大金融服务供给，拓展农民融资渠道

创新金融扶持形式，坚持“输血”和“造血”并重。在医疗、教育、消费、就业、公益、人才等方面，提升金融帮扶成效，帮助脱贫人口改善生产生活条件、支持脱贫家庭创业就业，促进脱贫地区和脱贫人口增产增收、享受小康生活。重点围绕农村基础设施建设、新型农业经营主体等领域，加大信贷支持力度，持续向农村倾斜信贷资源，精准把握农村公共基础服务、乡村产业建设、农民农村共同富裕等薄弱环节与巩固脱贫攻坚成果形成有效衔接，拓展农村信贷需求的深度和宽度，着力补齐农业农村基础设施短板，不断探索破解如农村路网、供水供电、物流通信、数字乡村、农村土地节约集约利用、可再生能源开发利用等信贷需求，把产业链条留在农村区域，让链条价值造福于农村农民。

在存款服务方面，围绕县级政府单位、学校、医院等做好单位存款服务，创新服务方式，满足农业经营主体的存款、结算金融需求，同时拓宽农村居民储蓄国债、储蓄存款的投资渠道，加大金融服务供给力度；在贷款服务方面，积极与省农业信贷担保机构合作，针对农业新型经营主体创新推出信贷金融产品，加大对农民合作社、家庭农场、专业种养大户等新型农业经营主

体的支持力度，确保信贷资金优先满足种养户发展规模种植，购买生产资料，配套机械化设备和仓储设施等；在电子银行服务方面，扩大手机银行、微信银行等电子银行产品覆盖面，延伸普惠金融服务站服务网络，提升支付结算效能。总体上按照优先贷款、存款紧随、电子银行贯穿、最后贷存并重的顺序依次推进。

2. 构建“双线”服务网络，提升信息化水平

2023年中央一号文件提出，深入实施数字乡村发展行动，推动数字化应用场景研发推广；加快农业农村大数据应用，推进智慧农业发展。深入实施“数商兴农”和“互联网+”农产品“出村进城”工程，鼓励发展农产品电商直采、定制生产等模式，建设农副产品直播电商基地。

在农村金融市场，不同主体既有业务竞争，又有协同合作。通过合作，不仅可以整合银行的（资本、网点和客户）优势、电商巨头的（金融科学技术、电商数据、销售）优势、农业服务性企业农村客户群体的优势和小微金融机构深耕农村金融专一性的优势，还可以通过整合保险、担保、信托、农资农机农贸等农业生产不同环节的服务资源，掌握全流程数据信息，为农户提供一体化的金融服务，共同构建农村金融服务生态环境，为金融科技在农村应用奠定基础。

银行机构需要确定各网点建档乡镇、划分扫街责任区域，同时统筹机关和支行网点负责人，全力打造网点服务“三农”团队，借助手机银行等应用，通过线下走访服务、厅堂营销、上门推广等形式，构建农村地区集“线上服务+线下网点”于一体的服务渠道体系，逐步扩大农村地区金融服务的覆盖面。针对交通不畅、网络信息不发达等问题，偏远区域采取流动服务方式做好派单、上门服务，做好客户的跟踪和维护工作，充分了解客户的需求，改善支付环境，简化操作流程，为农村居民提供便捷、易操作的支付结算服务。

（三）从完善农村产权制度角度出发，加快建设信息化产权交易平台

1. 加强农村产权业务配套建设

银行机构应充分开展与政府单位合作，加快农村产权价值评估、流转交易、抵押物处置以及农村产权流转交易各环节中的支付、结算、融资、保险、

担保等需求配套机制建设，特别是加快推广农村活体畜禽、农业设施设备等动产和权利担保统一登记业务，切实释放农村资源资产金融权能。同时，强化农村产权流转交易成果应用，满足农村集体经济组织、新型农业经营主体等的金融需求，确定授信额度、利率，提高农村资源要素配置和使用效率，有效提升贷款期限与农业生产周期的匹配性，发展壮大新型农村集体经济。

2. 打造“三资”管理平台，培养管理人才队伍

农村“三资”这个概念最早出现在《农业部关于进一步加强农村集体资金资产资源管理指导的意见》中，指的是农村集体经济中的资金、资产、资源，简称“三资”。农村集体资金，是指村组集体所有的货币资金，包含现金、银行存款和其他货币资金；农村集体资产，是指村集体投资兴建的基础公益设施以及长短期投资等其他资产；农村集体资源，是指法律法规规定属于集体所有的土林山草水等自然资源。银行机构需要强化科技赋能，与政府合作建设推广农村集体“三资”管理平台，实施政府主导、市场化运营模式，最大化发掘农村产权的价值，实现各类要素与农村产权的资源合理整合。

现代农村建设离不开大量劳动者的参与，更离不开专业人才的参与。银行机构需要培养具有相关经验、技术和管理的人才，一方面通过优化员工队伍结构，按照专业、管理、营销序列结构划分，完善培训计划和制度，加强与外部专业机构、院校合作交流，组织业务骨干参与培训学习，培养实战型人才；另一方面外部招聘资产资源管理、资金管理、股权管理、资产交易、乡村治理、金融服务等相关领域的人才，全方位构建功能型人才体系，深化与政府单位运营管理合作，加快研发全流程线上的农村集体经济组织贷款产品，促进农村集体经济发展壮大。

第三章　银行如何服务乡村振兴

乡村振兴战略是一项长期的任务，对于扎根在乡村的银行机构而言，其重要性不言而喻。基于此，银行机构应着眼于新形势下银行发展现状，抓住实施乡村振兴战略的发展机遇，围绕乡村振兴发展中的特定市场定位，认真思考如何履行好服务实体经济这一天职，以实现自身的高质量发展。

第一节　服务乡村振兴的外部环境

现代企业要想在复杂多变的环境中做出有效的决策，就必须了解企业目前所处的内外部环境，借助科学的企业战略分析方法，扬长避短，形成企业自身的核心竞争力。本书利用战略管理工具中的宏观环境分析方法——PEST分析范式，从政治环境因素、经济环境因素、社会环境因素和技术环境因素四个方面对农村银行类金融机构进行分析。

一、政治环境因素分析

为进一步增强金融服务乡村振兴的能力，党的十八大以来，国家陆续出台了《国务院关于开展农村承包土地的经营权和农民住房财产权抵押贷款试点的指导意见》《农村承包土地的经营权抵押贷款试点暂行办法》《农民住房财产权抵押贷款试点暂行办法》《关于财政支持建立农业信贷担保体系的指导意见》《关于金融服务乡村振兴的指导意见》等重要文件，持续完善和夯实金融服务乡村振兴战略实施的顶层制度设计，加强制度供给保障（见表3-1）。特别是，2019年2月11日，中国人民银行、银保监会、证监会、财政部、农业农村部联合发布《关于金融服务乡村振兴的指导意见》，明确了金融服务乡村振兴的指导思想、基本原则、阶段性目标、各类金融子行业具体任务、重要领域与薄弱环节等，是国家财政金融与农业部门共同决策出台的金融服务乡村振兴的“一揽子”总体方案，有力地为金融机构服务乡村振兴战略发展指明了方向。习近平总书记在党的二十大报告中再次对推进乡村振兴做出了深刻论述和全面部署，既论述了推进乡村振兴在全面建设社会主义现代化国家全局中的地位、作用和意义，又全面部署了当前推进乡村振兴必须抓紧落实的各项主要任务，为金融机构在推进乡村振兴中如何找准自己的位置做出了贡献，提供了明确的指导方针和基本遵循，扎实推动了乡村产业、人才、文化、生态、组织振兴。

表 3-1 自 2020 年起的金融助力乡村振兴发展政策文件汇总

序号	文件名称	文件编号	发布单位	发布时间
1	《关于延续实施普惠金融有关税收优惠政策的公告》	财政部 税务总局公告 2020 年第 22 号	财政部、税务总局	2020 年 4 月
2	《关于进一步强化中小微企业金融服务的指导意见》	银发 〔2020〕120 号	中国人民银行、银保监会、国家发展改革委、工业和信息化部、财政部、市场监管总局、证监会、国家外汇局	2020 年 5 月
3	《关于扩大农业农村有效投资 加快补上“三农”领域突出短板的意见》	中农发 〔2020〕10 号	中央农办、农业农村部、国家发展改革委、财政部、中国人民银行、银保监会、证监会	2020 年 7 月
4	《中共中央 国务院关于全面推进乡村振兴加快农业农村现代化的意见》	2021 年 中央一号文件	中共中央、国务院	2021 年 1 月
5	《关于金融支持新型农业经营主体发展的意见》	银发〔2021〕 133 号	中国人民银行、中央农办、农业农村部、财政部、银保监会、证监会	2021 年 5 月
6	《关于金融支持巩固拓展脱贫攻坚成果 全面推进乡村振兴的意见》	银发 〔2021〕171 号	中国人民银行、银保监会、证监会、财政部、农业农村部和国家乡村振兴局	2021 年 6 月

续表

序号	文件名称	文件编号	发布单位	发布时间
7	《关于巩固拓展社会保险扶贫成果助力全面实施乡村振兴战略的通知》	人社部发〔2021〕64号	人力资源社会保障部、民政部、财政部、国家税务总局、国家乡村振兴局、中国残疾人联合会	2021年8月
8	《关于推进政策性开发性金融支持农业农村基础设施建设的通知》	农办计财〔2022〕20号	农业农村部办公厅、国家乡村振兴局综合司、国家开发银行办公室、中国农业发展银行办公室	2022年7月

资料来源：天维公司收集整理。

二、经济环境因素分析

2019年以来，中国经济稳中求进，但稳中有忧，经济下行的压力有所上升，近五年GDP增长率总体下降趋势明显。尤其是在中美贸易摩擦、地缘政治风险等背景下，中国经济面临的外部环境严峻，实现稳增长、防风险的难度加大。经济增长率的下降会导致未来M2的增长速度明显下降，也意味着银行业存款规模增长速度放缓。经济增速的放缓会恶化企业财务状况，使银行不良贷款率升高。此外，随着改革的深化、市场化进程的加快、科学技术的进步、金融开放趋势的明朗，中国银行业面临着日益激烈的市场竞争。

2017年7月，习近平总书记在全国金融工作会议上强调，金融机构要把为实体经济服务作为出发点和落脚点，全面提升金融服务效率和服务水平，促进金融资源向重点领域、薄弱环节倾斜。乡村振兴战略要求健全适合农业农村特点的农村金融体系，创新金融服务方式，更好地满足乡村振兴对金融的多样化多层次需求。这是农村金融前所未有的发展机遇，有利于金融回归本源、更好地服务于实体经济，有利于防范和化解系统性金融风险，有利于缩小贫富差距。近年来，中央财政逐年加大对“三农”的投入力度，随着政府一系列农业税收减免、农业补贴政策的实施，农村经济呈现出蓬勃发展态势，农民收入不断提高。

2021年1月，中共中央、国务院发布的《关于全面推进乡村振兴加快农业农村现代化的意见》中指出，要强化农业农村优先发展投入保障，进一步完善涉农资金统筹整合长效机制，践行为农服务宗旨，持续深化农村金融改革。运用支农支小再贷款、再贴现等政策工具，实施最优惠的存款准备金率，加大对金融机构的支持力度，推动农村金融机构回归本源。鼓励银行业金融机构建立服务乡村振兴的内设机构。保持农村信用合作社等县域农村金融机构法人地位和数量总体稳定，做好监督管理、风险化解、深化改革工作。完善涉农金融机构治理结构和内控机制，强化金融监管部门的监管责任。发展农村数字普惠金融。大力开展农户小额信用贷款、保单质押贷款、农机具和大棚设施抵押贷款业务。鼓励开发专属金融产品支持新型农业经营主体和农村新产业新业态，加大首贷、信用贷投放力度，加强对农业农村基础设施投融资的中长期信贷支持，加强对农业信贷担保放大倍数的量化考核，扩大农业信贷担保规模。

三、社会环境因素分析

从中华人民共和国成立以来城乡发展历史来看，我国在一穷二白的基础上建立起比较完整的工业体系和国民经济体系。改革开放以来，在市场化的进程中，金融资源向城市特别是大城市集中，而农村地区的金融服务供给不足，城乡差距呈现出日益扩大的趋势。随着我国人口增速放缓，城市化进程的人口“虹吸效应”，导致农村“空心化”问题逐渐加剧，使得农村银行类金融机构的客户拓展越来越难。新冠疫情对银行业的影响导致经营性贷款客户的还款能力受到很大影响，银行不良率上升；复工复产贷款需求增加，存款增速放缓。

随着城乡融合和城镇化的持续推进，乡镇居民的金融需求也从以往单一的生存型、消费型需求转为住房、教育、投资等多样化的发展型需求。随着农村居民消费潜力的持续释放，农村市场蕴含着巨大的市场空间。特别是，在传统市场上信贷有效需求不足、利率不断下调、收益难以保证的新形势下，银行业积极引导金融资源向乡村下沉和延伸，在更好地满足人民日益增长的美好生活需要的同时，在农村市场寻求新的业务和利润增长点。

四、技术环境因素分析

当前，各种先进的科学技术在金融服务和产品开发中得到了广泛应用。一是客户可以通过手机、电脑等终端办理常规业务，不仅方便、高效，而且降低了银行和客户的交易成本；二是多家银行纷纷上线大数据支持系统，可以依托系统进行数据收集和处理，在实现快速获客的同时，降低银行营销成本；三是对银行业物理网点进行了升级更新，由原先的多窗口柜台服务，转换为减少人工窗口、增加智能终端的发展模式，实现由封闭式业务办理模式向开放交互式服务方式的转变。因而，在农村信息基础设施逐步完善、金融机构以网上银行为代表的电子金融产品不断创新的基础上，线上业务逐渐为客户所接受，这为银行服务乡村振兴奠定了技术基础。

虽然新形势下我国银行业面临经济总体趋势下行、互联网金融新技术冲击等挑战，但应认识到在我国城乡发展不平衡、农村发展不充分的大背景下，乡村振兴战略带来了发展机遇，可以说，广阔农村大有可为。服务乡村振兴，既是银行的使命所在，也是新时代的发展机遇。银行始终是我国“三农”融资的主要渠道，必须紧紧围绕乡村振兴战略主动找定位、强服务，积极寻求与乡村振兴战略的契合点，深入实施特色化、多样化服务的发展战略，做乡村振兴的真正支持者。

第二节　银行服务乡村振兴的目标

党的二十大做出了实施乡村振兴战略的重要部署，对新时代金融业服务“三农”提出了新要求，也创造了新机遇。为乡村振兴战略提供有效的金融服务是银行业积极支持供给侧结构性改革、服务实体经济的重要内容。在新的历史任务和机遇面前，银行要着力强化服务乡村振兴顶层设计，将“服务乡村振兴”纳入全行发展战略，切实履行“金融服务乡村振兴”责任担当。根据《乡村振兴促进法》第二条规定，全面实施乡村振兴战略，开展促进乡村产业振兴、人才振兴、文化振兴、生态振兴、组织振兴，推进城乡融合发展等活动。要实现乡村全面振兴，就要实现上述这五个子目标。

一、推动产业结构升级，支撑乡村产业振兴

产业兴旺是乡村振兴的第一要求，也是实现乡村振兴的重要支撑。产业兴旺的必由之路是转变农业生产方式，由过去的小农生产向现代农业生产方式转型升级。通过改变过去以单个农户为单位的生产组织形式，引导组建适应现代农业规模经营的新型农业经营主体，如农业企业、家庭农场、农民专业合作社等，并结合土地的流转、农业生产资料的集合、现代农业生产技术的应用，促进农业生产方式的转型升级。那么，农村银行类金融机构在战略层面应该如何设计才能推动农业生产方式的转变，进而助力乡村产业振兴？

（一）优化金融供给体制机制，提高金融资源配置效率

乡村振兴战略承载着实现中华民族伟大复兴的中国梦的使命与责任。党的十九届五中全会进一步提出“优先发展农业农村，全面推进乡村振兴”，这是对我国长期以来城市优先、工业优先发展战略的一种调整。实施乡村振兴战略实质上是城乡之间、工业农业之间以及农村内部资源重新配置的过程，优先发展农业农村意味着“十四五”时期我国资源配置的逻辑将从优先城市、工业转为优先农村、农业。资源的重新配置需要处理海量的市场信息，根据风险和收益的权衡，要把稀缺的资源配置给农村的各行业和企业，只有作为经济血脉的金融参与其中，才能完成如此巨大而精细的任务。

2022 年 4 月，银保监会办公厅发布的《关于 2022 年银行业保险业服务全面推进乡村振兴重点工作的通知》强调，“政策性银行要结合自身职能定位，细化明确服务乡村振兴的业务范围和边界，强化对农业产业发展、农业农村基础设施建设的信贷支持，加大转贷款服务乡村振兴力度，引导转贷行扩大转贷款用于涉农小微企业等重要涉农主体的比例。大中型银行要结合业务特长开展农村金融服务；加大首贷户拓展力度，更多为此前未从银行获得贷款的客户提供金融服务，积极填补农村金融服务市场空白；向县域分支机构合理下放信贷审批权限，将自身县域存贷比提升至合理水平。农村中小银行机构等地方法人银行机构，要不断提升乡村振兴服务能力和公司治理水平，加快农村信用社改革，稳妥化解风险，完善省联社治理机制，推进村镇银行改

革”。我国政策充分引导各类金融机构主动作为，在提升金融资源配置效率中找到自身角色定位并充分发挥作用。

例如，江苏省农村信用社联合社强化精准供给，“三个加快”助力产业发展。一是加快支持农业现代化。江苏省农商银行以服务乡村重点项目、重大产业和重要载体为关键点，主动做好农业农村重大项目对接支持，实地摸排项目融资需求，不断提高金融供给适配度，为加快农业农村现代化建设贡献农商力量。积极支持保障粮食安全，配合省农业发展银行做好夏粮收购贷款支付、资金监控及收储贷款配套服务。二是加快支持制造业发展。加大对江苏省16个先进制造业集群、“产业强链”、专精特新“小巨人”以及单项冠军企业等信贷支持服务力度，扩大制造业中长期贷款、信用贷款投放规模。三是加快支持乡村新业态发展。积极参与农业农村部新型农业经营主体“信贷直通车”活动，发挥“银担”服务合力，大力扶持家庭农场、农民专业合作社等新型农业经营主体发展壮大。

例如，中国农业发展银行十堰市分行聚焦十堰市产业短板，支持十堰市城西农副产品储备交易市场、郧西县现代农业产业扶贫示范园、竹山县鱼岭扶贫产业园等项目，以及郧阳区电商产业园、房县纺织产业园等一批产业集群项目，争当乡村振兴主力军，充分发挥了政策性银行的优势。

（二）加强新型农业经营主体金融服务，打造差异化金融体系

长久以来，我国银行业主要还是为中大型企业、国有企业服务，而对于乡村振兴的产业主体，即民营经济、中小微企业、中等收入及以下水平的普通居民等更需要资金及金融服务的经济主体，提供的产品和服务不足。金融机构应当立足于农业产业结构调整、农业产业链延伸和农业新功能开发，注重对农村产业龙头企业融资和新型农业经营管理水平提升等进行全方位精准扶持，以强化金融功能为抓手优化农业产业体系、生产体系、经营体系，培育农村新产业、新业态、新模式，提升农村产业竞争力，切实推动农村一、二、三产业深度融合和协同发展，推进乡村产业振兴。

一是要加大专业化生产模式的支持力度。针对新型农业经营主体和农民需求的多样性，根据“短、频、急”的特性，借助移动办贷技术，创新和整

合业务渠道，提高金融服务的技术与数据应用能力，优化业务审批流程，缩短涉农信贷投放链条，提升农村金融供给的配置效率和服务水平。同时，推动农业结构优化，培育壮大新产业、新业态，重点支持支柱产业和特色种养业、规模种苗业、高标准农田、农业示范园、农业商贸批发、物流等现代农业项目，降低新型农业经营主体融资成本。

二是积极支持构建现代农业产业体系。随着现代农业规模化经营推进，进入农业产业链的经营主体对金融需求呈现出由小额向规模化转变、由单一化向多元化转变，银行要从有效解决农业生产环节、流通环节、加工及销售环节融资入手，加大力度支持农村龙头企业、农民合作社、专业种养大户以及家庭农场等新型农业经营主体发展，推动农村产业融合发展，打造差异化金融产品体系。

三是创新担保模式。引入第三方公司担保以及保险公司保单等方式，或者深入探索农业设备机具抵押、土地使用权抵押、订单融资、经营预期收益权等抵质押方式，有效破解农村地区抵质押物不足的窘境。

例如，寿光农商银行在产业振兴方面的金融支持。为推动寿光市产业发展，寿光农商银行运用并创新“金融+农业园区”“金融+供应链”模式，助力蔬菜产业发展。在实行“金融+农业园区”产业模式中，寿光农商银行结合当地农业发展特色，因地制宜，创新金融产品，设计出“农业设施贷”“园区项目贷”“大棚按揭贷”等多种信贷产品，与当地不同形态的农业产业模式相匹配，为寿光蔬菜产业强劲发展提供关键支持力量。为提高产业生产效率，实现产业全链条发展，寿光农商银行实行“金融+供应链”的蔬菜产业模式，完善蔬菜产业链条，提高蔬菜生产效率，降低经营融资成本。其中，寿光农商银行与亚太中慧集团进行产业运营合作，打造全链条现代农业，为其农业发展助力。

二、引导人才就业创业，支撑乡村人才振兴

人才是乡村振兴的关键要素。传统农业主要靠经验，现代农业主要靠技术。随着科技的进步和社会的发展，现代农业、绿色农业、休闲农业、农村电商等如雨后春笋般纷纷崛起，机器人摘黄瓜、猪脸远程识别、云端放养管

理、大田测土配方施肥等互联网农业应用层出不穷。乡村振兴需要一大批新型职业农民，那么银行机构应该如何在乡村人才振兴中发挥作用呢？

（一）金融支持乡村青年创业，优化人才存量

各银行机构要立足实际，聚焦主责主业，找准金融支持乡村青年创业的切入点，健全适合乡村振兴发展的金融服务组织体系，强化金融产品和服务方式创新，为乡村青年致富带头人、青年创业者提供个性化、差异化的金融产品和服务，支持乡村青年创业，从而实现金融支持乡村青年创业—因地制宜发展乡村优势产业—乡村产业吸引更多人才，这一乡村产业振兴和人才振兴的良性循环。此外，还要充分利用电视台、广播、报纸等传统媒体以及微信、微博、短视频平台等新媒体，广泛宣传金融支持乡村青年创业的创新做法。

例如，为服务国家乡村振兴战略，中国农业银行枣庄分行联合共青团枣庄市委、山东省农业发展信贷担保有限责任公司枣庄市管理中心共同推出“乡村好青年贷”，主要帮助枣庄市范围内各级团组织评选的“乡村好青年”或其创办的小微企业、农民专业合作社解决资金周转难题。贷款执行优惠利率，额度最高300万元，期限最长3年。2022年以来，该行已累计发放“乡村好青年贷”5042万元，支持乡村好青年103户，为成就青春梦想提供了最坚实的金融保障。

（二）政策鼓励引导返乡下乡，壮大人才增量

壮大人才增量分为两个方面。一方面，支持农村居民返乡。顺应城镇化和城乡居民消费升级的新趋势，加大“双创”“安居”“扶贫”等消费金融产品的开发力度，满足市民及农村城镇化过程中农民的住房、创业、就业、消费、养老等方面的金融需求，支持农村居民返乡创业就业。另一方面，支持城市居民下乡。加大休闲农业和乡村旅游的金融支持力度，积极为能人、企业家、知识分子、城镇居民下乡提供融资租赁、创业创意、休闲养老等配套金融服务，促进城市资源流向农村。

例如，山东省联社济宁审计中心围绕政银合作的契合点和新模式，提思路、出方案，发挥好地方政府“金融参谋助手”的作用，大胆革故鼎新，创

新提出“全脱产”挂职模式，以便农商银行全面、深度参与助力乡村振兴，为乡村振兴注入金融人才活水。

三、助力乡风文明建设，支撑乡村文化振兴

文化是人类社会的精神活动及其产物，优秀文化能够正向影响人的实践活动、认识活动和思维方式，能够促进人的全面发展。中华文明根植于农耕文化，乡村是中华文明的基本载体，那么银行应该如何助力乡村文化振兴这一“铸魂”工程，进而提升农民精神风貌，焕发乡村文明气象?

（一）助力乡村基础设施建设，增强公共文化服务供给

乡村振兴战略规划明确提出，继续把基础设施建设重点放在农村。银行应统筹金融资源配置与供给，找准城乡公共文化服务差距，推动资金、资源项目向乡村倾斜，重点支持农村电网改造、信息网络和县、乡村物流，并通过组织乡村因地制宜地建设文化站、文化礼堂、农家书屋以及健身场所等基础设施，同时开展金融知识、农业文化知识下乡宣讲，加大农村公共文化服务供给力度，助力乡村构建完整的公共文化服务体系。

例如，孝昌农商银行围绕社会主要矛盾变化，持续加大孝昌县养老、健康、文化、体育、教育培训等幸福产业金融服务力度，增进民生福祉，助力乡村文化振兴。第一，积极推进医疗、养老金融服务。重点做好“2+1”县域医疗金融服务，即重点支持人民医院、中医院和妇幼保健院等当地县域实力较强的公立医院。择优支持股东实力雄厚、医疗水平较高、排名首位的民营医院以及集团化、品牌化的民营专科连锁医院。在养老金融服务领域，对纳入“十四五”国家养老服务体系等重点项目库的养老服务项目进行金融支持，为养老产业龙头企业量身定制金融服务方案，提供综合金融服务。第二，稳步推进教育文化体育事业金融服务。密切关注县域学前教育、义务教育、高中及中专教育、职业培训等民办教育市场发展情况，加大幼儿园、学校代扣代缴、代发工资业务营销力度，找准民办教育金融服务需求，择优支持县域民办教育事业发展。同时，积极探索采取应收账款质押、作品著作权（版权）质押、资产证券化等方式，稳妥支持县域文化、体育等事业发展中的金融服务需求。

又如，A银行通过与政府部门和社会组织合作，持续赋能农村普惠金融综合服务点，精准服务农村群众实际需求，不仅为当地村民办理基础金融业务，还把丰富实用的文化服务送到农村基层，使服务点具有党建宣传点、农家书屋、退役军人创业就业驿站等综合功能，进一步激发乡村文化振兴的内生动力。

（二）推动乡村信用体系构建，营造乡村良好金融生态

乡风文明是乡村振兴的保障，银行机构要着力推动乡村信用体系构建，做诚信文化建设的“倡导者”。通过对金融知识和信用文化的普及与宣传，帮助农民树立正确的金钱观，做到人人有信用、人人讲信用、信用有价值，通过信用文化的传播，促进乡村践诺言、守诚信风尚的形成，把信用理念融入农村精神文明建设，用金融力量倡导诚信文化、推进乡风文明建设，营造农村地区良好的信用氛围和金融生态。

例如，中国农业银行福州分行以优化农村信用环境为切入点，深化与政府的合作，多措并举为乡村振兴营造良好的金融生态环境。第一，以信用村建设提升乡风文明。与政府深入合作，持续推进普惠金融信用村评定与建设，授予长乐、连江等县域23个产业兴旺、治理有效、诚实守信的行政村为信用村，为村民制定提额降息等优惠政策，提高经营主体信用意识，营造村内集体守信的浓厚氛围。第二，完善信用档案，弘扬诚信文化。发挥在信用工程建设中的作用，强化与地方政府、司法机关信息互联互通，多渠道整合社会信用信息，稳步推进农户、家庭农场、农民专业合作社等经营主体电子信用档案建设，推动完善乡村信用管理体系，促进诚信文化建设。第三，普及金融知识，共育文明乡风。定期开展金融知识下乡、保密知识和消费者权益保护宣传活动，传导守信受益、失信惩戒的信用观念，增强农民自我保护意识。注重加强反洗钱、非法集资、违规担保、非法套现等方面的宣传引导，提升农民的风险识别和抵御能力。

又如，寿光农商银行的“金融+农村信用”模式。寿光农商银行联合寿光市委宣传部、寿光市文明办、寿光市发展和改革局、寿光市地方金融监督管理局、中国人民银行寿光支行等七部门制定了《全市新时代文明实践“乡村振兴·文明信用”工程实施方案》。结合寿光市乡风民风建设和信用创评工

作，以“乡风文明”为切入点，深入挖掘村民“信用资本”，打造了“以文明信用创评为基础、以金融科技为支撑、以普惠金融为目标”的“整村授信”支农新模式，真正体现“文明信用”的社会价值，让文明信用户更好地获得资金支持和优惠政策。

四、健全绿色金融体系，支撑乡村生态振兴

实现碳达峰、碳中和，是以习近平同志为核心的党中央统筹两个大局做出的重大战略决策，事关中华民族永续发展和构建人类命运共同体，是我国在新发展阶段推动高质量发展的必由之路。绿色是乡村的底色，乡村的绿色发展离不开绿色金融的支持，可以说绿色金融与乡村振兴的要求相契合，通过绿色金融，可以将“绿水青山”变成“金山银山”，实现人与自然和谐共生，为经济社会绿色低碳转型提供全方位的金融服务。

（一）推动传统金融理念变革，全面树立绿色发展理念

银行机构应提高金融资源的配置效率，但乡村振兴的资源配置不完全以经济效益为导向，乡村环境治理、生态修复以及农村生态网建设等乡村振兴项目是公共产品或准公共产品，社会效益显著大于经济效益。银行机构通过金融活动实现环境保护、生态平衡的协调发展，最终实现经济社会的可持续发展，这高度契合了乡村振兴绿色发展的资源配置需求。因此，银行机构要从根本上改变过去以经济效益为导向的理念，牢固树立绿色发展的理念，推动绿色金融与乡村振兴战略的有效衔接，加强绿色金融服务乡村振兴战略的顶层设计，从全局的角度，统筹规划引导绿色金融服务乡村振兴体制、机制和配套政策，为绿色金融服务乡村振兴奠定坚实的基础。

（二）多措并举，建立健全绿色金融体系

目前，我国银行机构绿色金融体系与如期实现碳达峰、碳中和目标还存在较大差距，各类市场主体对绿色金融标准化、规范化发展的诉求日益强烈，也为建立更加完善的金融体系打下了良好基础。为更好实现碳达峰、碳中和目标，应健全我国银行机构绿色金融体系。

第一，明确绿色金融融资主体。新型经营主体作为绿色金融支持的着力

点之一，是“助力农业现代化发展、高质量发展”的推动器，银行机构应充分利用绿色小微信贷等多种产品和服务方式，引导社会资本和民间资本参与投资，重点培育专业大户、家庭农场、专业合作社和小微企业等多种形式的现代化新型经营主体，引导和鼓励新型经营主体进行生态化、无公害化、科技化、集约化、规模化农业生产，加大对绿色普惠金融服务的专项支持力度，鼓励采用绿色低碳的生产方式。

第二，明确绿色金融支持产业。推动“三农”与绿色金融融合发展，结合农村地方特色产业和生态农业开展绿色信贷，大力支持农村新型经营主体建立和健全绿色生产体系，引导金融资源向污染防治、节能节水、清洁能源、生态保护等领域更多倾斜。对于乡村旅游业发展，要充分挖掘利用各地资源，支持景区相关基础设施建设和古镇保护项目，挖掘乡村景区或当地特色资源，打造农家乐和农业观光项目等新业态，建设生态观光农业、采摘园、休闲农庄、康养基地、森林人家等乡村旅游基地。

第三，创新绿色金融产品服务。强化金融与生态环境部门、产业部门、科技部门的合作，创新与绿色低碳循环经济体系建设相适配的金融产品体系。探索并购融资、气候债券、绿色信贷资产证券化等创新产品，发展排污权、碳排放权等抵质押融资业务。

例如，近年来，广州农商银行通过创新绿色金融产品，推出“金米碳排放权抵押贷”，有效满足绿色金融资金需求；构建绿色涉农企业客户名单，以“存量循环+增量获取”营销拓展方式，强化绿色涉农企业金融支持；强化资源倾斜，针对绿色信贷业务给予 FTP 补贴和考核激励，推动绿色涉农业务发展。广州农商银行突破传统的“砖头思维”，迅速提供“一企一策”的创新授信方案，通过“土地经营权抵押+农业设施不完全抵押+锁定销售回款账户”模式，用三重措施筑牢风险防线，既满足了企业融资需求，又有效把控了授信风险，最终成功授信一家绿色生态农企。针对特色民俗项目“抵押难”的问题，广州农商银行打破固有模式，“一村一策”创新服务，采用“保证+土地经营权抵押+三方协议”的模式。此外，广州农商银行加大金融服务力度，积极推动广清接合片区城乡融合发展。拓宽农村产权抵质押物范围，广州地区首创推出生态公益林补偿权质押产品“金米乡村振兴林易贷”，同时探索“两权”抵押产品，在广州地区创新首发运用农村土地承包经营权抵押担保产品“金米乡村振兴农村土地承包经营权抵押贷款”；推动“一村一品、一镇一业”，创新“金米乡村振兴花卉贷”，打造从化花卉种植行业特色商业模式。

江苏省农村信用社联合社坚持生态优先，“三个扎实”建设美丽乡村。一是扎实加大绿色信贷投放力度。印发《关于进一步做好绿色金融发展工作的指导意见》，引导各农商银行持续加大绿色信贷投放力度，支持江苏省绿色低碳发展。二是扎实做好专项产品推广。与江苏省生态环境厅加强合作，出台金融支持大气污染防治产业方案。积极参加江苏省生态环境厅组织的“金环”对话会，推进“环保贷”业务发展。三是扎实推动乡村旅游发展。强化对江苏省文化旅游产业配套的住宿、餐饮、农家乐等个体工商户的金融服务。

五、引领乡村治理变革，支撑乡村组织振兴

全面推进乡村振兴，组织振兴是根本和保障，具有基础性、引领性、保障性作用。银行机构在助力乡村振兴的过程中，要将先进的公司治理、契约治理和金融合作制度注入乡村，增加乡村振兴的先进制度性供给，把金融治理理念融入乡村治理体系，引领乡村治理变革，提高乡村治理能力。

（一）深化党建共建，加强乡村组织保障

“农村工作千头万绪，抓好农村基层组织建设是关键”，农村基层党组织是贯彻落实乡村振兴战略的组织者、推动者和实施者，是党在乡镇基层全部工作和战斗力的基础，是贯彻落实党中央决策部署的“最后一公里”，肩负着深入推进乡村振兴的历史使命。党建活动是抓好基层党建工作、提升党员干部干事创业能力的重要手段。深化“党建+金融”共建模式，发挥农村银行机构党支部在金融服务方面的优势，主动配合各级党政和组织部门中心工作，推动党建与金融工作有机融合，引领提升乡村治理水平。培育新型农业经营主体，引导民营企业发挥优势和特长，支持乡村基层组织建设；鼓励支持符合条件的民营企业家担任村支书，实现党组织互动和资源共享。通过优势互补、取长补短，提升乡村基层组织治理能力，形成务实有效的振兴道路。

例如，D农商银行创新“党建+金融”服务模式，启动实施服务党群创业

创新的“金融惠农”行动，以党建共建为主抓手，以“三治信农贷”为主载体，主动回应群众金融帮扶需求，为广大农村党员群众、农业经营主体和村级组织提供普惠式资金保障，激活乡村振兴“新引擎”（见表3-2）。截至目前，该行累计发放“三治信农贷”32595户、金额90.29亿元，树立起“信用点亮幸福”“让有德者有得”的价值导向。

表3-2 D农商银行“党建+金融”服务新模式详情

<table>
<tr><th>组织体系</th><th colspan="2">成员构成</th><th>政银对接</th><th>目的</th><th>做法、活动</th><th>机制保障</th></tr>
<tr><td>“三治融合”三级党建联盟</td><td>总行党委+市委组织部+11个镇（街道）党委+各支行党支部+211个村（社区）党组织</td><td>专项工作小组由市领导领衔，由组织部、政法委、乡村振兴办、镇（街道）、农商银行等单位组成</td><td>聘请村（社区）书记担任普惠金融联络员</td><td>构建政银党组织合作机制，市、镇、村三级联动</td><td>逐镇逐村开展动员部署、挨家挨户进行走访服务</td><td>将“金融惠农”行动推进情况纳入各镇（街道）、村（社区）基层党建工作任务</td></tr>
<tr><td rowspan="5">村级党组织</td><td rowspan="2">两会</td><td>百姓议事会</td><td>根据名单提出建议授信额度</td><td colspan="3" rowspan="5">1. 初始评议：道德评判团根据“六无三不准”标准确定可授信名单。
2. 公议授信：“百姓议事会”依据可授信名单确定可授信额度。
3. 组织审定：村党组织审定授信名单、金额。
4. 银行授信：农商银行确定最终授信金额，导入系统（授信额一次核定，3年有效）。
5. 自助办贷：授信农户在需要时，随时通过手机银行、网上银行等电子渠道办理贷款。
6. 金融指导：银行工作人员进村入户大走访，推广“三治信农贷”，普及互联网金融、金融安全知识，指导村民开通手机银行。
7. 用信评估：金融服务网格员参与百事服务团走访，对农户信用进行评估，将相关变化情况、突发事件等向村级党组织、农商银行反馈，实行动态管理。
8. 后续服务：积极用好上级各类扶持政策，对村级集体经济发展和党群创业创新加强指导，“法律服务团”开展法律法规和借贷责任宣传</td></tr>
<tr><td>乡贤参事会</td><td rowspan="2">参与走访服务</td></tr>
<tr><td rowspan="3">三团</td><td>百事服务团</td></tr>
<tr><td>法律服务团</td><td>提供法律支持</td></tr>
<tr><td>道德评判团</td><td>提出可授信群众建议名单</td></tr>
</table>

续表

组织体系	成员构成	政银对接	目的	做法、活动	机制保障
金融惠农先锋队	市、镇、村党员干部，农商银行干部职工，三小组长	在工作日每晚 17 时至 20 时、周末节假日全天候走访，宣传“三农”、金融、“双创”等政策，推广“三治信农贷”			
“两新”党建服务共同体	公安、市场监管、税务等	“两新”红管家队伍	开启金融服务民营企业新模式：依托“两新”党建共同体对企业的评价结果，开展对“两新”企业主动授信、全面授信		
“小个专”党建联盟	市委组织部、市场监管局等部门	推进红色信用贷由企业扩展至个体工商户和专业市场			
银行+商会/园区+企业		为民营企业特别是异地入驻创业企业解决融资难、担保难难题			
银行+市科技局+企业		提升科技企业贷款覆盖率			
银行+人力社保局	大学生创业银行	搭建多方助创平台，激发新生代创业创新浪潮			

资料来源：天维公司收集整理。

（二）维护脱贫攻坚成果，夯实乡村治理基础

中国脱贫攻坚的胜利，是中华民族发展史、社会主义发展史、人类社会发展史上的伟大壮举，对于推动中国减贫事业和世界减贫进程具有重大的历史意义。脱贫攻坚的成果来之不易，维护和巩固脱贫攻坚成果也是乡村治理的一大重要课题。金融服务与扶贫增收深度融合，助力乡村生活富裕。金融扶贫的有效性已经被学者证实，新发展阶段农村金融服务乡村振兴的乡村生活富裕维度，应健全农村普惠金融服务体系，要重点瞄准已脱贫户、中低收入水平农户、信用记录“空白户”，真正突出农村金融的“普”和“惠”，努力确保农民持续增收和收入结构优化。

在增加居民收入方面，银行可通过加强信贷产品的创新，在金融支持规模和效率上加大农户小额信贷和农民工返乡创业信贷的支持力度，解决农村居民生产生活资金短缺的问题。通过加大对农村电商扶贫的支持力度，进一步拓宽农村农户产品的销售渠道，促进农民收入增加，实现生活富裕。

在提高居民支付便捷度方面，通过开展多方合作，推进核心业务系统等

基础设施建设。借助第三方支付服务机构和支付清算网络，依托合作银行的信息系统和托管服务系统开展个人网上银行、手机银行、线上理财等业务；与电信运营商开展合作，在农村地区普及手机支付业务，构建高效、安全、便民的社区金融电子服务模式。利用信息技术，为广大农村地区提供现金转付、生活缴费和领取粮食补贴等服务。此外，充分利用自身本地化优势，积累人格化、碎片化和社区内部化的“软信息”。运用大数据、人工智能等技术平台，建立农村金融服务站，确保精准投放。利用科技手段满足农村居民对金融支付渠道便捷度的需求，提升农村居民生活富裕的满意度。

例如，山东省联社持续加大金融扶贫工作力度，确保金融扶贫工作部署稳定、金融扶贫力量稳定、金融服务投入不减。一是保持扶贫小额信贷政策延续性，继续实施“富民生产贷”，加大对产业扶贫、就业扶贫、易地扶贫搬迁后续扶持等信贷支持力度，巩固拓展脱贫攻坚成果。二是做好信贷产品分类及运用，加强细分市场研究，按照“保留适用”“整合同类”“借鉴弥补”“废止过时”思路，对服务乡村振兴信贷产品进行清理和完善，研究建立“线上+线下”、细分类别的信贷产品图谱体系，全面满足乡村振兴市场主体需求。三是用好专项金融政策，把握好政策窗口期，继续落实普惠小微企业贷款延期还本付息政策和信用贷款支持计划“两项直达货币政策”，对符合条件的普惠小微企业贷款应延尽延，继续加大信用贷款投放力度，减轻客户还本付息压力。

又如，长春发展农商银行按照吉林省委、省政府《关于全面推进脱贫攻坚战的实施意见》，省联社《吉林省农村信用社联合社精准扶贫工作实施办法》相关要求，结合实际，制定了《长春发展农村银行股份有限公司关于精准扶贫工作实施方案》，成立工作领导小组，由董事长任组长，领导小组下设办公室，细化制定工作实施方案。设立普惠金融部，职能由“三农”银行部承担，专门从事乡村振兴金融业务，将其功能充分发挥出来，成为金融服务乡村振兴的主导部门。大力支持贫困地区的特色产业发展。围绕农村资源财产化改革，积极探索农村住房财产权、农村土地经营权抵押贷款，探索将林权、土地及宅基地纳入抵押担保范围，扩大担保范围，拓宽贫困农户融资渠道。积极支持贫困地区农村青年致富带头人、大学生村官、农村妇女、返乡农民工等群体就业创业及贫困地区从事规模化、专业化生产的种养大户、家庭农场、农民专业合作社和农业产业化龙头企业等新型农业经营主体，以其就业吸纳效应辐射带动贫困农民增收。积极推进贫困地区生源地助学贷款。大力支持民生工程建设，加大对城乡危房、棚户区改造支持力度，改善贫困人口的生产生活条件。健全常态化帮扶机制，实现脱贫攻坚同乡村振兴平稳过渡、有效衔接。

第三节　银行服务乡村振兴的实施情况

一、银行机构服务乡村振兴的现状

（一）农村银行机构涉农贷款投放不断增长

从中国人民银行发布的历年金融机构贷款投向统计报告可知，银行不断加大对农村金融市场的信贷投入力度，在乡村、基层投入更多的金融资源，实现对低收入、贫困群体的政策倾斜，实现惠农水平提升、精准扶贫的深入开展，并推动农村金融体系进一步拓展，不断加大农村金融的发展力度。自2017年以来，涉农贷款规模逐年扩大，增幅显著，截至2022年末，银行业涉农贷款49.25万亿元，较2017年增长24.15万亿元，增幅达96.22%（见图3-1）。

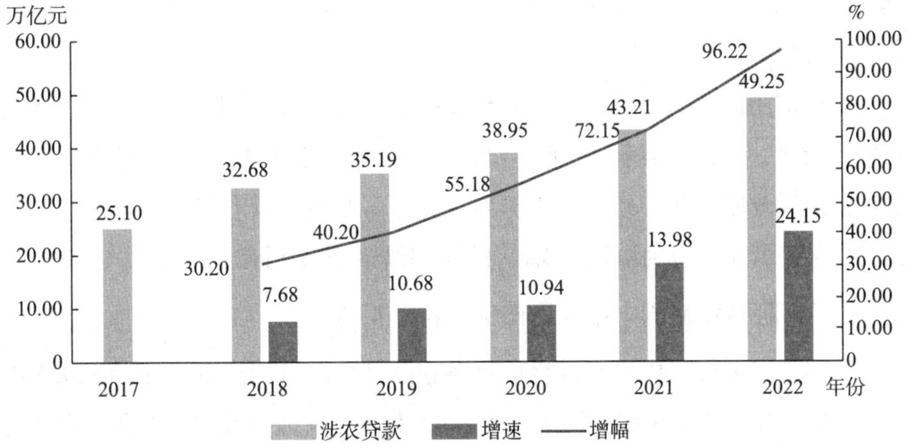

图3-1　2017—2022年银行涉农贷款投入情况

2022年末，银行业涉农贷款余额49.25万亿元，同比增长13.98%，增速比上年末高3.04个百分点；全年增加6.04万亿元，同比多增1.78万亿元。农村（县及县以下）贷款余额41.02万亿元，同比增长13.5%，增速比上年末高1.4个百分点；全年增加5.03万亿元，同比多增8734亿元。农户贷款余额14.98万亿元，同比增长11.2%，增速比上年末低2.8个百分点；全年增加1.56万亿元，同比少增1166亿元。农业贷款余额5.06万亿元，同比增长10.7%，增速比上年末高3.6个百分点；全年增加4988亿元，同比多增1901亿元。

商业银行"三农"、普惠金融事业部改革持续推进。如中国农业银行三农金融事业部实行单独的管理机制，对"三农"重点领域信贷支持力度明显加大；中国建设银行设立乡村振兴金融部，截至2020年末，设立县域网点4266个；中国工商银行设立小微金融业务中心；中国银行设立普惠金融事业部；交通银行设立普惠金融事业部；中国邮政储蓄银行进一步优化"三农"金融事业部机构和职责。

开发性、政策性银行强化公司治理，提升金融服务水平。国家开发银行在实践探索中形成了"113431"扶贫工作体系，加大对"三农"和脱贫攻坚的支持力度。"十三五"以来，国家开发银行累计发放精准扶贫贷款1.18万亿元，贷款余额达8075亿元。中国农业发展银行于2019年7月成立董事会，形成了"两会一层"的公司治理结构，逐步建立起具有中国特色的农业政策性金融机构的公司治理模式。

农村信用社改制加快推进。截至2020年末，北京、天津、上海、重庆、安徽、湖北、江苏、山东、江西、湖南、浙江和广东等12个省份已全面完成农村信用社改制工作。经过多年努力，农村商业银行以产权改革为核心，机构资本和经营实力得到增强，现代公司治理架构从无到有。

（二）服务农村的中小银行覆盖面不断扩大

中国人民银行《中国农村金融服务报告2020》数据显示，截至2020年末，全国乡镇银行业金融机构覆盖率为97.13%；全国行政村基础金融服务覆盖率为99.97%；金融机构空白乡镇从2009年10月的2945个减少至892个，实现乡镇金融机构和乡镇基础金融服务双覆盖的省（区、市）从2009年10月的9个增加至21个。

截至2020年末，全国组建农村商业银行1539家、村镇银行1637家（见表3-3），村镇银行90%以上贷款投向县域农户和小微企业。其中，中西部地区村镇银行1089家，占全国村镇银行总数的66.52%。2020年，“多县一行”制村镇银行试点进展顺利，新覆盖了25家村镇银行空白县，其中11家为原国定贫困县或连片特困地区。

表3-3 2020年农村中小银行机构从业人员、法人机构和营业性网点情况

机构类型	从业人员数（人）	法人机构数（家）	营业性网点数（个）
合计	976997	3844	80012
农村信用社	165368	641	14138
农村商业银行	695430	1539	60256
农村合作银行	8320	27	771
村镇银行	107879	1637	4847

二、银行服务乡村振兴的问题

（一）农村产业基础薄弱，承载金融资源的能力不足

产业兴旺是乡村振兴的重要基础。近年来，我国乡村产业发展取得积极成效，但存在产业门类不全、产业链条较短、附加值不高和质量效益不高等问题。随着城镇化快速推进，乡村劳动力、资金等生产资料外流明显，产业“空心化”、人口“空心化”问题较为突出，使金融服务乡村振兴的政策传导难、实施难、维护难、见效难。一些地区的农村特色产业发展受新冠疫情冲击或自然灾害等影响较大；一些地区政府主导引入的扶贫车间和扶贫产业在一定程度上存在与市场对接不紧密、“水土不服”等问题，产业吸附、承载金融资源的能力较弱。

（二）金融创新滞后于乡村振兴多元化的金融需求

随着乡村的发展，农户对金融产品和服务的需求逐渐增大，这需要农村金融机构在金融服务的提供方面进行改进，增加金融服务的供给类型和数量。

当前农村地区出现的新型农村资金需求主体，如家庭农场、专业大户、农民合作社等主体由于本身存在抵押物少、经营治理机制不完善、资产缺失等问题，难以及时获得金融机构信贷资金的支持。

目前，农村金融产品体系仍以信贷、结算等基础服务为主，信贷产品以抵押、担保居多，信贷、保险和期货业务融合创新不足，涉农信贷供需的期限错配问题未得到根本解决，围绕拓宽农村抵质押物范围的探索实践也尚未成熟，真正契合不同农业产业、农村经营主体特点的创新产品不够丰富，适应乡村振兴新需求的综合性金融产品和服务还比较匮乏。

（三）信贷管理政策难以适应农业农村发展需要

与城市信贷业务相比，农业农村信贷业务有其独有的特点，虽然多数商业银行针对农村信贷业务制定了差异化的授信政策，但农村在授信资源的获取和使用上仍然有着不小的障碍，集中表现在：一是农村授信客户有着规模体量小、授信时间短、授信银行少和授信品种单一的特点，导致客户主体评级普遍不高，与商业银行的授信准入门槛尚有一定距离；二是商业银行内部的客户划型、内部评级、利率定价等权限大多分布在前、中、后台不同层级和部门，信贷审批整体流程偏长。目前，农业尚未完全摆脱“靠天吃饭”的困境，自然灾害与意外事故等不可抗力因素使得农业承担的风险波动较大且难以提前防范，再加上农产品销售季节性较强，使得农业风险难以精准把握。

三、改善银行服务乡村振兴的措施

（一）创新管理模式，破解“动力弱”的问题

乡村振兴是一项需要多方协调联动的系统性工程。目前，银行联动综合服务的责任分工、利益分享和风险分担机制仍不完善，总分联动、区域联动、内外联动服务乡村振兴的动力仍需增强。因此，要创新管理模式，激发服务农村加快发展的内生动力。要完善资源管理机制，在信贷规模、经济资本、财务费用、固定资产等经营资源上，单独配置，加大倾斜，优先满足服务乡村振兴的需求。如在总部设立乡村振兴部（室），将其作为独立的业务职能部门或事业部进行运作；设置数据采集中心，助力整村授信、网格化营销等数

据采集工作；设置划分网格，实施网格化营销及管理；优化基层党组织建设，实施“党建+金融”组织服务模式，强化党建引领等，强化职能分工及经营管理、优化资源配置、规范运营管理，不断提升乡村振兴金融服务效能。同时，还要健全激励管理机制，优化绩效考核体系，加大考核结果与业务授权、工资分配、奖惩评先的挂钩力度，调动银行服务乡村振兴的积极性和主动性。

（二）创新风控模式，破解“风险高”的问题

受自然风险和市场风险的双重影响，“三农”业务具有弱质性和脆弱性特征，金融信贷投入风险较大，加之风险补偿机制不健全，制约了金融机构对乡村振兴的信贷资金投入。因此，要探索银行与党政部门、其他金融机构的长效合作机制，创新“信贷+保险”“政府+银行+担保公司”等风控模式，建立贷款风险补偿基金，合力拓宽涉农和扶贫贷款风险分担与缓释渠道。同时，依托“互联网+”的作用，将金融服务平台嵌入智慧政务系统，充分利用信用信息大数据，建立精准的农村金融信息管理档案，推动完善农村信用体系建设。

（三）创新人才培养模式，破解“人才短缺”的问题

银行要通过内外结合，创新人才培养模式，强化人才支撑。在银行内部，加强人才全流程管理，坚持将新招聘员工向县域倾斜，引导各类专业人才投身乡村振兴事业中；选派年轻干部到县域挂职交流，选拔年轻干部到县域基层任职，优选员工充实“三农”客户经理队伍，优化服务“三农”领域员工职业成长通道，让人才引得进、用得好、留得住。在银行外部，强化政银共建互联，开展政银之间干部双向交流挂职和对口支援工作，实现双方优势互补，共同培养造就一支懂农业、爱农村、爱农民的“三农”工作队伍。

第四章　银行服务乡村振兴战略规划案例

产业振兴、人才振兴、文化振兴、生态振兴和组织振兴5个方面的目标至关重要，但多数银行仍存在产业承载金融资源能力不足、金融创新滞后于需求和信贷政策不适应乡村振兴发展等问题。因此，有必要分析乡村振兴标杆银行在战略规划、业务发展和支撑保障措施方面的举措。本章剖析银行如何从服务乡村振兴战略规划出发，实施业务发展策略，并辅以支撑保障措施，从而保证乡村振兴战略有效落地。

第一节　银行服务乡村振兴战略规划

中小型商业银行要认识金融服务乡村振兴建设的新形势、新挑战，融入服务乡村振兴，找到自己的新市场，制定发展战略，以促进自身发展。农商银行应在经营差异化定位下，结合“十四五”规划、乡村振兴规划，对产业结构与区域发展规划进行深入研究，立足乡村资源禀赋特点，在基础设施建设、绿色产业、现代农业产业园、种植养殖特色产业等方面加大支持力度，提升金融服务乡村振兴的质效和水平，更好地满足乡村振兴多样化、多层次的金融需求。

一、业务战略规划的基本思路

业务战略是企业未来业务发展方面的重大选择、规划及策略，为银行提供战略发展点。愿景、战略目标、业务战略、职能战略的关系如图4-1所示。业务战略是落实战略目标，而业务战略需要职能战略作为支撑和保障。

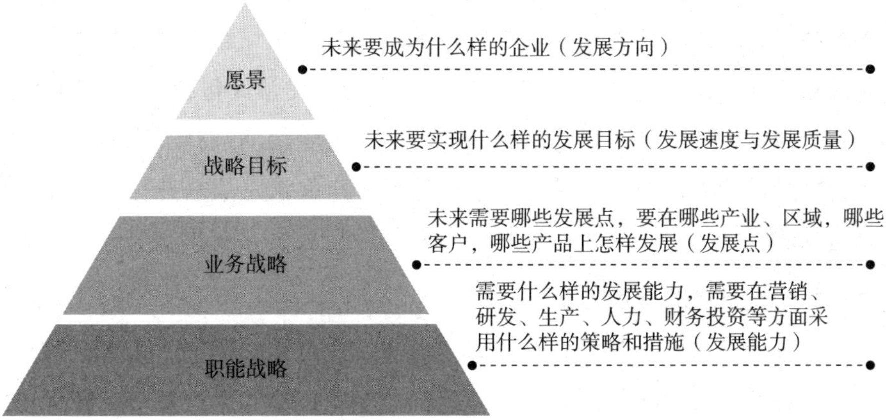

图 4-1 战略金字塔

一般来说，业务战略制定包括明确战略研究领域、企业外部环境分析、企业内部环境分析、战略规划 4 个步骤（见图 4-2）。

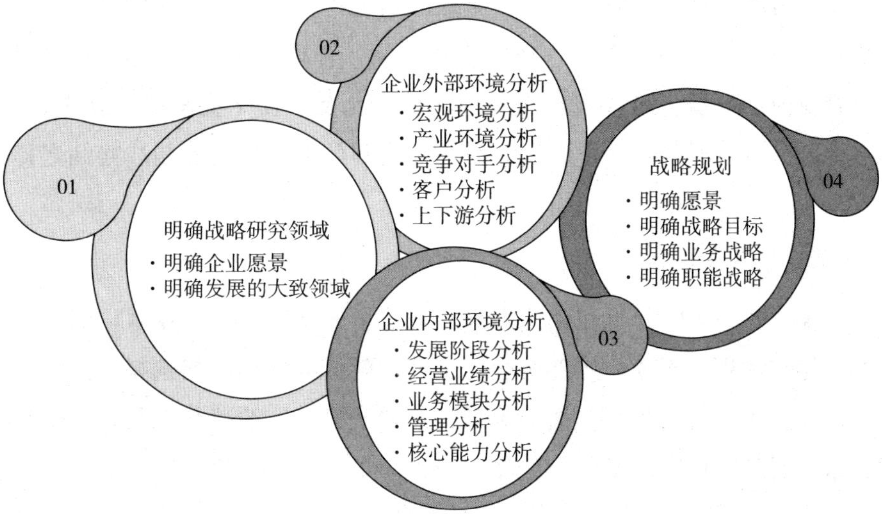

图 4-2 业务战略制定内容

（一）明确战略研究领域

战略研究领域包括产业、区域、客户、产品等方面。产业战略研究领域选择包括产业战略选择、产业组合战略选择、产业扩张战略选择和产业竞争战略选择。区域战略研究领域包括区域战略选择、区域组合战略选择、区域扩张战略选择和区域竞争战略选择。客户战略研究领域包括客户战略选择、客户组合战略选择、客户扩张战略选择和客户竞争战略选择。产品战略研究领域包括产品战略选择、产品组合战略选择、产品扩张战略选择和产品竞争战略选择。①

（二）企业外部环境分析

组织的发展离不开其所处的环境，组织对外部环境进行分析的目的是了解企业所处的战略环境，掌握各环境因素的变化规律和发展趋势，筛选出影响企业未来发展的主要因素，并对这些影响因素进行分析，从中找到可以发展的机会和需要规避的风险。企业外部环境分析一般包括宏观环境分析、产业环境分析、竞争对手分析、客户分析、上下游分析等。

（三）企业内部环境分析

组织内部也有很多因素影响着企业战略选择。企业内部环境分析包括发展阶段分析、经营业绩分析、业务模块分析、管理分析、核心能力分析等。通过企业内部分析，可以找出企业的优势与劣势，便于在战略中扬长避短，通过内部分析还可以找出企业发展与目标发展的差距，为职能战略制定提供依据。

（四）战略规划

在企业外部环境分析和企业内部环境分析的基础上，企业认识到自身存在的优势与劣势，面临的外部机会与威胁，就可以做出战略选择，并在此基础上形成正式的战略规划。战略规划包括明确愿景、明确战略目标、明确业务战略、明确职能战略等几个方面。

二、A银行乡村振兴业务战略规划

不仅是农商银行，现在很多城商行也看到了乡村振兴的巨大机遇，如A

① 王惟一. 新兴产业的战略选择包括哪些［EB/OL］. https：//www. gaodun. com/wenda/chuji/115801. html.

银行与知名顾问团队合作，在最新发布的“A 银行价值纲领”中，明确 A 银行的愿景是“成为服务乡村振兴的标杆银行”。从顶层设计进行部署，解决中小银行面临的痛点难题；在服务模式方面，把企业的经济责任和社会责任完美地结合，解决了金融服务农村的难题。A 银行选择农村的优秀人才作为合作伙伴，运用科技的力量构建数字化平台，使得信息透明，风险得以实时掌控，这种模式解决了金融下农村的终端成本控制与效益问题。A 银行从 2019 年开始构建“市—县—乡—村”四级服务网络（见图 4-3），将服务触角不断下沉并延伸至乡村，在村里开设了农村普惠金融综合服务点。2021 年底，已经在广西 12 个地级市设立分支机构，分支行 138 家，覆盖 80% 县域地区，在 250 个乡镇地区开设小微支行，农村普惠金融综合服务点超 6000 家，服务覆盖一半以上的广西农村，惠及超 2000 万农村人口。

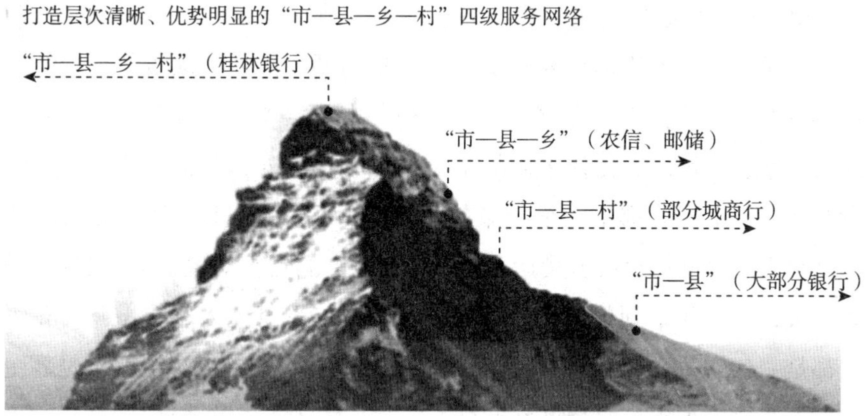

图 4-3　A 银行四级服务网络体系

A 银行聚焦乡村社区银行，打造集金融、政务、便民等服务于一体的“三农”综合服务平台（见图 4-4）。通过数据化驱动，A 银行在服务点放置银行终端设备，使农民足不出村就可以享受到小额取款、现金汇款、转账汇款等一系列基础金融服务。此外，A 银行还通过强化平台赋能，提供“一揽子”便民服务，服务点具有党建宣传、医疗养老保险缴纳、农家书屋、创业就业培训、反诈宣传等综合功能。

图 4-4 A 银行社区银行的打造

A 银行还加强组织能力建设，真正打造一支干部队伍。A 银行的价值纲领包含了对干部的选拔标准和要求，尤其是强调干部的四大责任，即绩效的责任、效率提升的责任、文化传承的责任、人才发展的责任，要把人才发展放到跟效率、绩效、文化传承同等重要的位置。此外，A 银行还强调组织要有自驱力，每个团队都是动车，都有发动机，每个人都是一个自驱者，让自己燃烧起来。自驱的核心就是让自己燃烧起来，自己要激动起来，自我激励、自我约束，从要我干到我要干，我们一起干。如果每个人都能做到自驱，每个人都是一台“发动机”，再带动整个产业发展，那么这个组织就不是靠企业家一个人在拉火车头，而是每节车厢、每个人都自带“发动机”，就从绿皮火车变成了动车，真正变成一个自驱动的组织，自我学习、自我进步的组织，能够适应外部环境的不断变化。

三、F 省联社服务乡村振兴战略规划

F 省联社围绕“建设有温度的百姓银行”发展愿景，着眼国家经济建设大局，坚持农村金融主力军、地方金融排头兵、普惠金融领跑者的战略定位，自觉承担“普之城乡、惠之百姓”的社会责任，把“党建共创、金融普惠”行动作为总抓手，坚定不移走该省农信特色普惠金融发展之路，将金融服务

融入地方经济发展大格局、乡村振兴大战略和乡村基层治理大体系，全面提升服务效率和水平，让老百姓充分享有金融发展权。

（一）优化资产结构，推动高质量发展

推动大额贷款向小额贷款调整、非农贷款向涉农贷款调整，促进金融资源优化配置和有效使用；巩固现有市场和客户，深耕农村市场，提高服务“三农”能力和水平。专注服务本地、下沉服务重心，控制大额贷款投向和投放比例，落实“两增两控”要求，用好优惠政策，将新增信贷资源更多地配置到涉农、小微企业。加大对实体经济、乡村振兴的信贷支持力度，推动整村授信工作。

（二）巩固农村金融主力军地位

巩固拓展脱贫攻坚成果同乡村振兴有效衔接，延伸金融触角到特色高产高效农业、精细绿色农业、都市乡村休闲农业等农村新业态。重点推进便民金融服务点建设，打通金融服务“最后一公里”；扩大金融科技应用范围，持续更新农村金融基础设施，构建“非现金融不出户、基础金融不出村、综合金融不出镇”的金融服务体系。

（三）与地方组织联动优势

在省、市、县、乡、村多层级建立普惠金融组织联动机制，充实金融组织员、金融协理员、金融联络员队伍，落实“金融村官”制度。集中展示线上线下融合的渠道优势，充分发挥点多、面广、人众的线下优势，同时依托普惠金融数字化平台、线上贷款、移动银行、普惠金融信贷移动营销系统等拓宽线上获客渠道，不断提升存量客户巩固率和有效客户转换率；协同推进手机银行、自助设备等以及乡村金融综合服务站点多渠道建设和融合。

（四）推动党建与业务深度融合

夯实支部建设基础，创新基层党支部共建方式，结合便民金融服务点建设推动农商银行与地方村组（社区）建立联合支部，发挥畅通资源、服务发展、促进业务作用。创新活动形式，将主题党日活动办在田间地头，开展“主题党日+为民办实事”等活动。

（五）强化企业文化建设和企业精神培育

自觉践行“兴农兴商、至诚至信”经营理念，专注服务本土、服务县域、服务“三农”、服务小微，推动实现金融与实体经济良性互动、共生共荣，巩固支农支小主力军的优势地位；自觉担负支农、支小、支微责任，坚持服务“三农”职责使命，挖掘老一辈农信人先进事迹，不断开展“挎包精神”宣传。

四、B农商银行乡村振兴战略规划

自2015年改制成立以来，B农商银行抓住国家深化农村金融改革的政策机遇，积极发挥改制带来的体制机制优势，致力于改革创新，灵活稳健经营，积极探索多元化发展，全面确立了该银行所在地区的金融主力军地位。承接该行上级省联社“建设有温度的百姓银行”发展愿景，紧紧围绕“产业兴旺、生态宜居、乡风文明、治理有效、生活富裕”总要求，把认识和行动统一到乡村振兴战略上来，“围绕产业链配套产品链、围绕产品链打造客户链、围绕客户链优化服务链”，搭建好服务乡村振兴的“四梁八柱”。

（一）不断优化信贷结构

严格执行产业政策、信贷政策、区域发展战略要求，支持创业创新，改进民生服务。推进绿色信贷发展，提高涉农贷款占比、小微企业贷款占比，支持供给侧结构性改革，推进经济转型升级。

（二）持续提高普惠金融水平

加快农村金融产品和服务方式创新，持续深入推进农村支付环境建设，全面激活农村金融服务链条。创新服务模式，通过互联网和移动终端提供普惠金融服务，促进金融科技与农村金融规范发展。落实金融产业扶贫工作要求，依规满足符合条件的贫困农户信贷需求，支持建档立卡贫困农户增收脱贫。加强综合金融服务站点建设，提升服务站功能，延伸线下便民服务触角。

（三）全面防控金融风险

进一步完善制度体系，针对风险高发产品、环节、岗位，强化有效风险管控措施。全面梳理业务流程，优化系统流程设置，明确各流程节点风险管控要点和相应岗位职责，加强系统对借名、假冒名，跨区域，超比例等违规贷款的管控能力。拓展个人基础信贷客户和小微企业贷款客户，增加客户户数，降低大额贷款占比。健全绩效管理，优化考核机制，提升新增贷款质量，提高风险防控能力。

（四）持续完善服务体系建设

持续加强党建工作，充分发挥基层党支部的战斗堡垒作用和党员的先锋模范作用，带领群众积极投身乡村振兴事业。加强企业文化建设，强化全员责任感，提升在乡村振兴中主动作为、主动担当能力。建立和完善服务“三农”和实体经济的各项机制，推动服务乡村振兴战略各项工作常态化、长效化，确保服务乡村振兴战略目标如期实现。根据监管规定和自身市场定位，通过人力、财力、信贷资金等方面的优化配置，为服务乡村振兴战略提供充足的资源保障，持续加大对“三农”、小微等乡村振兴重点领域的信贷支持力度。在风险可控前提下，对网点信贷实行差异化授权，简化贷款手续，提高贷款便捷性；创新信贷获客渠道、业务流程、经营模式等，提高信贷服务水平和风险管控能力。

五、承接省联社乡村振兴战略的路径

由于历史、规模、体制等原因，中小型农商银行自身战略规划一般沿用上级机构制定的战略规划。由于上级机构战略规划面向辖内几十家甚至上百家法人行社，无法考虑到各家法人行社的实际情况，中小型农商银行需要根据上级机构战略规划并结合自身发展需要进行适当调整，以保证乡村振兴战略规划“接地气”。

根据战略金字塔模型（见图 4-1），对 B 农商银行与 F 省联社战略规划进行对比分析（见表 4-1）。

表 4-1　B 农商银行与 F 省联社战略规划对比分析

模块	F 省联社	B 农商银行	匹配程度
愿景	建设有温度的百姓银行	建设有温度的百姓银行	完全一致
战略目标	坚持农村金融主力军、地方金融排头兵、普惠金融领跑者的战略定位	“围绕产业链配套产品链、围绕产品链打造客户链、围绕客户链优化服务链”，搭建好服务乡村振兴的“四梁八柱”	定位相同，结合地方特色进行个性化调整
业务战略	①调优资产结构，推动高质量发展； ②巩固农村金融主力军地位； ③集中展示与地方组织的联动优势； ④推动党建与业务深度融合	①不断优化信贷结构； ②持续提高普惠金融水平； ③全面防控金融风险	因地制宜，个性化调整
职能战略	强化企业文化建设和企业精神培育	持续完善服务体系建设	匹配业务，个性化调整

从 B 农商银行与 F 省联社战略规划对比分析可见，“接地气”的承接应体现以下几点特征。第一，愿景属于精神层面的内容，农商银行应当紧跟上级机构的指导思想，坚定全员坚守战略规划的思想，建议直接沿用。第二，战略目标需要在坚守上级机构要求的同时兼顾本地化的发展需求，因此农商银行可结合自身情况稍做调整。第三，业务战略属于行动层面的内容，指导着全员的行为和具体工作的开展，上级机构的战略规划无法兼顾所有机构的个性化需求。因此，农商银行需因地制宜，根据发展规划以及年度工作计划对业务规划进行个性化调整。第四，职能战略与业务规划密切相关。农商银行需要对战略支撑、保障进行单独设计，以满足业务发展的需要。

第二节　服务乡村振兴的业务发展策略

公司战略是最高层次的战略，银行从事哪些业务，进入哪些行业，不同业务之间如何进行资源的配置，都属于总体战略的范围。业务发展策略的目的是使银行在某个特定的经营领域取得较好的成绩，寻求建立什么样的竞争优势，应当关注如何有效地满足消费者群体需要，怎样使自己的产品区别于竞争者的产品，如何通过竞争和吸引顾客准确进行企业的市场定位，以及怎样使业务部的经营活动与本行业的发展趋势、社会变革和经济形势相适应。因此业务发展策略是实现银行战略规划的发力点。

一、F省联社乡村振兴实施策略

近年来，F省联社在省委、省政府的正确领导下，在省农业农村厅的关心指导下，坚持以习近平新时代中国特色社会主义思想为指导，强化党建引领全省农信系统坚守支农支小定位、加强服务乡村振兴，取得了明显成效。

（一）业务发展具体实施策略

1. 围绕服务乡村振兴战略，强化党建引领，构建“党建+金融”乡村振兴工作格局

F省联社党委坚持党对农村金融领导，积极发挥“把方向、管大局、保落实”领导作用，利用党委垂直领导、统一管理的系统优势，服务省乡村振兴战略，强化党建引领乡村振兴体制机制，打造“党建+金融”乡村振兴工作格局。

（1）明确省联社“勤劳金融”发展之路，坚守支农支小的定位。结合党史学习教育，立足F省联社实际，完成全面改制之后，为完善党领导农村金融工作，F省联社党委提出了走“党领导数字化时代勤劳金融发展新路子”，坚持党管金融、农信姓农，改制不改向、改名不改姓，坚定不移地走回归本源、支农支小、服务乡村振兴和勤劳创新致富的“勤劳金融”之路。“勤劳金融”，就是要发扬勤劳奋斗精神，贯彻落实国家乡村振兴战略，倡导劳有所得、促进共同富裕。坚守支农支小、支持农民致富的初心，坚持推动高质量发展、服务乡村振兴的理想，践行带领省联社走在全国前列的使命。“勤劳金融”的本质就是支农支小，一手抓普惠金融转型，一手抓服务乡村振兴。F省联社党委将坚定走“勤劳金融”发展之路作为忠诚拥护“两个确立”、坚决做到“两个维护”的重要抓手，切实把党中央集中统一领导的要求落实到F省联社改革发展各方面、全过程。

（2）制定乡村振兴战略行动方案，坚定业务发展的方向。F省联社党委

认真贯彻实施乡村振兴战略的部署要求，深入研究制定“1个整体规划+N个政策文件”，形成了省联社服务乡村振兴的系列行动方案。推动出台并认真落实省委乡村振兴领导小组办公室《关于进一步强化农信系统服务乡村振兴指导意见》，进一步强化农信服务、提升支农效能。制定实施F省联社《服务乡村振兴战略五年行动计划（2018—2022）》，明确了“十四五”期间投入不少于1万亿元信贷资金的目标，以及乡村振兴信贷资金优先安排、支持乡村振兴贷款优先发放、乡村振兴金融服务优先满足等“三个优先”的战略安排。2022年前9个月累计投放2400亿元。出台F省联社《支持乡村振兴战略指导意见》，紧扣“产业兴旺、生态宜居、乡风文明、治理有效、生活富裕”的总要求，突出了农村现代产业体系金融服务、农村基础设施和环境保护、金融精准扶贫和民生金融、农村金融生态环境建设等四项主线任务。印发F省联社《支持全面推进乡村振兴行动方案》，从金融资源投入、金融产品体系、金融基础服务、金融制度机制等4个方面提出23条具体举措。

（3）建立联盟联动的行业平台，提高乡村振兴发展速度。为在更高层次上推进乡村振兴，F省联社积极履行地方“金融长子”的责任使命，发挥农村金融主力军的作用，牵头成立省金融支农促进会，并成功当选为促进会第一届会长单位。F省联社积极发挥会长单位作用，团结带领省内金融机构、涉农产业投资机构、服务平台机构等全体会员，致力搭建投融资对接平台、金融支农服务平台和金融支农数据平台，以平台建设为纽带，整合金融政策、资源和服务，促进信息共享、合作共赢、风险共担，推动会员单位形成更紧密的合作机制，增进省内金融机构的合作深度，不断开创金融支农工作新局面。省农信联社借助支农促进会平台，积极参与乡村振兴融资风险补偿资金项目，撰写《支持现代农业产业园建设金融服务方案》，协助起草《金融支持现代农业产业园建设风险补偿基金方案》等，汇聚金融活水，共促乡村振兴。

（4）完善党建引领乡村振兴工作体系。F省联社党委成立“三农”事业指导领导小组，理事会下设“三农”事业委员会，内设“三农”金融服务部，统筹全省农商银行服务乡村振兴工作；鼓励各市县农商银行设立专门的“三农”服务部，以及乡村振兴服务中心、小企业专营中心、微贷普惠中心、户户通发展中心等专营机构，在乡镇打造乡村振兴特色支行或者示范网点，织密筑牢上下贯通、一抓到底的乡村振兴组织体系。深入推进新一轮基层党建行动计划，全面开展“1+1+3”党建共建工程，强化农商银行党组织规范化、标准化建设，落实党委、党支部、党员联动服务机制，充分发挥基层党组织战斗堡垒作用和党员先锋模范作用，以强化党建促乡村振兴。同时，F省联社党委强化与各级党政机关沟通交流，发挥省级平台作用促进政银企深度协作，主动与省直有关部门、国企以及各地市建立战略合作工作机制。牵头成立F省金融支农促进会，搭建金融服务乡村振兴发展大平台。

（5）探索实施“党建+金融”服务乡村振兴新模式，夯实银行客户地基。F省联社党委以突出政治功能和提升组织力为重点，充分发挥省联社网点最多、服务最广的优势，积极探索结对共建、派驻行动、入户服务等“党建+金融”服务模式，为金融助力乡村振兴提供实践支持。一是“党建+组织对接”，共谋乡村振兴“大文章”。大力实施政银党组织结对共建工程（三级共建），各农商银行总行党委与乡镇（街道）党委合作共建、各支行党支部与行政村（社区）党支部协同共建、支部党员与行政村（社区）党员互助共建，在“共强党建、共同富裕、共带队伍、共商兴业、共惠民生”上下功夫，共促乡村振兴。二是“党建+人才驻村”，当好乡村振兴“好助手”。建立“乡村振兴金融特派员”制度，选拔一批综合素质高、熟悉农业农村工作及金融业务的党员干部，进驻F省各行政村，扮演党建共建联络人、创业致富参谋人、守信用推广人、农村金融搭桥人、金融知识宣讲人等“五大角色”，实现金融人才下乡进村。三是“党建+服务入户”，找准服务乡村“新坐标”。通过“党建+金融服务”，开发移动营销Pad、移动柜台等电子挎包工具，推动金融服务资源下沉，让偏远地区村民“人不出村、足不出户”即可享受客户经理的上门服务，打通农村金融服务“最后一公里”。

2. 围绕“乡村宜居宜业”，坚持服务下沉，推进农村金融基础服务全覆盖

聚焦农村金融服务的重点领域和薄弱环节，深入推动实施以“一支部、一特派、一体机、一平台、一授信”为核心的农村金融基础服务“五个一”工程，推动各市县农商银行“党组织党建共建、乡村振兴金融特派员进村、政府服务自助机投放、‘三资’平台财务系统对接、整村授信”5个全覆盖，构建“村村通政务+户户通金融”乡村服务格局。

（1）实施“一支部”工程，推动党组织共建全覆盖。着力在“千行联千村、万人助万户”的基础上构建三级联合共建机制，各农商银行总行党委与乡镇（街道）党委、各支行党支部与村（社区）党支部、党员与村（社区）党员“共建引领”，围绕“共同富裕”目标，重点完成“共带队伍、共商兴业、共惠民生”工作。截至 2022 年 9 月末，F 省联社与 1200 多个镇街党（工）委、1.8 万多个行政村党支部开展共建。

（2）实施“一特派”工程，推动金融特派员全覆盖。选派乡村振兴金融特派员下乡进村，具体负责“党建共建、乡村政务服务、农村金融户户通、信用村创建升级、农业产业发展、普及金融知识和便民服务”等“六大职责”，将金融服务送达每村每户。截至 2022 年 9 月末，F 省联社已派出 1.7 万多名金融特派员进驻 2.1 万多个行政村。

（3）实施“一体机”工程，推动政府服务自助机投放全覆盖。认真落实省政府工作报告十件民生实事有关具体要求，积极主动与省政务服务数据管理局开展合作，在 F 省所有行政村投放“粤智助”政府服务自助机，在全国率先实现政务服务下沉行政村。截至 2022 年 9 月末，F 省联社累计出资超 1.8 亿元投放“粤智助”政府服务机约 2 万台、提供 285 项政务服务，基本实现“村村通政务”全覆盖，目前已为超过 1500 万群众提供 4300 万次服务。

（4）实施“一平台”工程，推动“三资”系统对接全覆盖。加强与农业农村部门沟通汇报，通过签订合作协议、开立账户等方式，全面对接 F 省行政村（居委会）及村民小组“三资”平台，协助做好农村集体资产、资源、资金规范管理。截至 2022 年 9 月末，各农商银行对接覆盖率已达到 95%。

（5）实施“一授信”工程，推动整村授信全覆盖。在走家串户、跑户建档的基础上借助科技手段，运用白名单预授信、批量授信等模式，进行“主动授信”“无感授信”，推动“整村授信”行政村全覆盖。截至 2022 年 9 月末，F 省联社已对约 1.1 万个行政村开展“整村授信”超过 1500 亿元，力争实现“985 目标”（建档覆盖率为 90%、授信覆盖率为 80%、用款覆盖率为 50%）。

3. 围绕“农业高质高效”，持续加大信贷投放力度，当好“地方金融长子”

在 F 省农业农村厅的指导下，F 省联社充分发挥自身熟悉农村现状、农业特点、农民需求的优势，紧扣“一县一园、一镇一业、一村一品”，全力支持跨县集群产业园、农业核心企业、渔业全产业链、新型市场主体和乡村特色产业发展壮大，开发支农支小特色产品800多个，其中“生猪贷”“陈皮贷”荣获最受欢迎金融服务乡村振兴产品金奖。

（1）支持农产品稳产保供，打好金融助农扶农组合拳。把支持粮食安全摆在重要位置，聚焦春耕备耕、粮食和重要农产品保供等重点领域，积极对接“菜篮子、米袋子、果盘子、茶罐子、水缸子”五大工程，创新多个信贷产品，加大信贷资金投入支持保障粮食生产，累计发放贷款超过600亿元。创新研发“有猪就能贷”的活体抵押产品“生猪贷”，荣获2020—2021年度最受欢迎金融服务乡村振兴产品金奖。截至2022年9月末，已支持生猪养殖户8500多户，贷款余额75亿元。积极落实省里“预制菜产业十条措施”，全力支持预制菜产业发展，前9个月已投放贷款近29亿元，同比增长100%。

（2）支持农业产业园，带动全产业链均衡发展。制定《支持现代农业产业园建设金融服务方案》，引导辖内农商银行加大全产业链信贷支持力度，目前支持F省产业园贷款余额863亿元，入园主体7000多家。积极参与跨县集群省级现代农业产业园建设，打造“聚农通”跨县集群系列服务产品，全面对接省供销社、省农垦、广药、香雪、美林集团等跨县集群牵头集团企业主体，围绕丝苗米、菠萝、荔枝、柚子、油茶等主导农产品持续发力，目前对接跨县集群产业园投放信贷资金超过37亿元，并提供5000万元的油茶信贷服务方案。开发系统平台顺利对接省级现代农业产业园财政补助资金监督系统，进一步提高产业园金融服务质量。截至2022年9月末，辖内农商银行共面向10个省级现代农业产业园的牵头企业及实施主体开立了82个产业园建设财政补贴资金专用账户，已到账3亿元财政补贴存款。

（3）支持农业“链主”企业，发挥联农带农效应。紧跟F省产业布局和建设要求，积极与某集团合作开展供应链金融服务，支持上下游经营主体信贷增量扩面，创新通过“银行+财政贴息+企业平台+农户”的“四位一体”模式推动联农带农，推出线上线下结合的“养殖e贷”产品，实现“公司+农户”信贷新突破，目前已有20多家农商银行上线“养殖e贷”平台，养殖农户授信近500户金额3300万元，有效带动农户增收逾1000万元。创新通过政银企合作的“某集团+”模式支持村级集体发展标准化养殖农场，充分发挥核心龙头企业的资源优势，辐射带动农民致富，目前项目进度良好，总体信贷需求约3.3亿元，由地区农商银行和农业发展银行联合完成，F省联社计划授信超2.5亿元。

（4）支持渔业转型发展，以“小切口”带动“大变化”。积极打造“美丽鱼塘、美丽渔场、美丽渔村”等系列金融产品，加大“渔船更新改造、水产养殖产业、渔业链主企业”等渔业支持力度，构建渔业全产业链、全生命期、全方位的综合性金融服务，计划三年内投放500亿元支持渔业高质量发展，专项支持珠三角百万亩养殖池塘升级改造绿色发展，切实为F省海洋经济发展、促进渔民增收致富注入强大金融活水。截至2022年9月末，F省农商银行共发放150多亿元给近2.4万户渔民支持渔业产业贷款，2022年前9个月已累计发放76亿元，同比增幅超过100%。其中，支持渔业养殖户约1.1万户，发放45亿元；对列入F省农业农村厅第一批25个美丽渔场示范场授信约8.6亿元，用信约2.6亿元。

（5）支持新型农业主体，带动乡村产业更加兴旺。针对农民专业合作社、农业龙头企业等经营主体特点，创新“银行+农业龙头企业+农户”“银行+公司+合作社+农户”等产业链金融模式，大力支持乡村产业做强做优，带动产业发展、农民致富，累计支持新型主体7800多户268亿元。其中，2022年，首贷户1200多户，给予贷款支持13亿元。针对种养大户、家庭农场经营者、各级村集体（社区）等经营主体，因地制宜、量身定制“陈皮贷”“兰花贷”“茗茶贷”等特色产品，以全产业链为场景，满足种植端、仓储端等环节融资，累计发放“陈皮贷”超10亿元，发放“兰花贷”6亿元。主动对接新型农业经营主体信息直报系统，联合F省农担公司开发专项“新农直通贷”系列担保产品和信贷产品。

4. 围绕“农民富裕富足”，推动人才、资金、产品下乡进村，服务农民勤劳创新致富

坚持以人民为中心的发展思想，坚持支农支小、服务农民勤劳致富的初心，推动金融机构、人才、资金等要素资源下乡进村，当好乡村振兴、农民富裕的金融助手。

（1）开展数字信用乡村建设，积极改善金融生态。加强与政府及村（居）委会合作，利用“大数据+熟人评价+走家串户”模式，深入参与信用户、信用村、信用乡（镇）创建，不断扩大农村信用建档评价范围，推进农村信用体系建设，为农户精准评信、主动授信。目前，已建立个人（农户）信用档案约 2500 万户、个体工商户及小微企业信息档案约 250 万户；建设信用村（社区）约 6500 个。

（2）巩固拓展脱贫攻坚成果，积极实施输血、造血。F 省联社发挥总部平台优势，积极对接与省扶贫办开展扶贫小额信贷，累计发放超 13 亿元，服务贫困人口约 4.5 万户，扶贫小额贷款投放规模及户数均占 F 省近 60%，居 F 省金融业首位。辖内有信贷需求且符合条件的建档立卡贫困户放贷比例为 100%，脱贫人口贷款“能贷尽贷、能延尽延、能展尽展”。

（3）全力支持农民就业创业，积极推动民安民富。主动融入富民兴村大局，用好用足扶贫小额信贷、农户小额信用贷款、创业担保贷款、助学贷款、妇女创业贴息贷款等扶持政策，加大对大学生、农民工、退伍军人等返乡人员创业就业支持力度。推动“粤菜师傅”“广东技工”“南粤家政”就业工程金融服务，累计发放贷款超 210 亿元，约 1.5 万户获贷。

5. 围绕“稳住经济大盘”，落实助企纾困措施，全力惠企助农

根据《国务院关于印发扎实稳住经济一揽子政策措施的通知》和省委、省政府关于金融支持受新冠疫情影响企业纾困和经济稳增长的部署要求，F 省联社制定实施《关于做好疫情防控和经济社会发展金融服务　全力支持乡村振兴稳经济增长的实施意见》，落实助企、惠企、助农“24 条措施”，积极主动服务本地经济社会持续向好发展。

（1）精准对接首贷小微企业，实现“能贷尽贷”。积极对接工商、税务等数据信息，形成小微企业无贷户清单，逐户走访摸排其金融服务需求，建立“金融上门服务”和“首贷服务点”，开通绿色服务通道，完善首贷服务机制。2022 年以来，支持小微首贷户贷款金额 320 亿元。全力统筹 F 省农商银行落实省政府自 2022 年 4 月以来实施的助力小微企业纾困首贷贴息政策，拓展首贷户超 3000 户，系统登记授信金额 125 亿元、首笔放款金额约 84 亿元，放款信息户数录入率为 100%。

(2) 延期还本付息暖企纾困，实现“能延尽延”。对受新冠疫情影响严重的重点客户群体，按政策实施延期还本付息。对实施延期的贷款，不单独因疫情因素下调贷款风险分类，不影响征信记录。在存量贷款到期前 3 个月，做到主动对接服务。对符合新发放贷款条件的小微企业优先办理无还本续贷业务，保障资金链不断。截至 2022 年 9 月末，为存在临时性经营困难的小微企业接续融资超 460 亿元，惠及客户近 9500 户；为中小微企业和个体工商户、货车司机贷款实施延期还本付息约 450 亿元，惠及 9600 多户。

(3) 做实减费让利贴息，实现“能减尽减”。延续新冠疫情防控期间出台的各项减费让利措施，对疫情影响严重的企业、个人、个体工商户实施精准定向费用减免，在融资过程中不收取除贷款利息以外的任何费用。同时，充分运用省、市、区等各级贷款贴息资源，积极为符合条件的贷款申请“首次申请贷款贴息补助”“担保费率补贴”等，为企业做到“应贴尽贴、应补尽补”。2022 年上半年，共向受疫情影响严重的小微企业减免服务收费约 9500 万元，惠及客户 18 万户；积极运用贴息补助等政策发放贷款，惠及客户约 6700 户。

（二）实施过程的亮点总结

1. 深耕农村市场

截至 2022 年 9 月底，F 省农商银行小微企业贷款超 1.1 万亿元，同比增长约 14%；涉农贷款约 6000 亿元，同比增长约 9%；以 F 省银行业 15% 的信贷占比，提供了 F 省 34% 的涉农贷款、50% 的普惠型涉农贷款和 60% 的农户贷款，用实际行动践行了“金融长子”的责任担当。

2. 完善平台搭建

F 省联社通过乡村振兴工作加强与农业农村部门的沟通汇报，通过签订合作协议、开立账户等方式，全面对接 F 省行政村（居委会）及村民小组“三资”平台，协助做好农村集体资产、资源、资金规范管理。截至 2022 年 9 月末，各农商银行对接覆盖率已达到 95%，平台建设卓见成效。

3. 构建“三级共创”机制

F 省联社践行“党建+金融”服务模式，为金融助力乡村振兴提供实践支持，大力实施政银党组织结对共建工程（三级共建），各农商银行总行党委与乡镇（街道）党委合作共建、各支行党支部与行政村（社区）党支部协同共建、支部党员与行政村（社区）党员互助共建，在“共强党建、共同富裕、共带队伍、共商兴业、共惠民生”上下功夫，共促乡村振兴。

（三）绩效考核承接业务发展的亮点

为进一步加快辖内农商转换经营机制，提质增效，提升监管评级，引导农商银行坚守定位，回归本源，促进稳健、协调和可持续发展，F省联社建立了包括机构绩效考核、监管评级激励约束和高管人员年度考核三个方面的农商银行绩效考核体系。

1. 机构绩效考核

机构绩效考核旨在加快机构转换经营机制。考核包含发展转型、经营效益、风险管理、社会责任和合规经营五大类指标，根据机构类别设置不同权重，考核结果采用强制分布，分为A、B、C三类，与领导班子及其成员考核评价、干部选拔任用、高管绩效薪酬挂钩，充分发挥绩效考核结果的“指挥棒”作用。

在保持整体指标体系延续性基础上，F省联社每年都对绩效考核办法进行优化。如2022年根据省委、省政府关于金融支持全面推进乡村振兴的工作部署以及最新监管要求，统筹考虑农商银行机构类别及所处地域差异性，进一步细化农商银行考核类别，根据各类别机构短板和经营发展情况，通过差异化设置指标体系和分值，突出了发展重点以及对机构经营指标的增量考核，同时增加重点涉农业务、“户户通”工程等贷款业务转型类考核指标。

2. 监管评级激励约束

监管评级激励约束旨在提高机构风险管控能力和经营管理水平。F省联社制定了《F省农商银行（农信社）监管评级激励约束管理办法》，每年度根据各机构的监管评级结果，按照分类管理原则，配套相应的激励约束措施。措施主要包括机构级别调整、信贷管理、风险管理、成本管理、金融市场业务管理、干部管理、薪酬管理、专项奖励金等。

3. 高管人员年度考核

高管人员年度考核旨在评价农商银行领导班子及领导人员的年度履职情

况。其中，领导班子考核采用强制分布确定考核结果，根据各机构在所属机构类别中的综合考核得分排名情况确定考核等级；领导人员根据岗位职责、领导班子分工分别设置考核指标和权重，实施分类考核。领导班子及领导人员考核结果分为优秀、称职、基本称职、不称职四个等级，考核结果与领导人员选拔输出、领导班子调整、高管绩效薪酬挂钩。

F省联社坚持以习近平新时代中国特色社会主义思想为指导，深入学习贯彻党的二十大精神，强化党建引领保障，坚决落实党中央、国务院和省委、省政府关于金融支持全面推进乡村振兴的部署要求，充分发挥农村金融主力军作用，积极履行省乡村振兴领导小组成员单位和金融支农促进会会长单位职责，深化构建“村村通政务+户户通金融”乡村服务格局，坚守支农初心、提升支农效能，履行地方“金融长子”责任担当，擦亮金字招牌，为落实“1+1+9”工作部署、实现“总定位总目标”贡献农信力量。

二、B银行乡村振兴实施策略

B银行根据适用于自身的乡村振兴战略规划，以推动高质量发展作为突破点，制定“党建共创+战略引领”“网格营销+综合服务”“充分授权+精简高效”“有效制衡+全面管用”“创新驱动+科技引领”“渠道延伸+品牌建设”的业务发展实施策略。围绕“建设有温度的百姓银行”的发展愿景，深入巩固B银行农村金融主力军地位，充分发挥地方金融排头兵作用，集中展示作为普惠金融领跑者的优势。

（一）业务发展具体实施策略

1. 打造“党建共创+战略引领”的顶层设计

通过“党建共创+战略引领”的顶层设计，坚定业务发展方向，夯实客户基础。一是总行党委与乡镇党委、街道党工委沟通协调，签订协议，落实市委、市政府部署，搭建合作平台；二是支部和支行与村、社区党组织对接，具体落实工作要求，联合开展“整村授信”等工作，推进农村信用体系建设，开展业务营销，提供综合金融服务；三是支部党员与村、社区党员结对共建，充分发挥先锋模范作用，开展入户走访、金融知识宣传、慰问困难群众等活动。

2. 打造“网格营销+综合服务”的经营体系

通过网格化经营，提供定点、定人、定时服务，通过标准化流程、系统性切入、针对性营销、相对批量化作业，能够有效解决信息不对称问题、降低服务成本，做大客户量，扩大人均管户规模，实现商业可持续目标。根据目标客群特征，B银行设定了“两有一无”（客户只要满足“有劳动意愿、有劳动能力且无不良嗜好”这三个最基本的条件，就有资格获得贷款）的准入标准，降低信贷准入门槛，确保普惠性。在提供乡村振兴金融服务时，以线上产品体系为核心，为客户提供立体、综合、多元的服务，包括贷款融资、支付结算、电子银行、金融知识、公益活动等“一揽子”金融相关服务。

3. 打造“充分授权+精简高效”的管理体系

在梳理并坚守“红线、底线、高压线”的前提下，按照公司治理和风险防控要求，从股东大会到董事会、经营层、业务部门、支行和客户经理层层授权和转授权。同时，根据支行等级、客户经理等级评定情况，在基层机构和人员中实行差异化、精准化审批授权。通过充分授权，下放贷款审批权限，缩短决策链条，实现大部分小额信贷业务在支行层面完成审批，提高作业效率。为提高金融服务效率，对流程进行合并、同步、前移。重点是对信贷资料的简化，遵循简单有效原则，以基本证件资料为主，相关行业或经营证明资料为辅，确保简单化。要全面推广使用移动Pad开展上门服务，实行无纸化办公，并充分利用网上预约平台，推行限时办贷制度，公开服务承诺，有效缓解融资难、融资慢问题。

4. 打造“有效制衡+全面管用”的风控体系

根据“有效制衡”原则，严格执行不相容岗位分离制衡，包括总行授信和用信审批分离制衡，支行调查、审查和审批岗分离制衡。在贷款调查环节，坚持眼见为实和“四眼原则”。在评级授信环节，实行“背靠背评议”，评级授信结果须在村部宣传栏和村民微信群中予以公示公开。在有效制衡的同时，建立合规建设、追责问责（尽职免责）、不良容忍、资产保全、内部审计等覆盖业务全流程的全面风险管理体系。

5. 打造“创新驱动+科技引领”的科技体系

乡村振兴金融服务中涉及的行业和人员，其个人特征、经营特征、资金需求特征差异较大，线上数据化程度差异也较为明显。农村客群融资需要实行“线上+线下”融合，既借助金融科技，实现提质增效，又借助网格化等线下服务，真正解决信息不对称问题，提供高效服务。线上与线下融合，既重视线上“跑数”，提供线上服务，实现降低成本、提高效率、增强客户体验；又重视线下“跑街”，弘扬“三水”（露水、汗水、雨水）的信贷文化，主动送服务上门，降低门槛、有效风控、提高服务温度。

6. 打造“渠道延伸+品牌建设”的服务体系

一是加强渠道建设，包括网点建设、便民金融服务点建设和电子银行渠道建设，实现综合金融不出镇、基础金融不出村、非现金融不出户。网点建设，主要是改善网点环境和服务设施，提高人员服务水平和服务素质，加强网点服务机制运行和服务监测等管理行为，推动发展转型、提升引客能力、优化客户体验、强化业务渗透；便民金融服务点建设，主要是在全市 215 个村（社区）选择合适位置，建设金融服务站，提供取现、转账、缴社保、生活缴费等基础金融服务；电子银行渠道建设，主要包括手机银行、网上银行、微信银行等的推广使用。二是加强品牌建设，持续强化品牌运营意识，传达积极向上的品牌主张，在公众心中树立清晰的品牌形象，从而提升农商银行的品牌美誉度和客户忠诚度。围绕“建设有温度的百姓银行”的发展愿景，从业务发展、产品服务、社会责任等方面提升银行形象，树立“暖银行”的品牌形象。其中，打造 B 银行特色的“红马甲”文化，主要包括两个方面，一方面是推进增户拓面的“手牵手”服务品牌，另一方面是履行社会责任的“心连心”公益品牌。

（二）实施过程的亮点总结

1. 通过顶层设计定方向

国家层面《中华人民共和国国民经济和社会发展第十四个五年规划和 2035 年远景目标纲要》中“坚持农业农村优先发展，全面推进乡村振兴”。全省层面《×省“十四五”农业农村现代化规划》中“全面推进乡村振兴、加快推进农业农村现代化”。系统层面《×省农信系统 2021—2025 年改革发展总体规划》中“将全省农商银行建设成为农村金融企业，争当名副其实的农村金融主力军、地方金融排头兵、普惠金融领跑者”；《B 银行 2021—2025 年发展战略规划》中“坚决执行党建共创，推动金融普惠深度融合工程”，“自上而下”高度重视乡村振兴工作，为乡村振兴工作的有序推进提供有力支撑。

2. 通过健全机制稳传导

健全督导机制，领导班子定期召开工作推进会议，充分发挥督查考核抓落实的作用和做好督查问效保障工作；建立领导班子—挂片部室—支行三级联动督导机制，协调资源配置、推进工作落实，狠抓问题整改、评估工作成效。

3. 通过绩效考核配资源

做好薪酬规划与费用预算工作，单列乡村振兴板块，专包专用，实现战略导向与薪酬、费用资源流向的一致性；做好考核制度规划，衔接乡村振兴战略，明确考核指标、考核标准、奖罚规则，发挥绩效考核“指挥棒”的作用，切实实现过程可监控、结果可评价；做好定期评估，乡村振兴业务进度、薪酬资源兑现情况，评估业务与薪酬的一致性，对业务层面和薪酬层面进行深度诊断；做好绩效改进，定期通报相关业务与薪酬数据，总结经验进行复制，明确不足及时改进。通过计划—实施—评估—改进，形成绩效管理闭环，发挥绩效考核的价值。

4. 通过系统支撑保落地

充分发挥绩效考核系统的业务价值，及时对接上游数据，将业务数据分析处理后进行展示，可以准确获取全行、机构、个人业务指标完成情况；通过业绩关系管理、考核方案配置，系统自动核算绩效，提高效率和准确度，强化绩效考核及时激励作用。

（三）绩效考核承接业务发展的亮点

绩效考核在银行业务发展中发挥“指挥棒”的作用，引导机构和员工依照正确的方向开展工作。B 银行采用机构任务考核、业绩计价考核、专项方案考核和网格营销考核相结合的“立体化”绩效考核制度体系，匹配业务发展。

1. 机构任务考核

严格按照省联社要求，在支行任务考核指标中设置乡村振兴相关指标权重为10%，包括涉农贷款新增占比、普惠型小微企业贷款增速、普惠型小微企业贷款户数占比、农村信用体系建设、绿色信贷和扶贫贷款6项指标。

2. 业绩计价考核

贷款业绩根据不同贷款种类（绿色金融、“涉农+企业”、涉农、“非农+企业”、非农、按揭）设置调节系数实施差异化考核，发挥绩效考核导向作用，落实行内支农支小的战略定位。

3. 专项方案考核

制定“B银行关于开展2022年线上信贷产品营销推广专项考核方案”，通过对“惠农快贷”“移动营销”的考核，发挥线上渠道优势，以点带面推动客户拓展，加快信贷产品线上化转型。制定“B银行关于推进‘整村授信’和信用村创建工作实施方案”，深入推进普惠金融助力乡村振兴，大力推进社会信用体系建设，全面实施“整村授信”和信用村创建工作。

4. 网格营销考核

对支行进行属地考核，网格营销过渡期实施网格内业务和网格外业务差异化考核，稳定实施后只对支行下辖网格业绩进行考核；针对不同支行内网格客户特征（如农户、商户、企业等）制定不同业务策略，结合网格差异开展特色业务，匹配与之对应的资源，根据业务差异实施差异化考核，实现一行一策，一网（格）一策；充分利用信息采集成果，结合行内现有客户业务数据，评估网格内客户业务增长情况和覆盖情况，挖掘网格内业务潜力。

三、C银行乡村振兴实施策略

C银行自成立以来，在监管部门的关心支持和省农信联社的正确领导下，坚守定位，聚焦主业，投身“乡村振兴”，助力落实“六稳六保”，坚持全方位支持“三农”发展的战略方向和战略定力，不断拓展服务“三农”的广度和深度，持续强化“三农”金融服务，全面助力乡村振兴。

（一）业务发展具体实施策略

1. 党建引领，健全金融服务机制

一是加强组织领导。总行成立了乡村振兴工作领导小组，由党委书记、董事长任组长，其他领导班子成员任副组长，总行相关部门负责人为成员，负责全辖乡村振兴工作的统筹安排、组织实施、协调督促等工作，在总行设立乡村振兴金融服务中心，在个人金融部下设办公室，推出系列措施助力乡村振兴战略，出台《C银行2021年助力乡村振兴规划》。片区机构成立乡村振兴工作小组，由片区行长任组长，履行第一责任人职责，并落实专人负责乡村振兴。二是深化政银合作。作为最贴近“三农”的金融机构，C银行主动服务“乡村振兴战略”，以“乡村振兴”“三农金融”服务工作为总抓手。2019年初，分别与C市人民政府签订为期5年的《共同推进乡村振兴战略合作协议》，与C市农业农村局签订《农村集体“三资”管理银村直连合作协议》，作为唯一的金融机构参与两区农村集体“三资”管理平台项目建设。围绕两区政府年度乡村振兴工作要点规划，重点做好支持脱贫攻坚与乡村振兴的有效衔接，支持粮食、生猪、泡菜、柑橘主导产业生产，支持“7+3”现代农业支撑性产业（种业、农业装备、农业烘干冷链物流），支持农村集体经济组织，支持建设宜居达标村，支持乡村治理建设，支持现代农业重点项目建设。三是推进“党建+金融”双基共建模式。先后与全国先进基层党组织果园村党支部、省级示范性家庭农场支部、省级乡村振兴示范村支部等多个村级党支部签订“党建+金融”双基共建协议，优选多名干部挂职乡镇村（社区）担任副镇长、副主任，实现基层党建与金融服务深度融合发展、共建共享。

2. 优化产品，拓宽金融服务渠道

一是持续投放扶贫贷款。C银行把巩固拓展脱贫攻坚成果同乡村振兴工作有效衔接，根据中央、省委要求，在5年的过渡期内，严格落实“四个不摘”要求，全力巩固脱贫攻坚成果。二是坚守市场定位，服务“三农”“小微”。坚定回归本源，积极引流涉农“首贷户”落地，利用“C市乡村振兴农业产业发展贷款风险补偿资金”“省农担”“再担—兴眉贷”等增信工具持续优化金融服务，创新推出“英才贷”“惠农振兴贷”“惠商贷”“青发贷”“蜀青振兴贷”等产品满足优质客户的金融需求。三是大力支持现代农业重点项目建设和重点企业。紧扣党委、政府经济发展方向，积极对接重点产业、重点园区、重点项目，向C市300万只蛋鸡项目、西南智慧农业项目、知名食品公司、知名生鲜食品公司等涉农项目、涉农企业发放贷款，支持一大批重点项目、民生工程、文旅产业、泡菜产业、种植业、养殖业等融合发展。

3. 主动出击、城乡结合，深入推进“走千访万”

以“走千访万”为切入点，将“整村推进”建档评级授信工作与“走千访万”工作有机结合，切实将“走千访万”落到实处，总行设置辖区网格资源，并分配到各责任机构，制定包片营销方案，绘制网格化作战图，对客户进行名单制认领，以网格化营销实现“管理全覆盖、服务零距离、需求全响应”，用网格“小细胞”释放金融“大能量”。

城区配备营销专员，在坚持传统扫街式营销的基础上，保持每日对辖内客户分批次的服务营销、对潜在客户持续跟进、对价值客户重点培养，通过“扫街扫楼扫企扫店”外拓走访方式，综合营销存款、贷款、信用卡、惠支付等金融产品，并做好售后维护工作。实现个人金融业务、小微企业金融业务的批量开发，提高市场占有率，提升C银行的社会认知度、品牌认知度和群众满意度。

在乡镇扎实推进“整村推进”评级授信工作，建立健全农户基础档案，做到“建档立信”全覆盖。在全辖建制村设立“乡村振兴金融服务工作室”，在村委会、交通要道等醒目地方悬挂“乡村振兴金融服务工作室”展示牌，公示金融服务人员及联系方式，为每户农户建立基本经济和经营情况档案并预授信，做到“三个到位”：普惠金融政策、适用金融产品宣传到位；每户的金融服务需要了解、解决到位；工作人员留下联系方式、服务电话、宣传单，与客户沟通到位。各支行整村推进工作按具体时间为轮数，每轮时间段内针对一个行政村，根据实际情况“掐尖式”选择行政村内一定数量的重点、优质且有意愿客户，重点针对有经营项目与有消费类资金用款需求的农户。扩大普惠金融价值客户建档、授信、用信覆盖面，以网格化为单位，对符合条件的优质客户，尤其是对有经营项目农户、有消费需求农户，统一采集信息，集中审批授信。建立健全村级金融顾问信息网络渠道与服务渠道，以网点为中心，搭建“1支行+1客户经理+N村级金融顾问（片区内村/社区至少1人）”的渠道经营体系。

4. 探索新模式，积极支持新型农业经营主体

为深入贯彻党的十九大和习近平总书记来川视察系列重要讲话精神，深化农村供给侧结构性改革，实施乡村振兴战略，解决新型农业经营主体融资难、融资贵的问题，C银行积极探索新型模式，创新金融产品服务新型农业经营主体。围绕以泡菜、特色水果、精品粮油、乡村旅游为主导的特色农业，在新农村建设、现代农业发展、农民增收致富等方面加大信贷支持力度，在中国人民银行的政策支持下，推出“支小惠商贷”“助农振兴贷”，升级农户小额信用贷款额度，有效满足农村经济社会发展和农民多元化金融服务需求。一是摸清底数。全面了解辖内新型农业经营主体总体数量、经营情况，掌握其存款服务、贷款融资、信息咨询等金融服务情况，有针对性地开展金融服务。二是做好对接。C银行新型农业经营主体牵头负责与农业农村局等外部主管部门的对接工作。根据政府相关职能部门提供的重点支持实体名单，各机构进行初步筛选，尽量避免将严重失信、经营异常、贷款违约的失信企业和僵尸企业纳入名单。要对此名单进行分类对接，首先，对省级企业，按照“一企一策”做好金融服务；其次，对可列举的规模以上农业龙头企业，主要通过线下方式开展对接，运行线上平台辅助开展对接；最后，对数量多、分布广的示范合作社、示范家庭农场，要开展线下对接，走访调查，实地查看。三是控制风险。主动加强与各级政策性农业融资担保公司、保险公司，以及产业化龙头企业的合作，处理好信贷支持与风险管控的关系，充分发挥省农担增信及分险作用，通过增设担保、购买保险等措施有效分散、降低各类风险，切实加强新型农业经营主体的贷款投放和风险防范。

5. 科技助力，提升金融服务质效

一是线上业务提升信贷服务质效。线上推出“蜀信e”小额农贷，最快当天到账，最高贷款金额30万元，利率低至贷款市场报价利率，切实增加“三农”客户获贷路径，提高办贷效率，降低客户融资成本。二是积极推进网点智能化转型。加快物理网点服务功能转型升级，合理配置自助银行设备、

优化便民服务站，增加智能设备和数字媒体，让业务办理更加快捷、方便，进而压降运营成本，提升服务效率，提高客户满意度。三是搭建开放银行平台。用数字化的眼光，借助信息技术，提高渠道、产品智能化服务水平，从生活缴费、医疗教育、交通出行、休闲娱乐等场景中获客、留客、活客、惠客。充分利用“惠生活”平台，免费向农户提供农产品包装设计、线上营销宣传策划、物流对接等服务，为农户推销农副产品。四是农村金融综合服务站建设有序推进。C 银行依托“人流、物流、资金流、信息流”，积极打造集“电子银行业务、收集贷款需求、推广支付结算业务、金融夜校”等于一体的农村金融综合服务站点，为辖内农户提供产品代销代购、物流中转、社保医保代收代缴、信息公示、宽带办理、话费交纳、水电气充值等综合金融服务。

（二）实施过程的亮点总结

总体来看，在监管部门及省联社的悉心指导下，C 银行乡村振兴工作取得了一定成效。2021 年第四季度，服务乡村振兴考核评估结果为“优秀”，金融服务较好地助力了乡村振兴。但 C 银行认识到还存在“懂农业、爱农民、爱农村”的人才队伍储备不足、农村金融产品创新不足等问题，距客户日益增长的金融需求尚有差距。

（三）绩效考核承接业务发展的亮点

乡村振兴金融服务主要依靠员工落地与实现，因此构建“精细化考核到个人”的绩效考核体系是必不可少的工作。C 银行通过细化各类考核指标，以及从“考核到机构”转变为“考核到个人”的方式，构建匹配业务发展的绩效考核体系。

1. 细化各类考核指标

制定了以“存款、贷款、中间业务、不良贷款清收、柜台业务量”为核心的近 100 个考核指标，存款指标根据“存量增量、对公对私、高低成本”细分出 12 个指标，贷款指标根据不同贷款类型、不同金额区间的“存量新量管户、利息收入、新增投放和贷款营销”细分出 77 个指标。

2. 精准考核到个人

C 银行实施二次绩效管理改革转型，引入新绩效考核方案，从“考核到机构”转变为“考核到个人”，支行员工的绩效工资根据岗位工作内容的不同而挂钩不同比例的业务类考核指标，客户经理和综合柜员挂钩比例为70%，支行负责人挂钩比例为20%，一线支行的岗位重点要以业绩为直接结果导向，以“个人业绩多少”决定“绩效多少”，绩效工资倍差实现从2.45倍到20倍的转变，个人业绩计价上不封顶，行员可根据自己的资源和能力优势发展业绩，多劳多得，充分调动和激发员工的积极性。

四、D银行乡村振兴实施策略

党的十九大报告首次提出的乡村振兴战略，强调“必须始终把解决好‘三农’问题作为全党工作重中之重”，提出要坚持农业农村优先发展，按照“产业兴旺、生态宜居、乡风文明、治理有效、生活富裕”的总要求，建立健全城乡融合发展体制机制和政策体系，加快推进农业农村现代化。这给服务“三农”、以小微为主业的农村商业银行的发展带来了重大的历史机遇。D银行贯彻《乡村振兴促进法》和《中共中央 国务院关于做好2022年全面推进乡村振兴重点工作的意见》精神，落实《G省乡村振兴战略实施合作框架协议（2019—2022年）》，全面推进2022年G省乡村振兴战略实施，制定具体业务发展实施策略。

（一）业务发展具体实施策略

D银行党委书记表示，D银行将坚定不移地走勤劳金融新路子，更加聚焦市场主体需求，遵循“三农”发展规律，创新涉农金融产品，为“村美、民富、产业兴”的乡村振兴画卷贡献农商智慧与金融力量。通过深耕农村区域市场、创新金融产品、推进普惠金融服务、支持涉农产业发展等举措，为D市乡村振兴注入了金融动力。截至2022年6月末，全行涉农贷款余额接近200亿元，普惠型涉农贷款余额合计约40亿元，对比年初增长超10%，高于各项贷款增速4.9个百分点。

1. 实施“五个一”工程、“户户通”工程，走活乡村振兴“一盘棋”

乡村振兴，金融先行。作为本土金融机构，D银行秉承“服务本土、融通百业、惠及万家”的初心使命，始终奋战在农村金融最前线。

面对乡村振兴新形势、新任务，D银行专门成立乡村振兴与战略机构部，跨部门抽调业务骨干组建乡村振兴工作专班，在走访调研各乡镇（街道）乡村振兴金融服务需求的基础上，研究制定全行乡村振兴服务方案与考核方案，做到乡村振兴服务工作“一盘棋”。在此基础上，全面实施“一带”“一村”“一业”“一游”“一官”的“五个一”工程，大力支持乡村一、二、三产业融合发展，助力乡村产业发展跑出“加速度”。走进田间地头的深度，决定了服务乡村振兴的力度。从“等客上门”到“服务上门”，这是D银行下沉村域、将银行服务送进村里的一项重要决策。

在农村金融服务上，D银行还不断拓展服务内涵与外延，打造遍布城乡的普惠金融公共服务基础设施。投入使用12个“悦农e站”服务点，与惠城区、仲恺区签订合作协议，推进惠农惠民补贴一卡通工作，无偿承担辖内涉农财政补贴、低保补贴、高龄补贴等近100项惠民补贴发放。

与D市政务服务数据管理局合作，无偿捐赠并布设超300台“粤智助”政府服务自助机到全辖行政村，推动“政务+金融”服务向农村基层组织延伸。派驻约200名金融特派员下乡到村，为各街镇和村居提供“融资+融智”服务。

2.“党建+金融”整村授信，激发乡村振兴新动能

X镇以生产中华鳖为主，是全省第一批“一村一品”行政村。D市信用村“整村授信”启动仪式在D市X镇举行，D银行等3家银行机构累计向15个行政村“整村授信”5亿元。活动现场，D银行提供“整村授信”5000万元，进一步突破乡村产业发展资金“瓶颈”，助力乡村产业兴旺、农民增收致富。

提升金融服务乡村振兴质效，关键在于构建普惠金融服务和保障体系，有效提高金融服务可得性。2022年，D银行重构24个普惠金融中心与分中心，与全辖30个镇街、300多个行政村签订党建共建协议，以“千行千村党建”实现“党建下沉”，启动“党建+普惠金融”示范点建设。在此基础上，D银行与当地村委会签订整村授信协议，批量给予白名单内农户一定授信额度，为村民开辟贷款绿色通道，实行优先受理、优先调查、优先审查、优先审批。

D银行党委书记介绍，通过开展整村授信，可以让更多新型农业经营主体和农户群体，享受到更优质便捷的金融服务，有效满足“三农”多样化、多层次的金融需求。据统计，D银行已相继对38个行政村开展整村授信工作，授信总额超过3亿元，已完成贷款投放2亿元，惠及农户超600户。按照工作进度，D银行将稳步推进整村授信工作，计划在2022年铺开至辖区68个行政村，进一步打通资金需求主体的“任督二脉”，让金融活水更顺畅地流向广阔的乡村。

（二）实施过程的亮点总结

D银行组建了D市首个乡村振兴与战略机构部，开展了乡村振兴“五个一”工程，并派驻超200名金融特派员下乡到村，为各街镇和村提供“融资+融智”服务。该行深入践行勤劳金融，全方位开展“农村金融（普惠）户户通”项目，动员全行员工上门为农户宣传金融知识、提供金融服务、建立金融服务档案。目前，已累计建档超过120万户，办理第三代社保卡44万张。

乡村振兴之路少不了科技赋能，为此D银行与D市农业农村局共建农业农村大数据平台，与4个区财政局合作推出“惠农惠民一卡通”，无偿承担低保补贴等近100项涉农补贴业务，惠及农民群众近20万人，全力写好“民生福祉”大文章。D银行还组建了24个普惠金融中心，推出D市首笔“生猪活体”抵押贷款，5年间累计投放涉农贷款近400亿元，以真金白银“贷动”乡村产业振兴。

（三）绩效考核承接业务发展的亮点

随着银行4.0时代的到来，银行不再是完全独立的企业，而是连接政府、社会及百姓的专业金融服务机构，因此绩效考核指标不再是D银行关注的重点，匹配角色改变的绩效管理配套措施成了体系建设的重点。

1. 完善组织架构设置

D市银保监分局成立了乡村振兴工作专班，联合四部门制定印发《金融支持乡村振兴行动方案》，完善全市金融支农政策体系，为乡村振兴提供制度保障。D银行根据28份上级机构推动辖内银行保险机构制定乡村振兴工作实施方案，设立乡村振兴服务部、“三农”服务中心、乡村振兴服务中心等相关机构23个，使专业化金融服务抵达最基层。

2. 监控考核评估过程

D市银保监分局根据乡村振兴的要求，健全金融支持乡村振兴考核评估机制，建立涉农、普惠型涉农、县域存贷比等5项乡村振兴量化考核指标。D银行根据5项乡村振兴量化考核指标建立过程监控流程，通过“月度提示+季度通报+重点督导”的方式，确保各分支机构高标准做好乡村振兴工作。

3. 搭建服务平台和考核系统

为实现乡村振兴金融服务的网点、产品、诉求、政策“四个直达”，D银行在市银保监分局的指导下搭建“政银+数据+便民”平台，打通政府资源、金融资源和企业资源的共享渠道。

匹配绩效考核制度的有效落地，D银行上线新绩效系统，实现精准对各项业务产品逐项计价，按月兑现绩效工资。员工能够自主使用系统查看绩效、认领业绩、核对绩效，业绩考核规则公开透明，实时体现业绩差距。有能力、上进心强的员工能够借助系统数据提高自身业绩，形成你追我赶的竞赛考核模式，有效提高员工工作积极性。

五、银行服务乡村振兴业务发展实施案例小结

F省联社通过构建“党建+金融”乡村振兴工作格局，坚持服务下沉推进农村金融基础服务全覆盖，持续加大信贷投放力度，推动人才、资金、产品下乡进村，落实助企纾困措施共5项举措，有效服务“乡村振兴战略”“乡村宜居宜业”“农业高质高效”“农民富裕富足”“稳住经济大盘”的目标。F省联社下辖农商银行坚定落实F省联社制定的业务发展措施，用实际行动践行了“金融长子”的责任担当，并为农商银行的经营带来了实质效益。

B银行以推动高质量发展作为突破点，制定“党建共创+战略引领”“网格营销+综合服务”“充分授权+精简高效”“有效制衡+全面管用”“创新驱动+科技引领”“渠道延伸+品牌建设”的业务发展实施策略，围绕“建设有温度的百姓银行”的发展愿景，深入巩固B银行农村金融主力军地位，充分发挥地方金融排头兵作用，集中展示作为普惠金融领跑者的优势。

C银行坚守定位，聚焦主业，坚持全方位支持“三农”发展的战略方向和战略定力，强化“三农”金融服务，全面助力乡村振兴。

D银行遵循“三农”发展规律，创新涉农金融产品，通过实施“五个一”工程和“党建+金融”整村授信，让金融活水流向乡村。

无论银行选择何种乡村振兴业务发展策略，绩效考核都是必不可少的“指挥棒”。通过标杆银行承接业务发展的绩效考核体系案例可见，绩效考核体系应呈现“机构+个人+专项+网格化”的“立体化结构”，实现“精细化考核到个人”的功能，并完善组织架构、工作流程和绩效系统等配套措施。

第三节 银行服务乡村振兴的支撑保障措施

为了保障银行乡村振兴战略实施，除了业务发展策略发力外，还需要匹配支撑保障措施，启动银行内部管理变革。支撑保障措施涉及企业内部的各个职能部门，其是为各级战略服务的，有助于提高组织的效率。在支撑保障措施中，协同作用具有非常重要的意义。

一、E银行服务乡村振兴内部管理变革案例

E银行以乡村振兴为目标，根据自身制定的3年零售转型攻坚目标和5年区域一流现代“小而美”银行愿景，保障“以客户为中心”的工作导向和满足差异化的客户需求有效落地，故制定内部管理变革相关措施。

（一）内部管理变革相关措施

E银行践行“全员、全域、全业务、全客户”营销理念，强化全体高管员工的营销服务意识，结合省联社全员劳动竞赛活动，通过“三体结合、一体推动”活动搭建“人在网中走，档在格中建，格格有服务”的管理体系。全力拓展新客户，维护老客户，提高全员营销技能，提升该行市场占有率和社会影响力，落实“保春耕促生产、保民生促消费”，“整村授信”“整村用信”信用体系建设，清收活化不良贷款，“党建+金融”等工作，进一步提升

“渗透率、白名单率、签约率、用信率”，确保存贷款、不良清收、渠道等各条线业务指标高质量完成。

1. 网格划分

一级支行按照所在区域位置分别划分为农区网格、城区网格。根据片区划分一级网格，根据支行划分二级网格，根据行政村（街道社区）划分三级网格。

2. 网格化管理

网格化管理以稳步推进增量开发为主，以存量深耕为辅，搭建网格化管理体系。

3. 拓展人员构成

按照管理方式划分为网格管理员、协管人员、机动人员。

（1）网格管理员：支行行长、副行长、客户经理、互通人员等营销岗位人员作为网格管理的主要责任人，要充分动员支行人员充实到营销一线，负责统筹网格内的客户建档、营销、管理、维护等工作。

（2）协管人员：支行其他人员作为网格协同营销管理人，为网格管理员提供协助和支撑等，具体工作及人员配置由各支行根据实际自行安排。

（3）机动人员：总行人员作为机动人员，负责为支行提供协助、督导和支撑等。

4. 验收方式

督导管理员通过实地抽查、档案查阅等方式对“三体结合、一体推动”活动进行验收。网格管理员作为网格管理直接责任人，按照“走访建档—顺势营销—签约授信—后续维护”的程序进行管理，当单个网格建档量达目标值时，向督导管理员申请验收，验收合格后方可申领新网格。对存在的弄虚作假行为及时上报总行督导小组，并按要求落实整改。

5. 动态管理

网格实施动态管理，建立良性竞争机制。各支行与结对部室每旬至少合计完成200户走户营销目标，对达不到标准的，总行将责令对网格人员进行调整，仍达不到标准的，其他支行可进入该网格进行营销。

（二）内部管理变革工作重点

1. 提高思想认识，统一行动步伐

“三体结合、一体推动”活动作为全行战略部署，以3年零售转型攻坚和5年区域一流现代“小而美”银行愿景为目标。全行上下要将思想和行动统一到省联社、行党委决策部署上来，抓重点、补短板，把高标准、高质量、高要求贯穿活动全过程和各环节，推动“三体结合、一体推动”活动营销向纵深发展。

2. 精心组织策划，高效贯彻执行

各支行要根据“三体结合、一体推动”活动各项实施方案的要求进一步细化工作目标，营销客户尽量一次性成功，降低重复对接客户频率，以达到客户体验最好、业务达成最快、营销效率最高的效果。

3. 内部协调协作，外部协同推进

各支行要提高站位、服务大局，合理安排人员，依托“党建+金融”服务模式，做好乡镇党委、政府和村委会等沟通协调工作，主动担当、密切配合、联合推进。

4. 强化风险管控，提高数据质量

各支行要充分保证采集信息的客观性、真实性、准确性、完整性，避免因信息失真造成信贷风险。

5. 巩固活动成果，长期持续营销

正视“三体结合、一体推动”活动的长期性、系统性，实时认真总结经验，巩固和发展活动成果，做到营销服务的常态化、持续化、精细化。

二、银行保障战略承接实施落地案例

由于乡村振兴标杆银行主要聚焦于业务发展策略，在支撑保障措施方面匹配的举措较少，因此本节内容介绍所有类型银行在乡村振兴支撑保障措施方面的举措，为银行日后匹配支撑保障措施提供可借鉴的信息。

《中共中央　国务院关于全面推进乡村振兴　加快农业农村现代化的意见》提到，健全适合新型农业经营主体发展的金融服务组织体系。中国农业银行、中国邮政储蓄银行等大中型银行业金融机构要结合自身职能定位和业务优势，发挥“三农”金融事业部、普惠金融事业部等服务“三农”内设机构的作用，积极探索支持新型农业经营主体的有效模式。农村中小金融机构要坚守支农支小主业，改善公司治理和内控机制，强化支持新型农业经营主体的主力军作用。民营银行（含互联网银行）要在做好风险防范的基础上，运用金融科技手段，积极提供小额、快速、便捷的金融产品和服务。在明确地方政府监管和风险处置责任的基础上，稳妥规范开展农民合作社内部信用合作试点。

2021年以来，多家区域农商银行成立专门的乡村振兴事业部，通过专设团队和机构实现对乡村振兴业务的系统战略规划、制度设计和产品开发落实。在全国性大型商业银行中，四大行均已成立乡村振兴金融部（乡村振兴办公室）；在股份制银行中，光大银行也于2021年11月挂牌成立乡村振兴金融部。乡村振兴是趋势与方向，但在业务层面如何细化和创新，以及银行内部如何制定规模指标，目前还没有具体落地举措。如虽然总行已成立了乡村振兴金融部，但到分行层面，其实是普惠金融事业部同时挂乡村振兴金融部牌子，在不少区域也是同一个团队，其在业务管理、策略制定层面还有待进一步细化。

如交通银行在总行层面成立乡村振兴领导小组，董事长、行长任双组长，统筹乡村振兴金融服务和定点帮扶工作；总分行成立乡村振兴金融服务专业部门，承担乡村振兴金融服务和定点帮扶的日常推动工作。在此基础上，交通银行形成“自上而下”的管理机制。总行成立专班，牵头协调跨条线、跨部门协同推进各项重点工作，为各类政策、制度、方案快速传导奠定管理基础。在总行带领下，各分行对接监管部门及农业农村部等相关部门，围绕政府对乡村振兴布局、涉农核心集团客户、重点项目等方面的安排，明确差异化授信政策、展业要求，给予对应产品开发支撑。同时，交通银行理顺支持乡村振兴发展的政策，研究在经济资本配置、内部资金转移定价、人员配备、考核激励、费用安排、专项竞赛、授信流程、审批权限、产品研发、风险容忍和尽职免责等方面对乡村振兴业务予以政策倾斜。此外，交通银行总行相关工作人员深入各重点区域分行，在充分了解基层一线市场、群众关切的基础上，与分支机构共同探讨如何将区域资源优势与交通银行资源禀赋整合，找到高效推进乡村振兴业务的具体方向和落地措施，形成推进合力。

北京农商银行董事会下设了“三农”金融服务委员会，组建了普惠金融部，成立了金融支持“三农”领域发展工作领导小组、工作专班及帮扶领导小组，搭建了“自上而下”的支农支小经营管理体系，为全行“三农”业务和帮扶工作提供方向性指导，通过逐级推进、压实责任，形成了职责清晰、分工明确、运转高效的乡村振兴工作体系。为完善金融支持“三农”制度体系，按年制定普惠金融发展策略，出台《金融支持“三农”领域发展的行动方案》《金融支持首都全面推进乡村振兴　加快农业农村现代化的行动方案》等，并加强业务指导，编印涉农业务服务手册，梳理“三农”金融政策与特色产品，制定生猪养殖、美丽乡村、设施农业等重点领域营销要点。为更好服务“三农”，北京农商银行加大了涉农人才培养、人才考核、人才激励三大维度人力资源保障机制建设力度，邀请行业专家开展涉农重点领域培训，提高涉农业务政策把控、营销方向、风险防控等方面的能力；开展涉农从业人员资质考试，制订分支行涉农业务人员培养计划，全面提升涉农业务人员的专业素质和服务能力。

厦门农商银行率先成立“乡村振兴金融部”，夯实普惠金融基础架构，创设“再贷款+乡村振兴贷”模式，主动对接企业。该行紧跟福建推进特色现代农业建设，提升农村建设品质有关战略规划，重点支持十大乡村特色产业，助推构建“一村一品”特色产业发展格局，为特色产业找出路，为农民致富探新路。

隆林农商银行在做好乡村振兴衔接方面，成立了金融服务乡村振兴工作领导小组，指定计划信贷部作为执行部门，负责统筹协调金融服务乡村振兴各项工作；制定《金融服务乡村振兴专项行动工作方案》，明确了2021年度服务乡村振兴的发展战略与主攻方向、工作任务及工作目标；与自治县人民政府、乡村振兴局签订战略合作协议，强化在巩固脱贫攻坚成果、服务实体经济、完善乡村振兴金融网络等方面的深度合作；成立“乡村振兴特色支行”，提供特色金融服务。

第五章 绩效管理与银行服务乡村振兴

第一节 绩效管理理论概述

一、绩效管理概念

绩效管理，是指识别、衡量以及开发个人和团队绩效，并且使这些绩效与组织战略目标保持一致的一个持续性过程；是各级管理者和员工为了达到组织目标共同参与绩效计划制订、绩效辅导沟通、绩效考核评价、绩效结果应用及绩效目标提升的持续循环过程，目的是持续提升个人、部门和组织的绩效。根据管理学理论，绩效管理是一个 PDCA 循环过程，包括绩效计划、绩效实施、绩效评价与绩效反馈四个阶段。严格意义上来说，绩效考核是绩效管理中的一个重要环节，绩效管理的概念大于绩效考核；但在很多情况下用绩效考核代替绩效管理。

二、绩效管理作用

对于员工和组织来说，绩效管理是必不可缺的，绩效管理对组织具有以下作用。

（一）绩效管理有助于提升组织业绩

有效的绩效管理可以改善员工的工作绩效，进而提高企业的整体业绩。目前，在西方发达国家，很多企业强化员工绩效管理，把它作为提高公司竞争力的重要途径。根据 Hewitt 对美国所有上市公司的调查（见表 5-1），具有绩效管理系统的公司在企业业绩的各个方面明显优于没有绩效管理系统的公司。企业业绩的内涵比较丰富，分为三大类指标：第一类是规模指标，如存款规模、营业收入等；第二类是效益指标，如经济利润、资本成本等；第三类是关键盈利指标，是基于上述规模与效益指标计算获得的，如风险资本回报率、平均资产收益率、非息收入占比、成本收入比、净利润贡献度。

表 5-1 绩效管理对企业绩效的影响

指标	没有绩效管理系统	有绩效管理系统
全面股东收益率（%）	0	7.9
股票收益率（%）	4.4	10.2
资产收益率（%）	4.6	8.0
投资现金流收益率（%）	4.7	6.6
销售实际增长率（%）	1.1	2.2
人均销售额（美元）	126100	169900

资料来源：于秀芝．力资源管理［M］．北京：经济管理出版社，2002：224。

（二）绩效管理有助于提高员工的满意度

绩效管理通过设定科学合理的组织目标、部门目标和个人目标，为企业员工指明了努力方向。绩效管理不仅能促进组织和个人绩效提升，还能提高员工的满意度。根据马斯洛的需要层次理论，每个员工都会内在地有尊重和自我实现需要。绩效管理通过两个方面满足这种需要。一方面，通过有效的绩效管理，员工的工作绩效能不断得到改善，可以提高他们的成就感，从而满足自我实现需要。另一方面，通过完善的绩效管理，员工不仅可以参与管理过程，还可以得到绩效的反馈信息，这能使员工感到自己在企业中受到重视，从而满足尊重的需要。员工满意度即员工对绩效管理的满意度。满意度评价可采用量表法，通过问卷设计调查员工对绩效计划、绩效考核、绩效反馈、绩效改进等方面的满意程度。

（三）绩效管理有助于保证员工行为和企业目标的一致性

绩效管理是引导员工行为，使之与企业战略目标保持一致的一个重要途径。企业绩效的实现依赖于员工的努力工作，但努力程度与企业绩效之间有一个关键的中间变量，即努力方向与企业目标的一致性问题（见图 5-1）。保证员工行为与企业目标一致的一个重要途径就是绩效管理。绩效管理在银行经营中发挥着“指挥棒”的作用，对员工的行为起到诊断、引导和控制的作用，从而避免过多强调个人绩效而忽视整体绩效，避免局部利益与整体利益相冲突。为了保证一致性，要把银行的战略目标分解成年度计划，然后将绩效管理与年度计划或战略目标对接。

努力方向与企业目标的一致性 \ 员工努力程度	高	低
	企业绩效大幅提高	企业绩效有所提高
	企业绩效降低	企业绩效无明显变化

图 5-1　企业绩效与员工努力程度的关系

三、绩效管理效果与体系建设

银行绩效管理体系是一项复杂的系统工程，要达成预期的目标与效果，需要对管理体系、文化体系、制度体系和软件体系四大体系的建设进行完善。

天维公司对绩效管理体系建设提出了一系列实践理论观点，其中，效果分层理论、四大体系等理论，让较多客户的绩效考核管理体系建设预期“效果”逐步变得可控。

（一）效果分层理论

天维公司根据多年绩效考核管理体系建设的理论研究与实践探索，提出了绩效管理体系的“效果分层理论”，将效果评估标准分为三个层次，每个层次效果是递进的关系，效果实现的条件也不同（见图 5-2）。

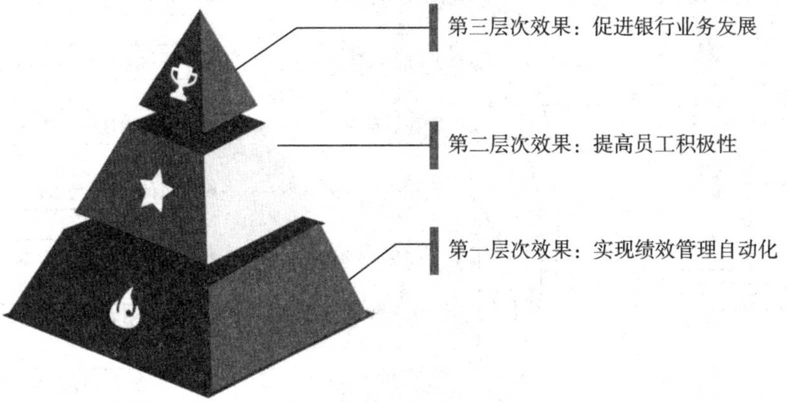

图 5-2　效果分层理论

第一层次效果：实现绩效管理自动化。以软件系统上线为核心诉求，配套业绩关系管理、产品计价、制度设计、薪酬设计等，衡量效果实现的标准是能按月兑现绩效工资。

第二层次效果：提高员工积极性。在实现第一层次效果的基础上，提出绩效考核配套三大改革，即组织变革、用人制度变革和薪酬制度变革。三大变革的重点在于激发员工的积极性，建立多劳多得的分配体系，形成新的绩效考核文化。

第三层次效果：促进银行业务发展。绩效考核的终极目标是促进银行业务发展，为银行转型、健康发展提供动力。想要实现这个目标，必须结合银行的发展战略，每天维护业绩关系、每月兑现绩效工资、每季度进行效果评估、每年对接年度计划。要想促进银行业务发展，必须紧紧围绕银行的战略规划，结合已成形的绩效管理机制，进行战略澄清、战略分解、战略督导和战略评估工作。从战略分解角度来看，银行将战略规划进行年度澄清、分解，分解到年度、月度、部门、岗位，然后制定产品计价策略，设置考核指标，进行考核结果应用的设计，从而将绩效考核工作变成战略管理的重要落地工具（见图 5-3）。

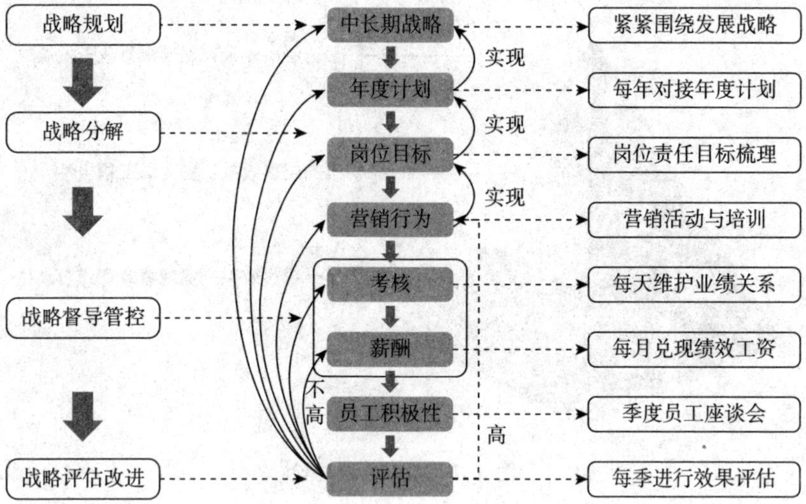

图 5-3　第三次层次效果：促进银行业务发展

从效果分层理论来看，银行绩效考核最终都要走向战略绩效管理。

（二）绩效管理建设四大体系

从长远来看，要想建设一套有“效果”的绩效管理体系，必须建设管理体系、文化体系、制度体系和软件体系四大体系。天维公司在绩效管理体系建设过程中，提出了四大体系理论，总结出“一个中心、三个落地”，即以制度体系为中心，管理体系实现“机制落地”，文化体系实现“心理落地”，软件体系实现“工具落地”。绩效管理体系是促进企业业务发展的“指挥棒”，是提高员工动力的“发动机”，是支撑企业战略目标落地最有效的工具。因此，天维公司提出必须对四大体系进行系统化建设，四大体系建设贯穿绩效管理体系建设项目的整个生命周期，相互关联、缺一不可（见图 5-4）。

从四大体系在绩效管理中发挥的作用来看，管理体系为 40%、文化体系为 30%、制度体系为 20%、软件体系为 10%，四大体系包含的具体内容如下。

1. 管理体系

管理体系是考核“指挥棒”的使用体系，解决的是“谁使用”“怎么使用”“使用工具”问题。管理体系包括绩效考核管理体系的组织、流程、能力、工具等。

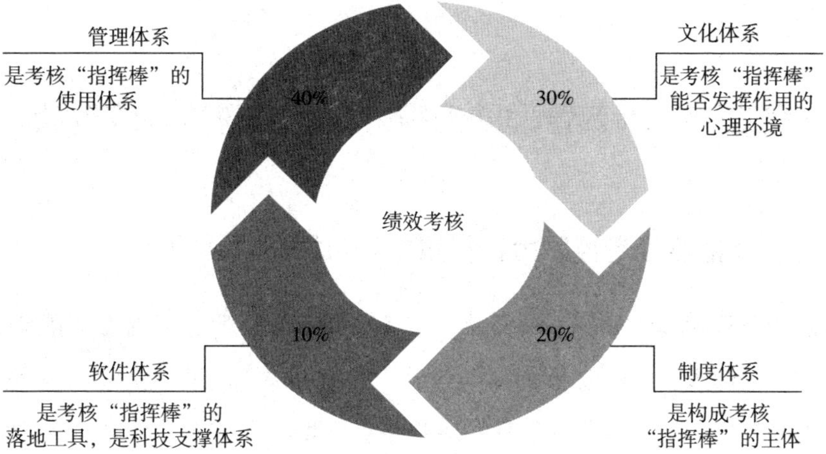

图 5-4　绩效管理建设四大体系理论

2. 文化体系

文化体系是考核“指挥棒”能否发挥作用的心理环境。一个好的绩效考核管理体系是一场关系企业、股东在内的所有人切身利益的变革，是一种新的分配体系，构建新的分配体系需要得到员工的理解、重视、接受和认可，这样才能实现预期“效果”，这种认知与心理上的变化过程就是一种新的文化形成过程。绩效管理体系的核心理念就是“规则公开与公平、过程透明、结果公正”“多劳多得、按绩取酬”的绩效文化，将改变“大锅饭”分配体系。

3. 制度体系

制度体系是构成考核“指挥棒”的主体。企业通过不断的发展，不断更新、不断完善制度体系，逐步建立一套适合企业经营与政策环境、发展阶段、发展战略与导向、绩效管理发展阶段和自身管理能力与管理风格，并能被广大员工接受的绩效考核管理办法体系。

4. 软件体系

软件体系是考核“指挥棒”的落地工具，是科技支撑体系。随着企业的不断发展，建设一个匹配自身绩效考核管理办法与考核发展需要的信息管理平台，涉及一系列的软件子系统，如绩效管理信息系统（PAS）、移动版 PAS（MPAS）、360 度打分系统、业绩预约系统、辅助定价系统、存量分配系统等。

第二节 绩效管理助力银行服务乡村振兴的现状

一、外部监管考评助力银行服务乡村振兴

随着监管配套政策的不断完善，监管部门对银行服务乡村振兴战略的引领作用逐渐加大，由“监管引领”变为“强制约束”，进一步推动银行支持乡村振兴战略，提升服务乡村振兴战略质效。2018 年中央一号文件《中共中央 国务院关于实施乡村振兴战略的意见》明确了乡村振兴战略三阶段目标任务：“到 2020 年，乡村振兴取得重要进展，制度框架和政策体系基本形成；到 2035 年，乡村振兴取得决定性进展，农业农村现代化基本实现；到 2050 年，乡村全面振兴，农业强、农村美、农民富全面实现。”中国人民银行、银保监会等监管机构对标实施乡村振兴战略的三个阶段目标任务，相继出台了配套的考评制度，逐步加大银行对乡村振兴战略的支持力度，促进乡村振兴战略的有效落地（见表 5-2）。

表 5-2 外部监管考评制度

序号	监管考评制度	发布机构	发布时间
1	《关于金融服务乡村振兴的指导意见》	中国人民银行、银保监会、证监会、财政部、农业农村部	2019 年 1 月
2	《关于 2021 年银行业保险业高质量服务乡村振兴的通知》	银保监会	2021 年 4 月
3	《金融机构服务乡村振兴考核评估办法》	中国人民银行、银保监会	2021 年 6 月
4	《关于印发支持国家乡村振兴重点帮扶县工作方案的通知》	银保监会办公厅	2021 年 9 月
5	《关于做好 2022 年金融支持全面推进乡村振兴重点工作的意见》	中国人民银行	2022 年 3 月

2019 年 2 月，中国人民银行、银保监会、证监会、财政部、农业农村部联合发布《关于金融服务乡村振兴的指导意见》提出，开展金融机

构服务乡村振兴考核评估，从定性指标和定量指标两大方面对金融机构进行评估，定期通报评估结果，强化对金融机构的激励约束，有效提升政策实施效果。

2021 年 4 月，银保监会发布《关于 2021 年银行业保险业高质量服务乡村振兴的通知》，明确了 2021 年差异化监管考核目标，力争实现同口径涉农贷款持续增长，完成普惠型涉农贷款差异化考核目标。

2021 年 6 月，中国人民银行、银保监会发布《金融机构服务乡村振兴考核评估办法》，明确了金融机构服务乡村振兴考核的指标、方法、程序及结果应用。其中，指标包括定量指标（75%）、定性指标（25%）。定量指标包括贷款总量、贷款结构、贷款比重、金融服务和资产质量五类，定性指标包括政策实施、制度建设、金融创新、金融环境、外部评价五类，另设加分项、减分项（见表 5-3）。

表 5-3 《金融机构服务乡村振兴考核评估办法》指标体系

指标维度	一级指标	二级指标	分析说明
定量指标	贷款总量	（1）涉农贷款指标（存量、增量、增速）	既关注存量，也关注增量； 既关注绝对值，也关注相对值
	贷款结构	（2）农林牧渔业贷款； （3）农村基础设施建设贷款； （4）新型农业经营主体贷款； （5）单户授信 500 万元以下普惠型农户经营性贷款； （6）单户授信 1000 万元以下普惠型涉农小微企业贷款； （7）农村承包土地的经营权抵押贷款； （8）林权抵押贷款； （9）农户信用贷款	既关注存量，也关注增量； 既关注绝对值，也关注相对值； 关注乡村振兴不同重点领域、农业产业领域的信贷情况； 适用于不同农业、产业特点区域环境的金融机构，满足金融机构的差异化要求

续表

指标维度	一级指标	二级指标	分析说明
定量指标	贷款比重	(10) 涉农贷款存量占各项贷款存量比重; (11) 涉农贷款增量占各项贷款增量比重; (12) 普惠型涉农贷款存量占涉农贷款存量比重; (13) 普惠型涉农贷款增量占涉农贷款增量比重; (14) 农村(县及县以下)贷款存量比存款存量; (15) 农村(县及县以下)贷款增量比存款增量	既关注存量,也关注增量; 既关注绝对值,也关注相对值; 关注整体贷款的比重占比; 关注贷存比,存贷款协同发展
	金融服务	(16)“乡村振兴主题卡”发卡量(存量、增量); (17) 农村区域银行卡受理市场建设数(含 ATM、POS 机及其他受理终端); (18) 当年农村区域网上支付、移动支付、电话支付笔数	关注线上服务渠道建设(电子银行替代情况); 关注支付服务
	资产质量	(19) 涉农贷款不良率(存量)	关注贷款质量
定性指标	政策实施	(1) 金融服务乡村振兴工作机制和实施方案贯彻落实情况; (2) 金融服务乡村振兴政策宣传和培训情况	关注机制建设及落地情况; 关注乡村振兴政策宣传情况
	制度建设	(3) 涉农信贷业务差异化绩效考核制度建设及优化情况; (4) 涉农信贷业务授信权限下放制度建设及优化情况; (5) 内部资金转移定价对涉农领域的倾斜有关制度建设及优化情况; (6) 涉农信贷业务尽职免责制度建设及优化情况	配套机制建设情况,包括考核激励机制、业务授信权限机制、内部资金转移定价机制、尽职免责机制等; 关注机制的精细化、差异化、持续优化

续表

指标维度	一级指标	二级指标	分析说明
定性指标	金融创新	(7) 农村金融产品创新情况，包括抵质押产品创新，如农村承包土地的经营权、农民住房财产权、农业订单、农业设施设备、圈舍、活体畜禽、集体经营性建设用地使用权、集体林权质押贷款业务或林地经营收益权和公益林（天然林）补偿收益权质押贷款等，围绕种业、粮食安全等乡村振兴重点领域开展产品创新； (8) 农村金融服务创新情况，包括运用金融科技手段构建新型服务渠道、挖掘融资需求与精准授信、优化风险监控机制等； (9) 农户整体授信情况	关注产品创新情况，具体到乡村振兴重点领域的产品创新； 关注金融科技在乡村振兴中的运用、赋能情况； 关注整体授信情况
	金融环境	(10) 农村综合金融服务站和其他金融基础设施建设情况	关注金融基础设施建设情况（线下渠道）
	外部评价	(11) 政府、政府相关部门对该金融机构乡村振兴金融服务的评价意见	关注联动、协同效果
加分项	(1) “三农”专项金融债券发行或投资持有情况； (2) 涉农贷款利率水平		
减分项	(1) 频繁修改评估指标计算基础数据或错报重要数据； (2) 在农村区域发生重大违法违规违纪案件或重大风险事件，具体由中国人民银行、银保监会按照有关规定确定		

《金融机构服务乡村振兴考核评估办法》一方面突出了考核评估指标的精准化、具体化，体现了金融机构对乡村振兴战略重点业务和薄弱环节的支撑；另一方面强化了评估结果运用，加大考核力度。考核评估结果作为中国人民银行和银保监会开展相关货币政策工具运用、银行间市场业务准入管理、金融产品创新试点、综合评价和监管评级、金融机构设立审批、差别化监管激励、涉农贷款风险补偿的重要参考依据，督促引导金融机构加大对乡村振兴支持力度。

2021 年 9 月，银保监会办公厅发布《关于印发支持国家乡村振兴重点帮扶县工作方案的通知》指出，进一步提高重点帮扶县不良贷款容忍度，银行机构在重点帮扶县的各项贷款不良率高出自身不良贷款率目标 3 个百分点（含）以内的，不作为监管评价和内部考核扣分因素。督促银行机构落实好尽职免责要求，不良贷款率在容忍度以内的，在无违法违规行为的前提下，不追究不良贷款经办人员责任。

2022 年 3 月，中国人民银行发布的《关于做好 2022 年金融支持全面推进乡村振兴重点工作的意见》指出，要强化统计监测与考核评估，开展金融机构服务乡村振兴考核评估，强化评估结果运用，切实发挥评估工作对进一步改进乡村振兴金融服务的积极作用。

总体来看，监管考评制度配套乡村振兴战略的不断完善，考评工作制度化、考评指标精准化及强化考评结果运用，考核评估由“监管引领”转变为“强制约束”，为银行服务乡村振兴战略有效落地提供监督保障。

二、内部绩效管理助力银行服务乡村振兴

绩效管理是商业银行发展的“指挥棒”，是实现战略目标的“牵引机”。商业银行业充分发挥绩效考核“指挥棒”的作用，释放组织新活力，通过绩效管理体系、制度体系、文化体系和软件体系助力乡村振兴战略有效落地。

（一）以管理体系为“指南针”，助力银行服务乡村振兴战略“更准”

为了深入贯彻乡村振兴战略部署，坚决落实银行服务乡村振兴监管要求，大部分商业银行不断完善金融支持乡村振兴政策，将“乡村振兴”工作纳入本行“战略规划”工作。在“总—分”两级分别成立乡村振兴工作小组，明确战略工作导向，同时在总行层面设立服务乡村振兴的专门机构——乡村振兴办公室，组建乡村振兴金融服务专业条线。通过“纵横合力”管理和落实乡村振兴战略工作，助力银行服务乡村振兴战略的方向“更准”。

例如，中国工商银行在“总—分”两级分别成立“乡村振兴工作领导小组”，明确战略工作导向。一是在总行层面，成立了由董事长担任组长的金融服务乡村振兴工作领导小组、由行长担任主任的金融服务乡村振兴工作推进委员会，制定并实施发展战略，发布《金融支持乡村振兴行动方案》。设立了

乡村振兴办公室，组建中国工商银行乡村振兴金融服务专业条线。二是在分行层面，成立由“一把手”担任组长的乡村振兴工作领导小组，上下同欲，举好发展“指挥棒”，助力乡村振兴。2021 年末，涉农贷款余额超 2.6 万亿元，较年初增加超 4000 亿元；重点帮扶县贷款余额超 1000 亿元，增幅高于全行各项贷款水平。①

2019 年 11 月，中国建设银行率先成立专门的乡村振兴金融部，且从自身资源禀赋出发，充分发挥金融科技优势，突出数字化经营和生态圈打造两大特色，初步构建了“1211”乡村振兴综合服务体系。近几年，中国建设银行不断完善乡村振兴综合服务体系，加大乡村振兴金融服务力度。在中国人民银行、银保监会 2021 年度金融机构服务乡村振兴考核评估中，中国建设银行考核评估结果为优秀档。截至 2022 年 6 月末，“裕农通”普惠金融服务点总量 49 万个，覆盖全国近 80%的乡镇及行政村；面向创新创业重点人群累计发行“乡村振兴 · 裕农通卡”1836 万张。线上“裕农快贷”、线下“裕农贷”两大农户产品包不断丰富，农户金融服务能力持续深化。②

河北省联社制定了《河北省农信社 2021—2025 年发展规划》，明确要求“围绕乡村振兴战略，聚焦产业发展，加大‘三农’领域信贷支持，把更多金融资源配置到乡村振兴重点领域和薄弱环节”。为做好乡村振兴战略金融支持工作，河北省联社专门研究制定了《河北省农信系统做好信贷支持　全面推进乡村振兴　促进农业农村现代化金融服务工作的意见》，指导河北省农信社紧紧围绕发展规划，加大对农业龙头企业、农民专业合作社、家庭农场等各类新型农业经营主体和相关企业的支持力度。倾斜信贷资源到“三农”领域。2021 年初，河北省联社在制定全年信贷投放目标时，专门单列涉农贷款 720 亿元，其中，普惠型农户贷款 120 亿元；单列小微企业贷款 830 亿元，包括普惠型小微企业贷款 180 亿元。通过制定工作目标，引导各级农信机构加大“三农”领域信贷投放力度，全力满足乡村振兴资金需求。③

---

① 资料来源于《中国工商银行股份有限公司 2021 年度报告》。

② 资料来源于《中国建设银行股份有限公司 2022 年半年度报告》。

③ 资料来源于 https：//mp. weixin. qq. com/s？ biz = MzA4ODE0NTkyNQ = = &mid = 2653109799&idx = 1&sn = ce421949ec512c400d3c3c9d410b5351&chksm。

中信银行加强体系机制建设，在总行成立普惠金融暨乡村振兴领导小组，完善乡村振兴组织体系，制定乡村振兴业务行动方案。完善政策配套措施，制订涉农贷款和普惠型涉农贷款增长计划，开展农业产业化龙头企业营销竞赛，提高贷款补贴额度，扩大贷款补贴范围。截至2022年上半年，涉农贷款客户数为4.46万户，涉农贷款余额为4400多亿元，较上年末增加480多亿元。其中，普惠型涉农贷款余额270多亿元，较上年末增加37多亿元。农林牧渔业贷款、农村基础设施建设等重点领域贷款也实现增长。①

绍兴银行制定了《绍兴银行“十四五”发展战略规划（2021—2025）》，明确“十四五”战略目标——“聚焦集镇金融，服务乡村振兴，努力打造‘城商行服务乡村振兴标杆行’”，制定五年业务目标，谋划战略实施“十大路径”。同时，成立乡村振兴事业部，推出乡村振兴举措及方案，助力乡村振兴战略工作。②

（二）以制度体系为“发力点”，助力银行服务乡村振兴战略的动力“更足”

1. 强化政策资源制度保障，不断夯实服务乡村振兴战略制度机制

银行业通过不断加大乡村振兴相关考核力度，调整薪酬资源、财务资源等向乡村振兴倾斜，强化考核结果运用等措施，助力银行服务乡村振兴战略的动力“更足”。

例如，2022年，中国建设银行聚焦中央农村工作会议、中央一号文件和农业农村部一号文件精神，结合战略合作协议，全面推进完善“1211”乡村振兴综合服务体系，加大金融支持力度，提升金融服务乡村振兴的质和效，进一步强化政策和资源保障。一是在财务类政策资源方面，提高了乡村金融业务在KPI考核中的权重，保持对国家乡村振兴重点帮扶县贷款增长与利率的考核，对农林牧渔行业信贷、新型农业经营主体贷款和农村基础设施建设贷款，在一级分行KPI考核中双倍计算。对“裕农快贷”和“乡村振兴贷”两大产品包涉及的重点产品，对照中央文件和监管要求，在已有基础上，继

① 资料来源于《中信银行股份有限公司2022年半年度报告》。

② 资料来源于《绍兴银股份有限公司2021年度报告》。

续在经济资本打折、内转价格优惠等方面，进一步强化政策保障水平。二是在信贷类政策资源方面，围绕做好涉农贷款，加大涉农押品创新研究，不断扩大可接受押品范围，将养殖圈舍、大型养殖机械、生猪和奶牛活体等押品试点在全行逐步推开。从而不断完善乡村振兴考核体系，加大乡村振兴金融服务力度，截至 2022 年 6 月末，涉农贷款余额 2.76 万亿元，较上年末增加 3050 多亿元。其中，对公涉农贷款余额 1.92 万亿元；对私涉农贷款余额 8400 多亿元，包括农户生产经营贷款余额 1600 多亿元，较上年末增加 530 多亿元。普惠型涉农贷款（不含贴现）余额 3500 多亿元，较上年末增加 630 多亿元，涉农贷款客户数 260 多万户。

2022 年，中国农业银行 A 分行加强“三农”板块职能建设，设立乡村振兴金融部，逐级成立乡村振兴金融服务领导小组，围绕金融服务乡村振兴重点工作，出台指导性文件 50 份，制定政策 61 条，具体措施 196 项。通过单列“三农”信贷计划，增加“三农”业务考核比重，优先配置“三农”和县域业务经济资本等，将固定资产、财务费用、薪酬补贴等向“三农”一线倾斜，全力夯实服务乡村振兴体制机制。①

2021 年，河北省联社在原有存贷款指标考核基础上，加大了涉农、小微企业相关指标的考核权重，新增了绿色贷款占比、战略性新兴产业贷款占比考核指标。同时，按照“普惠金融类指标在内部绩效考核指标中权重占比 10% 以上”的政策要求，将普惠型小微企业“两增”“两控”以及普惠型涉农贷款等普惠金融类指标在市县行社领导班子绩效考核中的权重提高到 11%。不断加大考核力度，特别是把各级农业农村部门推荐的乡村振兴重大建设项目、新型农业经营主体等信贷支持情况纳入考核。通过加强考核，明确工作导向，引导河北省农信社切实做好乡村振兴金融服务工作。2021 年上半年，河北省农信系统涉农贷款余额 6600 多亿元，较年初增加 420 多亿元；河北省 62 个乡村振兴重点帮扶县所在农信机构贷款余额达到 3600 多亿元，较年初增加了 240 多亿元，高于河北省各项贷款 0.36 个百分点。

---

① https：//mp. weixin. qq. com/s? biz = MzUyMTg0ODQwMg = = &mid = 2247495591&idx = 1&sn = 70d4c9c35aaeb0eb520abd3e4362227a&chksm.

2021年，山西省联社金融服务乡村振兴工作考核方案，对山西省农信社金融服务乡村振兴考核工作做出部署，推动圆满完成服务乡村振兴工作任务。一是在按季度考核方面，主要依据信贷管理系统数据和市级机构上报有关资料，并结合抽查、评估等情况进行考核。二是在分类考核方面，实施市、县两级机构分别考核。市级机构根据辖内县级机构巩固拓展脱贫攻坚成果和服务乡村振兴整体工作完成情况统一标准考核。县级机构根据乡村振兴重点帮扶县、整体推进县、先行示范县进行差异化分类考核。山西省联社按季度对考核结果进行排名、通报，视情况给予表扬或批评、约谈和问责。服务乡村振兴工作的考核结果将纳入党建工作和山西省联社综合考评体系，作为县级机构评优评先、领导班子及领导人员履职评价的依据，并与市级机构高管绩效挂钩。

（三）以文化体系为“着力点”，助力银行服务乡村振兴战略的成果“更亮”

绩效文化体系是一项系统性的工程，对绩效考核管理体系的推行与落地有至关重要的作用。在服务乡村振兴中，银行采取的主要措施有三个。一是建立乡村振兴人才培养和管理体系，为服务乡村振兴培养和储备优秀人才。二是对乡村振兴工作考核导向、内容、方式进行培训和宣讲；对考核目标、实施计划、落地执行等进行介绍；按季度进行工资分析、绩效辅导、反馈沟通等。三是开展乡村振兴战略实践交流研讨，多渠道、全方位打造银行绩效文化，建立乡村人才管理机制，助力银行服务乡村振兴战略的成果“更亮”。

例如，中国工商银行为了持续做好金融帮扶各项支持，不断优化脱贫小额贷款产品，大力支持国家乡村振兴重点帮扶县融资需求。启动实施“工银星辰·兴农助梦”乡村振兴专项招聘，主要面向脱贫家庭大学生、“三支一扶”人员等国家重点帮扶对象、支农助农群体和重点帮扶区域。

成都农商银行加大金融人才培养力度，为金融服务乡村振兴匹配强有力的人才资源。成都农商银行通过多层次的人才培养体系，积累了一大批懂农业、知农村、爱农民的优秀金融人才。首创“三个一”金融服务模式，即一个村级金融服务站、一名金融服务联络员、一个农村基础信息信用平台，已经入驻村级金融服务站1200余个，有农村金融服务联络员1800余名。此外，每年选派100名优秀员工到100个重点村担任金融助理，深入乡村一线开展驻村帮扶。①

W农商银行为了全面推动全行乡村振兴战略工作，提升支持乡村振兴战略的能力和水平，对中层管理干部开展乡村振兴培训，主要培训内容如下。一是就绩效目标设立、关键路径、实施计划、落地执行和绩效辅导五个步骤进行详细分解与介绍。二是以案例分析的形式讲解绩效指标设置的基本原则。三是明确任务不等同于目标，目标的设立要符合双方的共同利益，形成合力。四是考核注重过程和结果。只关注任务公平性，缺乏深度细分，只有结果任务，没有过程任务是任务分配中经常出现的错误。五是对在一级、二级、两级结合三种绩效考核模式下支行应采用的策略进行积极讨论，确保考核导向传达、执行、落实到位。

立足乡村振兴战略，研讨县（市）域金融生态圈-乡村振兴战略实践模式。2022年6月，天维公司与资兴农商银行围绕乡村振兴战略下农商银行的发展机遇、银行零售客户数字化经营展开交流研讨。

天维研究院副所长蔡华进行了“农商银行如何承接乡村振兴战略”主题汇报。他指出，农商银行应当围绕产业、区域、客户、产品，形成普惠零售业务、公司业务和金融市场业务战略组合。一是聚焦六大产业领域，提升产业投资效益。二是把握区域机会，根据资兴都市型乡村振兴特点，应对新型金融需求，如发行公共服务和环境治理发展方面的绿色债券。三是抓住新型经营主体，扩大客户群体。四是推广普惠零售，增加产品机会，提升金融数据服务的价值。

资兴农商银行董事长曹志军围绕“如何重塑农商银行优势，构建县（市）域金融生态圈”主题进行了分享。他指出，农商银行建构以银行为核心的“银行+政府+商户+客户”多层次结构生态金融圈模式有利于银行保持竞争优势，应做到三点：一是深挖洞，重塑地缘、人缘优势；二是广积粮，重塑市场、客户优势；三是高筑墙，重塑生态、科技优势。在实践操作方面，充分发挥现有地缘优势，通过线下反攻线上、线上线下相结合的方式，推动金融

① https：//3g. 163. com/dy/article/H5AR1K990519QIKK. html.

产品服务的发展。

此次乡村振兴战略实践研讨，有助于资兴农商银行打造多层次的金融生态圈，确保资兴农商银行在保持现有优势的同时，将都市型农商银行的优势最大化，助力其成为具有地域特色的现代化农商银行。

（四）以软件体系为“支撑点”，助力银行服务乡村振兴战略的落地“更稳”

软件体系是考核“指挥棒”的落地工具，为银行服务乡村振兴提供系统支撑。目前，少部分银行在现有绩效考核系统中增加战略绩效管理功能，制定战略实时任务分解表、战略评分审核等，提升战略工作的流程化、规范化、线上化；通过“金融超市”营销系统等赋能银行战略业务发展，助力银行服务乡村振兴战略的落地“更稳”。

例如，B 城商银行在现有绩效考核系统的基础上开发战略绩效管理功能，将本行各项战略工作（含乡村振兴战略）纳入绩效系统，通过战略实施路线图、战略任务分解和战略评分等功能，进行战略工作的部署、分解和考评，各职能部门均可在绩效系统查看本部门的战略路线图、战略任务。考评期可通过系统完成评分，职能部室通过系统查看本部门考评得分情况。各职能部门可以实时更新和督导工作推进，借助绩效系统优化过程管控，实现战略工作系统落地（见图 5-5）。

战略实施路线图：年初根据总行战略规划工作，在系统绩效管理功能录入战略板块（如乡村振兴战略）、战略主题、核心举措、牵头部门、配合部门、对应标准分及评分人等信息。

战略任务分解表：对战略实施路线图中核心举措进一步细化，需在绩效系统继续录入细化举措：序号、关键任务、频次、开始时间、结束时间、评价指标、负责人、打分人、标准分等信息后进行提交审核。

战略评分审核：季度考核时，对各战略工作的牵头部门、配合部门、负责人等，根据设定好的评价标准在系统中进行线上打分。

战略考评结果：针对战略任务分解表细项设置查询功能，各职能部门可以在系统中进行查询，实时跟进战略工作任务完成情况，查看考评结果。

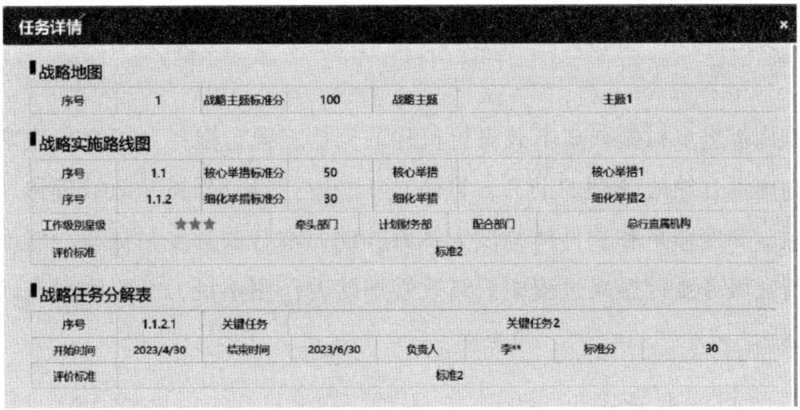

图 5-5　战略绩效管理功能

“金融超市”将超市的经营理念和运作模式植入银行，依托互联网线上化呈现金融产品，为消费者带来更加优惠的产品，创造更加便捷的消费场景，使金融产品超市化、大众化、服务多样化。同时，“金融超市”实现 7×24 小时业务在线浏览、预约，让客户享受行员“一对一”的咨询答疑，可自主选择办理方式、时间、地点等服务，最终有效提高效率和客户体验。“金融超市”还可实现现有产品实时更新、新产品实时上线，使行员、客户掌握最新的业务产品，满足更多客户需求，促进银行的后期经营效益提高。同时，该模式利用互联网技术探索全新的金融服务，通过线上线下一体化方式进行推广，可以更精准地定位金融销售场景，构建轻载化、高效率的联合营销新业态。

例如，C 农商银行通过“金融超市”上线存款、网络金融、贷款、循环贷等多种产品，行员通过“金融超市”的分享功能积极将产品信息转发到朋友圈，产品的浏览量持续上涨。客户可通过行员的二维码进入金融超市，一方面可直接通过打电话、发短信等渠道联系行员；另一方面可通过浏览各产品，针对特定产品咨询行员、在线预约以及分享到自己的社交媒体，对行员营销及产品推广均起到了有效的助力作用，促进银行战略业务发展，助力银行服务乡村振兴战略的落地“更稳”。

第三节　绩效管理助力银行服务乡村振兴的问题

全面推进乡村振兴离不开银行机构的支持，银行服务乡村振兴战略的有效落地离不开绩效管理的助力。目前，一些银行通过强抓绩效管理体系、文化体系、制度体系和软件体系四大体系，助力本行服务乡村振兴。然而，部分银行在服务乡村振兴过程中，绩效管理助力作用不足，主要体现在以下几个方面。

一、制度体系方面

制度机制建设有待完善，对银行服务乡村振兴战略“一个中心”建设的支撑不足，主要体现在以下几个方面。

（一）总行职能部室考核精细化不足，考核以定性为主

银行总行机关部室作为承接乡村振兴战略实施的职能部门，在乡村振兴战略实施过程中，起到承上启下的作用，然而银行总行机关部室工作内容来源于年度重点工作、日常工作、临时性工作。整体而言，事务性工作较多，工作周期不稳定，考核内容以上下级、协同部门同事的主观定性评估为主，导致考核过程难衡量、难评价，考核结果差距难拉开，激励性不足，考核“指挥棒”效果发挥不显著。

（二）分支机构以定量考核指标为主，定性指标考核不足

如表 5-4 所示，在 2021 年或 2022 年分支行经营绩效考评中，涉及乡村振兴考核指标以考评办法中定量指标考核为主。考核涉及的有涉农贷款增量、农村基础设施建设贷款、新型农业经营主体贷款、单户授信 500 万元以下普惠型农户经营性贷款增量、单户授信 1000 万元以下普惠型涉农小微企业贷款增量、涉农贷款增量占各项贷款增量比重、“乡村振兴主题卡”发卡量和涉农贷款不良率等定量指标。定性指标中个别银行仅涉及金融环境“农村综合金融服务站和其他金融基础设施建设情况”指标。

表 5-4　银行分支行经营绩效考评中涉及乡村振兴考核指标情况

银行名称	定量指标名称				
	贷款总量	贷款结构	贷款比重	金融服务	资产质量
G 国有银行	涉农贷款增量	1. 农村基础设施建设贷款； 2. 新型农业经营主体贷款； 3. 单户授信 500 万元/1000 万元以下普惠型农户经营性贷款增量	—	1. “乡村振兴主题卡”发卡量； 2. 农村区域银行卡受理市场建设数	涉农贷款不良率
E 城商行	涉农贷款增量	—	—	“乡村振兴主题卡”发卡量	—
K 城商行	—	1. 新型农业经营主体贷款； 2. 单户授信 500 万元/1000 万元以下普惠型农户经营性贷款增量	—	—	—
L 城商行	—	—	涉农贷款存量占各项贷款存量比重	—	—
M 城商行	—	单户授信 500 万元/1000 万元以下普惠型农户经营性贷款增量	—	—	—
N 农商银行	涉农贷款增量	—	—	“乡村振兴主题卡”发卡量	—
G 农商银行	—	单户授信 500 万元/1000 万元以下普惠型农户经营性贷款增量	—	—	—
P 农商银行	涉农贷款增量	—	—	—	涉农贷款不良率
Q 农商银行	涉农贷款增量	—	—	—	涉农贷款不良率

续表

银行名称	定量指标名称				
	贷款总量	贷款结构	贷款比重	金融服务	资产质量
J 农商银行	涉农贷款增量	单户授信 500 万元/1000 万元以下普惠型农户经营性贷款增量	—	—	—
W 农商银行	—	—	涉农贷款存量占各项贷款存量比重	—	—
U 农商银行	—	—	—	—	—
R 农商银行	—	—	—	—	—

资料来源：笔者根据相关材料整理。

（三）定量指标考核差异性较大，指标维度涉及面窄

如表 5-4 所示，在银行 2021 年或 2022 年分支行经营绩效考核办法中，一是从定量考核指标数量来看，部分银行考核涉农贷款增量和涉农贷款不良率等指标；部分银行考核单户授信 500 万元以下普惠型农户经营性贷款增量和单户授信 1000 万元以下普惠型涉农小微企业贷款增量等指标；部分银行仅考核涉农贷款增量占各项贷款增量比重指标；部分银行考核办法中没有涉及考评办法中定量指标，将涉农贷款和普惠涉农贷款等指标纳入各项贷款增量、普惠型贷款增量。二是从定量考核指标维度来看，大部分以增量考核维度为主，存量、增速考核维度涉及较少。

（四）缺乏阶段性审查和纠偏机制

部分银行在制定乡村振兴战略任务后，缺乏阶段性审查机制，仅在乡村振兴战略季度/半年度/年度结束后才进行战略评价。由于缺少过程性监督，部分银行不能确定乡村振兴战略目标是否达成，难以保证目标的实现。

（五）缺乏激励和约束机制

部分银行乡村振兴战略工作的落地没有匹配相应的激励和约束措施，乡村振兴战略工作目标是否达成与员工的晋升、薪酬等关联度不够，战略工作

是否按计划开展完全取决于员工的自觉性，完成好坏对员工个人的得失影响不大。

（六）产品考核集中在销售期，孵化期考核关注度不够

产品生命周期包括孵化期、销售期、衰退期三个阶段，需要根据产品生命周期对产品研设小组及营销人员执行业绩考核（见表 5-5）。在乡村振兴战略下，银行为更好地服务乡村振兴，开发涉农信贷产品等。然而，当前的产品考核集中在销售期，对产品孵化期考核关注度不高，产品研发期考核激励不足。

表 5-5　围绕产品生命周期考核方案设计

<table>
<tr><th>维度</th><th>孵化期</th><th>销售期</th><th>衰退期</th></tr>
<tr><td>产品研设小组</td><td>总行设置孵化期绩效总包，按照团队 OKR 得分核算考核期绩效分配总额</td><td>产品创利统算，按比例计提或按产品销量计价</td><td rowspan="2">直接退出市场，不再进行创利计提或产品计价。
二次孵化后再推出市场，研设期薪酬包按一定系数打折，销售按创利计提。
产品研设失败，由人为因素导致的，问责追责；非人为因素导致的，不予惩罚</td></tr>
<tr><td>专职人员</td><td>根据专职人员 OKR 考核得分，分配孵化期绩效总额</td><td>根据个人贡献度分配</td></tr>
<tr><td>兼职人员</td><td>积分制考核，根据贡献度分配孵化期绩效总额</td><td>根据个人贡献度分配</td><td>不考核</td></tr>
<tr><td>客户经理</td><td>不考核</td><td>计价奖励</td><td>不考核</td></tr>
<tr><td>中后台功能岗</td><td>不考核</td><td>计价奖励</td><td>不考核</td></tr>
</table>

（七）精准敏捷考核支持不足

乡村振兴背景下的银行支持目标核心在于充分满足农户、新型农业主体等的金融需求，即要坚持以客户为中心的经营理念。首先，在互联网、大数据等技术背景下，客户需求呈现个性化、移动化、场景化、体验化、社交化等特点，客户需求主导成为营销服务的特点。其次，大行持续下沉，对客户

群体进行“掐尖”，数字化金融快速发展，批量获客“长尾客户”，降低获客成本，银行面临的市场竞争越来越激烈。最后，部分银行客户意识、主动服务意识等还有待进一步提升。以上都要求银行全力挖掘本土化优势，持续下沉服务，既要“保存量”，又要“拓增量”，即要深耕客户运营，对于存量客户要强化运营管理，实现客户“保值、增值”；对于增量客户尽全力开发的同时，实施全生命管理和运营，将增量转存量，进而转化为银行的专属客户资产。客户的深耕运营和存增量市场，都要“快”，要快速识别客户需求，满足客户需求，快速迭代，及时响应市场环境变化、客户需求变化，相应地，绩效管理也需要实现精准敏捷的支持，支持考核导向及时向下传导，及时向上反馈，及时调整；支持快速分析和反馈，改进产品、服务策略、营销策略，支持对市场、目标实施的过程、结果，局部、全面的分析、管控、监督、评估，赋能决策。

绩效管理精准敏捷考核支持不足体现在三个方面。一是基于部分银行绩效管理基础薄弱、专业性人才缺乏等特点，考核制度调整及时性难度大。二是系统是支持考核落地的有效工具，从需求提出到上线使用周期压缩困难较大，特别是在很多银行系统建设都高度依赖总行建设及管理服务支持的情况下。三是绩效管理需要依赖于银行组织架构、业务模式、营销模式等进行设置，企业敏捷性的打造是一项系统性工程，需要一种敏捷机制、文化予以支撑。

二、管理体系方面

（一）战略工作保障机制有待强化，对银行服务乡村振兴战略“机制落地”的保障不足

目前，大多数银行在董事会层面成立了乡村振兴工作领导小组等，在运营层面设立了乡村振兴办公室、乡村振兴金融部等乡村振兴战略管理部门。然而，部分银行乡村振兴战略管理组织职能过“空”，主要体现在仅负责乡村振兴战略业务工作的审定，而没有深入战略实施和战略控制工作，并且在乡村振兴战略的宣传、实施、评价和反馈工作中投入不深、关注程度不够。银

行在服务乡村振兴中存在的主要问题有：一是战略管理部门缺乏对战略的分析和评价；二是缺少专职人员对乡村振兴战略执行情况和结果进行检查、管理和监督；三是缺乏乡村振兴战略实施和控制，战略实施是实现乡村振兴战略目标的核心，银行需要完善绩效评价机制，不断提高战略实施的有效性。同时，需要加强乡村振兴战略控制，确保战略实施的进度和成果符合乡村振兴战略的预期目标。

（二）缺乏战略工作分解工具，对银行服务乡村振兴战略“机制落地”的支撑不足

目前，部分银行将乡村振兴战略工作分解到总行各职能部门，通常会出现战略工作与职能部门工作脱节的现象，主要是因为中间环节缺乏工具支撑（见图 5-6）。总行在布局战略绩效管理后，需要通过“两图一表”工具，对战略进行逐级划分，分别生成战略地图、战略实时路径图及战略任务分解表。对战略路径责任到部门，对战略任务责任到人，分解后的战略任务，可以进行绩效评分，以评估战略的执行情况，使总行战略工作和职能部门工作有效承接。

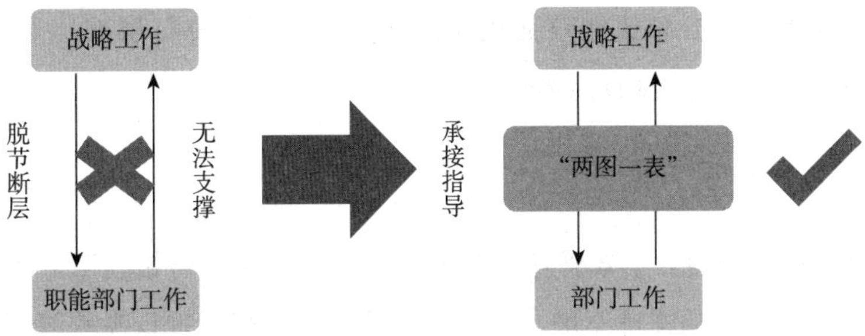

图 5-6 “两图一表”支撑战略承接

三、文化体系方面

在文化体系方面，对银行服务乡村振兴战略“心理落地”的支撑不足，主要体现在以下几个方面。

第一，战略传导不畅通。在乡村振兴战略规划和实施阶段，主要牵头者为董事会和经营管理层，中层管理者扮演配合者的角色，全行员工对乡村振

兴战略不了解，战略工作未有效传导至各层级员工，战略传导未做到逐层传导，传导不畅通。

第二，绩效运营机制举措单一。在银行服务乡村振兴中，总行制定匹配乡村振兴战略考核制度后，普遍采用总行对分行进行制度理念宣讲的方式，由分行对支行进行转培训，后续定期跟进落实情况（主要通过季度、年度考核进行监督），绩效文化建设举措单一。绩效文化的目标是通过日常持续的宣贯、反馈、评估、改进工作营造积极、凝心聚力的绩效文化氛围，通过绩效分析会、员工座谈会、绩效培训、支行辅导、绩效调研、效果评估等举措，让员工逐步确立总行倡导的共同价值观，逐步形成以追求高绩效为核心的优秀企业文化。

第三，各层级绩效文化建设定位不准。在银行服务乡村振兴绩效文化建设定位中，总行层面负责在全行构建高绩效文化；分行层面负责推动分行绩效文化建设；支行层面负责绩效文化工作在支行落地，员工层面重在参与、融入绩效文化工作，并对绩效文化进行反馈，形成绩效文化建设 PDCA 循环。然而，部分银行在服务乡村振兴中侧重总行层面绩效文化建设，明确文化建设定位。对分行层面、支行层面和员工层面绩效文化定位不准，绩效文化建设的侧重点不明确，导致绩效文化建设在总行层面、分行层面、支行层面、员工层面未形成有效的 PDCA 循环。

四、软件体系方面

在软件体系方面，绩效管理系统有待建立和完善，对银行服务乡村振兴战略“工具落地”的支持不足。绩效考核软件系统解决银行绩效管理中绩效体系搭建、目标管理追踪、考核过程管控和考核结果应用等难以数据化、标准化的问题，提升了绩效管理效率，降低了运营成本，使绩效管理过程和结果透明化，提升了考核的客观性、激励性。在实践中，各银行绩效管理基础、信息化建设水平不同，在绩效系统建设及其应用上千差万别，但都能在一定程度上为绩效专员“减负”，让绩效专员有更多的精力专注于绩效沟通、绩效反馈等工作，不断提升绩效管理水平。绩效考核系统可采用“双端”建设，即 PC 桌面端和手机移动端，特别是在金融科技的加持下，越来越多的产品

“上网”、办理“下网”，绩效考核移动端的需求越来越大，即“T+1”甚至“T+0”的考核，一方面能够及时释放激励效应；另一方面可帮助员工及时查看业绩完成情况，进而做好业绩完成规划。目前，大部分银行绩效考核系统建设依赖总行，或直接使用总行的系统，各分支行自主开发较少，移动端的应用更少。一部分银行的考核还处于手工工作阶段，考核呈现出粗放、效率低、成本高的特点。

另外，少部分银行能够有效实现乡村振兴战略工作的一个重要原因是拥有高效适宜的绩效管理系统。在信息技术的支持下，乡村振兴战略绩效管理电子化，实现了有效的信息反馈和信息共享，提高了信息的及时性和评价的客观性。目前，部分银行缺乏完善的绩效管理体系，绩效考核是阶段性的，绩效管理部门通常在年底一次性收集乡村振兴考核数据进行计算，得出考核结果。这种年终一次性考核，使银行管理者难以及时、有效地监控总行职能部门和分支机构乡村振兴战略的执行情况，削弱了绩效管理的效果与作用。

第六章　银行服务乡村振兴考核案例

回顾目前各行的战略规划，不少银行制定了乡村振兴业务行动方案，创新乡村振兴特色客群产品和服务模式，并体现在绩效管理体系层面。鉴于乡村振兴战略的区域复杂性与特色，本章通过对标杆银行案例的分析，梳理银行承接乡村振兴绩效考核的常见关注点。

第一节　银行服务乡村振兴的考核思路

从银行类别出发，承接乡村振兴战略的银行既有农信机构，也有其他类别银行。相比于其他银行类金融机构，农信机构需要更多考虑对省联社战略的承接。银行承接乡村振兴战略的绩效考核方案设计包含省联社考核设计和农信法人机构考核设计两个层面。

一、省联社考核设计层面

从考核结构上，省联社应当关注“五个主导、一个指导”的考核设计。其中，“五个主导”即机关部室考核、业务条线考核、法人机构考核、法人机构高管考核、软件平台建设，“一个指导”即法人机构内部考核。

在考核导向设计上，省联社可结合辖内地区与法人机构发展的差异性，分层分类设置业务考核体系，对于发展阶段相对领先的机构，可适度将规模性指标权重逐渐转向质效型指标，引导乡村振兴业务做深、做细、做好。

在考核管控模式上，省联社同样可结合辖内地区与法人机构发展的差异性，在分层分类基础上实现垂直考核干预度的灵活管控，即针对发展相对领先的法人机构，对法人行社的考核体系内容设置一定自由度权重，由法人机构结合实际情况对考核内容进行补充，且对于此类机构，可赋予法人机构“一把手”一定的考核权限。当前，这在各地省联社对法人机构强管理的背景下不易实施，比较接近这类情况的案例如江苏张家港农商银行，由于其发展大幅领先系统内平均水平，其内部考核基本自成体系。相应地，对于发展情况相对滞后的法人机构，省联社做统一的考核要求即可。

在考核指标设计上，省联社层面可重点关注乡村振兴考核指标设置的复合性与关联性，即用尽可能少的指标量覆盖较全面的经营指标要求。比如，小额农贷户数的考核，可以兼顾贷款余额增速指标与普惠扩面的需求。

除上文所述，省联社条线管理部门的考核要求中，还应结合“管理、指导、协调、服务”的职能关联，尽量设置可落地的评价指标。

二、农信法人机构考核设计层面

结合天维公司20余年与银行合作绩效管理项目的实践经验，总结农信法人机构承接省联社绩效考核体系的设计思路，如图6-1所示。

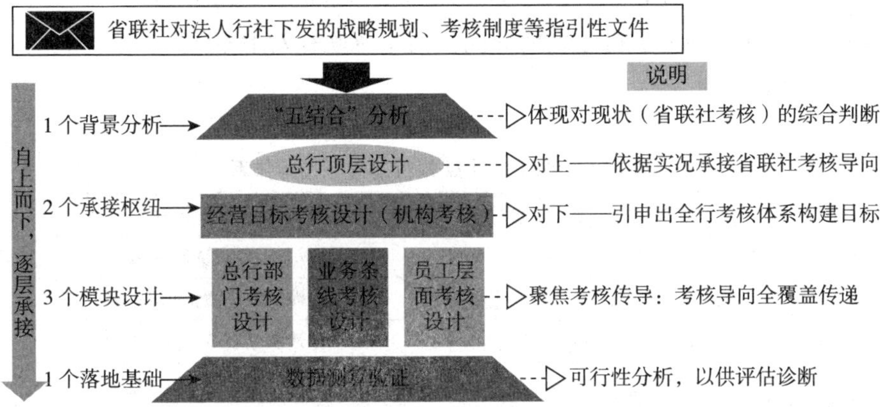

图6-1 农信法人机构承接省联社银行绩效考核体系设计思路

由以上设计思路可见，以省联社下发的战略规划作为总纲领，具体对绩效考核体系的设计思路可表述为“1231”——1个背景分析、2个承接枢纽、3个模块设计、1个落地基础。首先，需要依据实际情况对现状进行综合判断，可基于区域外部经济形势、银行内部发展阶段、绩效管理基础、银行发展战略以及“一把手”管理风格（天维公司提出的“五结合”理论）进行综合判断，在此基础上进行考核设计。设计内容包含考核顶层设计，即绩效管控模式与绩效管理导向，此部分与银行自身经营管理基础高度结合，重点在于绩效考核细则的设计。

绩效考核细则的设计包含经营目标考核的设计（对分支机构的考核）、总行部门考核的设计、业务条线考核的设计和员工层面考核的设计，最后在制度制定前，需要结合往年经营数据以及当年任务情况等进行模拟测算。

第二节　银行服务乡村振兴业务考核设计案例

一、H 银行承接省联社考核导向的绩效考核体系

H 银行是华东地区的一家县域法人机构，其存款规模约 500 亿元，贷款规模约 300 亿元。省联社对辖内法人机构采取分层分类考核方式，突出体现发展普惠金融、助力乡村振兴的导向，当年省联社对 H 银行的考核指标体系如表 6-1 所示。

表 6-1　省联社对 H 银行的考核指标体系

<table>
<tr><th>一级指标</th><th>分值</th><th>二级指标</th><th colspan="2">三级指标</th></tr>
<tr><td rowspan="8">普惠金融发展</td><td rowspan="8">330</td><td rowspan="3">支农支小</td><td colspan="2">各项贷款占比</td></tr>
<tr><td colspan="2">涉农及小微企业贷款占比</td></tr>
<tr><td colspan="2">涉农及小微企业贷款增速</td></tr>
<tr><td rowspan="5">零售转型</td><td colspan="2">大额贷款占比</td></tr>
<tr><td rowspan="2">扩面</td><td>居民家庭授信签约率</td></tr>
<tr><td>居民家庭用信率</td></tr>
<tr><td rowspan="2">电子银行业务拓展</td><td>线上信贷业务占比</td></tr>
<tr><td>手机银行客户占比</td></tr>
</table>

续表

一级指标	分值	二级指标	三级指标
存贷款增长	200	日均存款增长	—
		日均贷款增长	
		存款市场份额	
		贷款市场份额	
风险控制	200	不良贷款比例	
		逾欠息贷款占比	
综合收益	150	净收入费用率	
		人均创利	
		资产利润率	
合规经营管理	120	监管指标	
		流动性管理	
		案件防控	
		信息系统管理	
		重大突发事件	
		信息披露	
合计	1000	—	—

（一）省联社对 H 银行的考核传导

由表 6-1 可知，省联社对 H 银行的考核体系中，普惠金融发展权重最高，充分体现了农信系统服务“三农”的社会责任和“百姓银行”的定位。

（二）H 银行在经营目标考核体系方面的传导

承接省联社考核体系，在经营目标考核体系方面，H 银行做如下承接设计。

第一，考核思想和原则。借鉴省联社以分层分类为基础的经营管理考核模式，承接省联社考核导向，以普惠指标为评价重心，将辖内 45 家机构进行分类，拟定城区、城郊和农区机构差异化考核办法。

第二，考核模式。结合单项评奖、等级行等考核制度，短期考核与长期评价相结合对经营机构进行考核。

第三，考核指标。承接省联社人均类指标和市场占有率的要求，H 银行在经营目标考核权重分配上以规模指标为主，并设置有效考核资产客户数净增指标。此外，对于机构考核加大贷款户数任务指标权重，从而在指标维度、考核激励力度等方面确保对普惠金融、乡村振兴业务的有效传导。

（三）在总行部门/业务条线层面的传导

承接省联社和本行经营目标考核体系，对总行部门/业务条线的考核体系方面做如下承接设计。

第一，考核规则。采用3K考核体系，即关键业绩指标（KPI）、关键工作任务指标（KOI）、关键行为指标（KBI）。围绕普惠金融、乡村振兴等一系列经营主题将考核内容梳理得更精细、将阶段性目标制定得更详尽、将各项资源配备得更充分。

第二，任务下达。对于量化指标，机构经营目标任务的设定权重紧扣省联社对应的刚性经营任务指标，如涉农及小微企业贷款增速、居民家庭用信率等，同时为了体现精细化管理和适当激励的原则，将总体目标任务值分解至条线部门，区分不同档次的目标任务值，以此为基准，制定各家经营机构增长率的考核指标。

第三，指标分解。H银行根据自身的产品、渠道、客户群体情况对指标进行分解，形成更精细化的指标。如已走访客户授信面、自然人（含“阳光信贷”）、小微企业类贷款客户数增量及贷款余额增量任务等。

（四）在员工考核层面的传导

结合前述设计内容，在H银行员工考核层面做如下承接设计（见表6-2）。

表6-2　H银行员工考核体系设计

绩效工资项目	设计简述
个人绩效	1. 一线员工以计价方式为主（计价绩效指标单价向零售小微倾斜，对涉农类的不良扣罚设置容忍度，对客户经理在普惠贷款营销投放采用倍化奖罚，并加大有效考核资产客户数净增计奖力度），其他非一线员工以全员营销绩效作为个人绩效； 2. 部分机构二次分配考虑增幅拓面贡献的指标； 3. 采用与个人任务关联的计价式的考核方式

续表

绩效工资项目	设计简述
团队绩效	1. 与团队任务完成情况挂钩（二次分配管理中结合团队的定位及导向，有侧重性地进行资源倾斜）； 2. 与团队（经营机构）的考核挂钩； 3. 团队绩效采用同比模式的考核，即采用员工任务完成情况/单项指标排名情况计算考核得分
履职绩效	与岗位职责匹配设计考核指标，同时体现过程性工作的完成情况
等级工资	体现员工长期能力成长，涉及如何科学评价员工的成长

H银行在设计自身的考核制度时，按照省联社对于突出发展普惠金融、助力乡村振兴的要求，在考核原则上“紧贴要求、突出重点”，思路上“清醒定位、因势利导”，方法上“承接分解、连贯一致”，以达到符合上级机构考核要求和自身发展的协同和统一。

（五）H银行案例小结

H银行作为一家扎根县域的农信法人机构，是落实乡村振兴战略的主力军之一。在H银行通过绩效考核工作落实乡村振兴战略的工作中，始终保持上承省联社要求，立足地方实际构建绩效考核体系的原则。

H银行在机构经营目标考核、业务条线考核、员工考核层面贯彻落实上级机构的要求，在流程上具备可复制性，尤其对农信法人机构这一类典型的银行来说，实施路径可操作较强。

二、服务乡村振兴的T银行内部绩效考核体系

T银行地处华中地区，是所在地级市服务人员最多、服务网点最多、服务范围最广的地方法人银行。存贷款规模均位居当地金融机构前列，其存款规模约120亿元，贷款规模约70亿元。T银行秉持服务“三农”的初心和支农支小的使命，贯彻落实党和政府的农村金融政策，积极推进普惠金融发展，助力乡村振兴，为当地农业企业和民营小微企业的健康发展提供支持。

（一）考核承接战略

第一，落实优化信贷结构。T银行对支行设定涉农贷款和小微贷款占比

任务考核指标，严格要求支行将信贷资源向符合政策要求的涉农、小微企业倾斜，加大对实体经济、乡村振兴的信贷支持力度。在员工考核层面，T银行对于涉农、小微企业贷款按照高于其他类型贷款的奖励标准进行考核，将绩效考核的导向作用传导至每一位行员，自上而下推动，自下而上推进。

第二，提高普惠金融水平。拓宽贷款渠道，实行线上、线下相结合的方式，创新“惠农快贷”“房抵贷”“存单质押贷”“公积金贷”等线上信贷产品，以考核助推信贷线上化转型，以考核辅助信贷产品推广与落地。

第三，落实综合金融服务站点建设。通过绩效考核加强便民服务站的选址建站、维护运营工作，打造“一站式、多功能、综合性”普惠金融便民、利民服务站，打通金融服务的“最后一公里”，发挥金融服务站点服务乡村、服务居民的作用。

第四，落实全面金融风险防控措施。通过在贷款种类、贷款户数、贷款金额的差异化考核，鼓励员工增户拓面、做小做散、支农支小，将信贷风险分散，避免信贷风险过于集中。加强贷款质量考核，严格按照五级分类与资产减值计提进行考核，同时对贷款权限和贷款责任进行区分、认定，落实风险防控主体责任，实现“谁投放、谁考核、谁收益、谁负责”，避免责任混淆导致的客户经理出现恐贷、惧贷现象。严格落实客户经理薪酬绩效延期支付与追索扣回机制，强化员工风险意识。

（二）考核实施方案

考核结构总体可分为四大体系，即以机构考核作为目标考核整体统筹项目，以业绩计价考核作为即时激励项目，以专项方案考核作为年内灵活考核项目，以网格营销考核作为差异化考核项目。

第一，机构任务考核。严格按照省联社要求，将支行任务考核指标中乡村振兴相关指标权重设置为10%，包括涉农贷款新增占比、普惠型小微企业贷款增速、普惠型小微企业贷款户数占比、农村信用体系建设、绿色信贷和扶贫贷款6项指标。

第二，业绩计价考核。根据不同贷款种类，如绿色金融、涉农+企业、涉农、非农+企业、非农、按揭等，设置调节系数实施差异化考核，发挥绩效考核“指挥棒”作用，传导银行支农支小的战略定位。

第三，专项方案考核。制定“T银行关于开展2022年线上信贷产品营销推广专项考核方案”，通过对“惠农快贷”“移动营销”的考核，发挥线上渠道优势，以点带面推动客户拓展，加快信贷产品线上化转型。制定“T银行关于推进‘整村授信’和信用村创建工作实施方案”，深入推进普惠金融，助力乡村振兴，大力推进社会信用体系建设，全面实施“整村授信”和信用村创建工作。

第四，网格营销考核。对支行进行属地考核，网格营销过渡期实施网格内业务和网格外业务差异化考核，稳定实施后只对支行下辖网格业绩进行考核；针对不同支行内网格客户特征，如农户、商户、企业等制定不同业务策略，结合网格差异开展特色化业务，匹配对应的资源，根据业务差异实施差异化考核，实现一行一策，一网（格）一策；充分利用信息采集成果，结合行内现有客户业务数据，评估网格内客户业务增长情况和覆盖情况，挖掘网格内业务潜力。

（三）考核配套措施

1. 组织保障层面

乡村振兴金融部下设总行信息采集中心，专职负责信息采集和整村授信工作，为实施网格化营销做好基础信息维护校准工作。对完成信息采集及整村授信的信息采集人员进行激励，对未完成既定任务的人员进行扣罚。

2. IT系统层面

（1）开发客户信息采集管理功能（导入、修改、查询），包括客户基础信息、家庭信息、职业信息、资产信息、业务信息、社会信息、评议信息等，保障信息采集人员获取的客户信息及时准确地录入和查询。该模块可以直观呈现采集客户信息、客户在银行的业务情况（资产、负债、产品），为后续评估客户价值贡献、网格覆盖面、产品精准营销提供系统支撑。

（2）开发获客平台客户用信管理功能，对接当地“金融生态·生活”平台，将上游平台专属营销海报营销的客户通过与绩效系统用信数据匹配、客户用信结果反向传输至平台，进而核算平台奖励。另外，通过该功能，营销人员可以直观查询营销客户的用信情况，及时跟进，落实营销成果。

（3）开发网格单位贡献度管理功能，通过对比不同时期各村（社区）在全行客户数、存款模拟利润、贷款模拟利润、存款规模、贷款规模、资产质量、社保卡等方面的变化情况，评估网格贡献和风险偏好，以制定差异化营销策略；同时，通过对比可以体现不同网格业绩变动情况，检验支行网格管理、网格营销的成效。

（4）开发营销地图机构及村组管理功能，通过与采集客户信息匹配，集中展示网格内客户在行内不同机构的开户和业绩情况，有助于明确客户网格归属，便于后续客户维护和网格业绩考核。

3. 绩效运营管理层面

（1）月度跟进：每月跟进支行业务开展情况，分析支行重点业务指标变动，及时发现业务短板。

（2）季度评估：每季度对全行经营任务、支行经营任务、绩效兑现情况进行分析评估，评估绩效兑现与业务变化的匹配度，评估绩效考核激励和导向作用的效果，及时诊断、及时发现、及时改进。

（3）年度总结：总结年度规模、客户、效益、风险、结构等方面的变化，根据现有业务结构制定下一周期经营策略，同时配套设计与之对应的薪酬预算方案和绩效考核方案，确保薪酬资源与战略规划相匹配。

（四）T银行案例小结

T银行通过构建管理、文化、制度及IT系统软件四个层面的绩效管理体系，确保乡村振兴战略能得到贯彻。

在实施层面，通过以上四个层面的工作，确保乡村振兴战略在绩效管理工作中的落地效果（按天维公司对银行绩效管理的效果分层理论来进行回顾）——T银行通过完备的IT系统支撑确保了绩效考核“指挥棒”可以及时准确地反映考核结果。此外，匹配不断完善的绩效运营管理机制和绩效考核制度提高员工对考核的认知度、接受度和重视度，进而将乡村振兴战略落地在对员工的激励管理工作层面。最终，通过上述工作，使岗位绩效与组织绩效的协同得到强化，进而助力乡村振兴战略经营任务目标的实现。

回顾T银行案例，通过夯实做好绩效管理工作，从管理、文化、制度及IT系统软件四个层面做好保障，对于预期效果的实现可以清晰可控。这需要银行本身具备一定的管理基础，对于非农信的银行类金融而言，无疑是值得借鉴的落地思路。

三、Y银行服务乡村振兴的绩效考核配套机制

Y银行地处西南，所在地级市的农村人口约占全市人口的2/3，是一个典型的“农业大市”，Y银行存款规模约300亿元，贷款规模约240亿元。

2018年，党的十九大吹响了乡村振兴的号角，这为因农而生、因农而兴的Y银行指明了方向、明确了重点——深入农村，支农惠农，做本地广大农民身边实实在在的百姓银行。乡村振兴战略赋予Y银行履行金融服务的崭新使命，在绩效管理层面，Y银行以承接各项经营管理措施为主线，进行大胆创新改革。

（一）管理扁平化，明晰考核促激励

一是探索实践条块化布局模式。按照“总行管总、条线主建、支行主战、网点主攻”的原则，优化组织架构布局，下沉重心，开展精准营销和对位营销。

二是探索实践扁平化管理模式。推行“定人员到网点、定任务到网点、定考核到网点、定费用到网点、定绩效分配到网点”的人力资源管理模式，逐步提高计价工资比重，促使网点真正成为“战斗部”，每名员工真正成为“战斗员”，推动“走千访万”、支农支小工作取得更大进展。

三是运用好考核“指挥棒”。围绕“经营管理、坚守定位、监管保级、等级保位、不良攻坚”五大目标，分层落实“总责任、分责任、主要责任、挂联责任、主体责任”五大责任，实行全员营销、全员考核，通过明确目标、明晰责任、透明考核、严格奖惩，调动干部职工干事创业积极性。

（二）增设乡镇涉贷网点，下沉金融服务

在业务层面增设乡镇涉贷网点，并在全辖建制村设立“乡村振兴金融服务工作室”，公示行内工作人员、联系方式以及金融产品、金融服务。网点负

责人作为辖内乡村振兴金融服务工作第一责任人，担任金融夜校校长，宣传国家惠农政策，开展反假币、反金融诈骗、阳光信贷培训，为辖内农户介绍先进种植养殖技术，给予返乡创业指导，为农业生产、销售提供咨询服务。在面向总行乡村振兴部等业务部门的考核指标体系中引入匹配的指标内容，在对涉农网点的经营考核中也有所体现。

此外，为保障绩效管理匹配业务发展的推行，Y 银行对内加大培训力度，聘请高校、培训机构教师，为管理团队、客户经理培训“农村金融业务创新”“供应链金融小微金融”等金融知识，提升服务“三农”的能力，引导青年骨干走向前台，扎根基层，打造了一支“懂农业、爱农民、爱农村”的“三农”金融服务队伍。

（三）开展“普惠金融及扩面强基”攻坚战，做实“三农”服务

在全行开展“普惠金融及扩面强基”攻坚战，扎实推进“整村推进”评级授信工作，建立健全农户基础档案，做到“建档立信”全覆盖，并将此类工作引入客户经理个人履职考评体系。

此外，涉及对客户经理的考核以突出计价到人为主，将各项可量化的工作指标以单价或贡献度积分方式体现在对支行与客户经理的考核中。其中，对于支行主要考核团队，注重指标的整体贡献度，并在每季度末结合全辖贡献度积分进行奖金竞包；对于客户经理，侧重考核到人，且按月兑现。

需要承接的业务内容包括：充分发挥村组干部、农综站站主的作用，以客户经理包片的方式，划分营销责任范围，对接种植养殖大户、农场主及小农户的资金需求，并结合乡镇情况开展各种活动，及时进行普惠金融宣传工作。积极与农业农村局等外部主管部门对接，掌握重点支持名单，明确目标、强化考核，在传统农户、个体工商户等“三农”零售客群中精准营销，充分发掘农户的家庭消费和生产经营资金需求，加强对当地乡村振兴领域的优质项目、重点产业、重点客户产业链客户群的营销，保障金融供给。

（四）健全农村产权融资体系，创新金融产品

一是持续创新农村产权抵押融资模式；二是探索“交易鉴证+”融资体

系；三是完善风险缓释机制，积极支持推广“龙头企业+农民专业合作社+农户”“龙头企业+家庭农场+农户”等各类“产业链金融”多种模式，完善贷款风险机制。

Y 银行对照各项产品目录在业绩关系管理层面进行了完善，根据不同产品业务类型重新分配了业绩关系归属，并完善了新增业绩的认领匹配机制，在充分调动员工营销积极性的同时兼顾了风险控制要求，确保了考核到人的管理基础。

（五）聚焦特色农业产业融资，加大“三农”信贷投放

在特色农业产业融资方面，Y 银行秉承总行部门年度考核体系，覆盖了对业务条线部门在以下重点工作指标的考核。

一是完善粮油产业链金融服务体系。继续全力支持现代农业园区建设，以辖内岷江现代农业、泡菜产业园区、中法农业科技园等为依托，深入推进农业供给侧结构性改革，通过“整村推进”“走千访万”工作，深入田间地头调研农村产业需求，根据区域产业特色，支持具有典型“三农”特点的专业合作社、致富领头人，通过以点带面的方式辐射周边农户和上下游产业。

二是做强特色果林种植，强化农业产业链、供应链金融创新，围绕产业链、供应链核心企业，制定“一企一策”覆盖上下游涉农企业的综合金融服务方案，强化辖内品牌农业发展的信贷支持。

近年来，Y 银行着眼农业供给侧结构性改革和“三农”转型趋势，以新型农业经营主体、特色农业基地、现代农业园区等核心主体为阵地，创新“两权”融资贷款、新型农业经营主体补偿贷款，通过“政府+银行+新型农业经营主体+农户”的农业产业链服务模式，变“输血”式扶贫为“造血”式扶贫，辐射带动了数百名贫困户通过在核心主体务工或发展相关生产脱贫，户年均增收 3000 元以上。

Y 银行以经营管理目标为引领，将绩效考核作为配套举措，将各项能分解到具体执行环节的指标作为支持保障。Y 银行的做法相对简洁易行，管理成本相对较低。

第三节　承接乡村振兴业务的绩效考核成效

各银行（尤其是中小银行）间虽然存在一些区域性差异，但在普惠金融支持、农村信用体系建设以及对地方重点产业支持等方面存在一定的共性。基于所在区域特征，银行在绩效考核方法上同样可以相互借鉴，以确保乡村振兴战略得到有效贯彻落实。

一、承接乡村振兴业务中绩效考核面临的挑战

（一）目标客群需求金额小、分布广、差异大

农村地区金融服务对象主要为普通农户，以及少量的种植养殖大户、家庭农场、新型农业企业等各类农业经营主体。以上金融服务对象，除了部分新型农业企业规模较大、管理较为规范外，其他主体表现为规模偏小、分布广泛、个体差异大、流动性大。这一情况体现在绩效考核层面主要是在绩效考核导向的聚焦方面应做好平衡，从普惠金融角度出发，不应提倡效益导向的绩效考核，但从当下银行所处的经营环境来看，必然需要考虑稳健经营，这需要在绩效考核办法制定阶段结合历史数据及当年任务预期进行预算规划，确保对经营单位起到有效激励作用的同时保证对银行经营目标的支撑。

（二）服务成本高、信息不对称的痛点突出

由于农村地区金融服务金额小、分布广、差异大等特点，而且以全信用无担保为主，风险成本高、运营成本高。此外，由于金融服务对象分布广、差异大，信息获取难度大，成本高，且难以确保客观性、真实性，信息不对称的问题尤为突出。在工作中突出反映为“熟人模式”的困惑，即客户经理只对自己熟悉的客户发放贷款，导致农村地区贷款难、贷款贵和农商银行农村网点贷款放不出、贷款规模萎缩的现象并存。这一现象体现在绩效考核层面，需要关注在业绩关系管理与贷款业务绩效考核方面的精细化，对于不同类别的贷款，结合利率、担保方式、贷款品种等因素，应细化区分体现，帮助客户经理对个人绩效管理形成更清晰的认知和规划。此外，还应关注员工

业务素质、员工等级评定工作的精细化（特别是客户经理序列岗位）。

二、绩效管理效果好的原因

（一）高度的重视

国家层面，《中华人民共和国国民经济和社会发展第十四个五年规划和2035年远景目标纲要》“坚持农业农村优先发展，全面推进乡村振兴”。落实到区域层面，以湖南省××农商银行为例，即参考《湖南省“十四五”农业农村现代化规划》中“全面推进乡村振兴、加快推进农业农村现代化”。在系统层，关注《湖南农信系统2021—2025年改革发展总体规划》中“将全省农商银行建设成为农村金融企业，争当名副其实的农村金融主力军、地方金融排头兵、普惠金融领跑者”；在银行层面，“××银行2021—2025年发展战略规划”中“坚决执行党建共创，推动金融普惠深度融合工程”，自上而下高度重视乡村振兴工作，为乡村振兴工作的有序推进提供有力支撑。

（二）清晰的顶层设计

绩效管理为实现战略而服务，有效的绩效管理需要清晰的顶层设计作为前提保障——一方面应确保战略解码的清晰度，另一方面应确保战略管理机制的完整性。此外，就绩效管理顶层设计而言，对于绩效考核权限管控模式、业务考核导向以及激励模式方面均需要紧贴现状制定。

（三）健全的督导机制

领导班子定期召开工作推进会议，充分发挥督查考核抓落实的作用和做好督查问效保障工作。例如，建立领导班子—挂片部室—支行三级联动督导机制，协调资源配置、推进工作落实，狠抓问题整改、评估工作成效。

（四）完整的考核体系

做好薪酬规划与费用预算工作，例如，可以单列乡村振兴板块，专包专用，实现战略导向与薪酬、费用资源流向的一致性；做好考核制度规划，衔接乡村振兴战略，明确考核指标、考核标准、奖罚规则，发挥绩效考核“指挥棒”的作用，切实实现过程可监控、结果可评价；做好定期评估，分析乡村振兴业务工作进度，分析薪酬资源兑现情况，评估业务与薪酬的一致性，对业务层面和薪酬层面进行深度诊断；做好绩效改进，定期通报相关业务与薪酬数据，总结经验，明确不足，及时改进。从计划—实施—评估—改进形成绩效管理闭环，发挥绩效考核的价值。

（五）灵活的 IT 系统工具支撑

充分发挥绩效考核的作用，及时对接上游数据，将业务数据分析处理后进行展示，可以准确获取全行、机构、个人业务指标完成情况；通过业绩关系管理、考核方案配置，系统自动核算绩效，提高效率和准确度，强化绩效考核及时激励作用。

三、保障绩效考核成效的配套机制

结合对多家银行实施乡村振兴战略的成效与举措来看，不仅要在绩效考核方面充分发挥“指挥棒”作用，还要在业务经营层面关注配套机制建设。

（一）坚定不移走普惠金融道路

一是提高金融服务精准匹配能力，重点满足“三农”和小微企业个性化、差异化、定制化需求。将业务重心回归信贷主业，确保信贷资产在总资产中保持适当比例，投向“三农”和小微企业的贷款在贷款总量中占主要份额。二是严格控制大额贷款投向和投放比例，合理降低贷款集中度和户均贷款余额。三是科学测算“三农”和小微企业信贷增长年度目标，确保这两类贷款增速和占各项贷款比例稳中有升，辖内农户和小微企业建档评级覆盖面和授信户数有效增加。

（二）深入推进农村信用体系建设

积极与中国人民银行、市发改局、市财政局等社会信用体系建设主要成员单位协调和配合，争取市政府协调处理好部门之间数据的共享问题，为归集农村土地、房屋、林权确权等农户信息数据提供帮助。加强与乡镇、街道党委、政府合作，联合推进“党建共创、金融普惠、助力乡村振兴”行动，持续深入开展入户走访活动，推进农村信用体系建设，助力乡村振兴。对于农商银行来说，应重点关注打造信用村，深入开展整村授信，并将评级授信农户信息录入惠农快贷白名单，客户经理实行“一对一”服务，提高已授信农户的用信率。

（三）加大地方产业对接支持力度

一是对接特色产业，予以重点扶持。以某行实践为例，可参考乡镇“一乡一业、一村一品”规划，积极对接乡镇党委、政府、村组，在辖内选取1~2个优势特色产业予以重点扶持，对产业链涉及的潜在客户加大信贷资金倾斜力度，用金融活水“贷”动产业发展。二是对接重点群体，提供差异化服务。结合当地政策开展精准对接服务（如某行承接当地“一户一产业工人”培养工程的政策，实行“一户一策”制度）。三是强化银企合作关系。坚持市场化原则，针对重点农业企业建立和完善“一对一”的合作关系。针对不同类型、不同发展阶段农业企业的特点，设计专项信贷产品，充分发挥当地中小企业融资担保公司作用，解决贷款增信难题。

第七章　银行服务乡村振兴的建议与举措

在乡村振兴战略背景下，银行要加快推进经营模式转型升级，要求金融从业者从过去对较少数农户的信贷支持转变成大范围客群的支持；从过去扶贫式的支持转变成对农户生产经营能力提升的支持；从过去以完成指令式业务任务为目标转变为以自主的经济效益业务模式为目标。银行需要探索可持续的经营模式并制定相应的战略目标，围绕战略目标，挖掘乡村振兴业务发力点，并完善保障业务发展的管理职能体系，通过充分发挥绩效管理“指挥棒”“发动机”的作用提升金融服务乡村振兴的能力和水平。因此，本章构建了银行服务乡村振兴“战略—业务—职能—绩效管理”全景图（见图 7-1），针对银行如何服务乡村振兴，从战略规划引领、业务发展、职能保障、绩效管理四个方面提出策略建议。

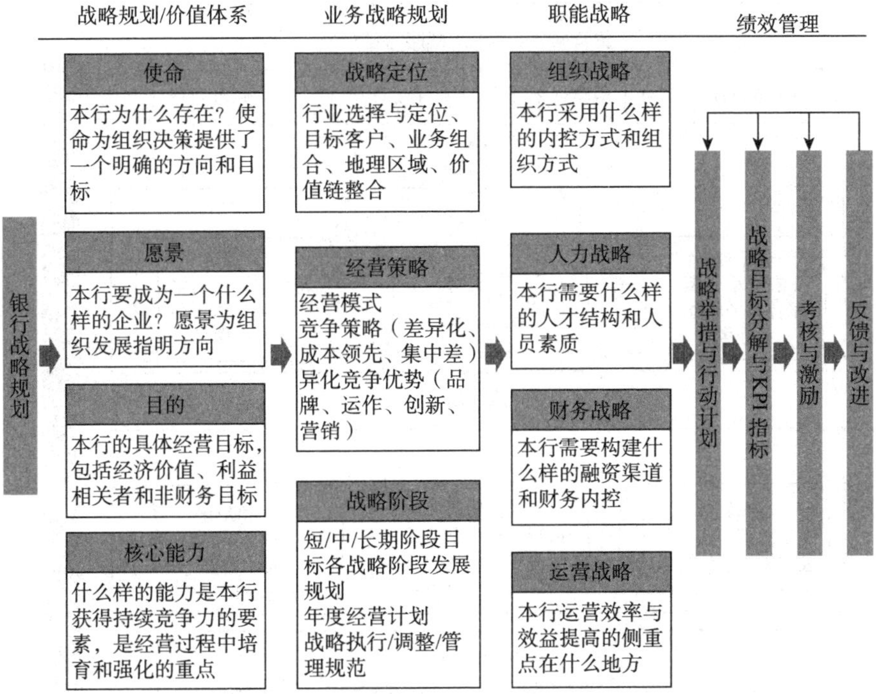

图 7-1　银行服务乡村振兴“战略—业务—职能—绩效管理”全景图

第一节　以战略为引领，全面推进乡村振兴

银行系统如何助力乡村振兴？首先从战略规划上进行引领，银行要将服务乡村振兴作为发展转型的战略性业务推动，找准自身服务乡村振兴战略的着力点，做好全面系统布局，规划发展实施路径，稳扎稳打，阶段性推进战略实施。

一、注重乡村振兴战略的系统性规划与布局

要推进乡村振兴业务的落地实施，实现战略目标，银行需要对服务乡村振兴战略进行系统性规划和布局（见图 7-2）。

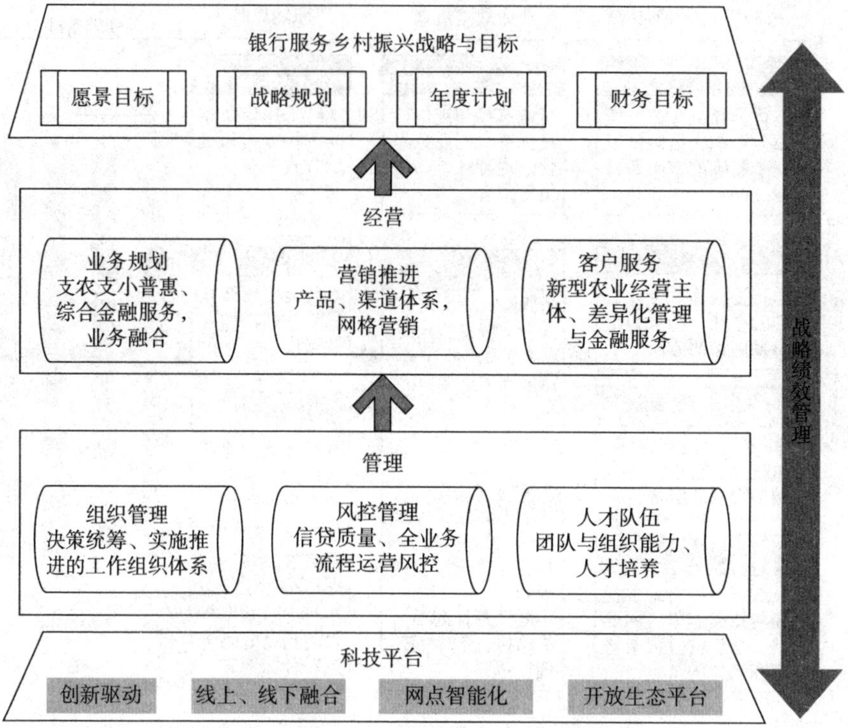

图 7-2　银行服务乡村振兴战略系统性规划及布局

首先，基于自身的发展基础和环境制定发展愿景与中长期规划，并将规划分解成年度计划，明确短期目标导向与行动方向。其次，将目标计划落实到经营层面，制定业务经营层面的战略，包括与乡村振兴相关的业务整体规划、业务内容及方向；制定相应的营销策略，围绕产品、渠道等完善规划及目标；精准定位乡村振兴业务服务的客户主体，明确客户管理与服务目标及计划。再次，配套相应的职能管理战略，明确乡村振兴业务发展推进的工作组织体系以及人员，在风控、运营管理层面进行设计以保障乡村振兴业务平稳有效推进。最后，在数字化转型的浪潮下，乡村振兴的可持续发展，需要强大的数字科技平台做支撑，促进线上、线下业务融合推进，为业务拓展提供数据、技术方面的管理与决策支撑。此外，需要注意的是，绩效管理作为战略落地的“指挥棒”和“发动机”，需要以战略计划目标为中心，实施战略绩效管理，要围绕乡村振兴业务经营管理活动制定绩效管理体系，促进绩效管理流程与业务管理推进流程融会贯通，科学、精准、有效地激励业务环节、个人及团队，实现乡村振兴业务绩效目标。

二、紧扣银行服务乡村振兴的战略着眼点

（一）强化党建引领

促进乡村振兴，是党的十九大做出的重大决策部署。金融机构支持乡村振兴，既是政治使命，也是拓展农村市场的历史机遇。银行在服务乡村振兴中，要强化党建引领作用，以党的建设统领银行业务各环节，通过着眼于“党建+金融”，结合发展实际，主动融入乡村振兴建设。推动党建工作和业务工作深度融合，强化统筹协调，坚持把党建工作与业务工作同谋划、同部署，积极寻求党建工作与乡村振兴的结合点。

（二）聚焦普惠金融

银行服务乡村振兴与普惠金融存在诸多契合点，加快推动普惠金融业务发展，多点发力，为乡村振兴赋能增效。

聚焦普惠金融，服务乡村振兴，一是要持续打造普惠金融服务体系，推进普惠金融业务，进一步将服务触角延伸至乡村，开设农村普惠金融综合服务点，多措并举增强普惠金融供给，更好地满足乡村振兴多样化金融需求。

二是融合乡村振兴业务，从不同维度创新普惠业务服务模式。在普惠业务进入新阶段，可以从产业、产品、客户等维度推进普惠金融高质量发展，促进乡村产业与人才发展、农村生态与基础设施建设等乡村振兴业务目标实现。

（三）融合数字建设

数字化转型已成为银行发展方向，当前银行推进金融服务乡村振兴，在战略层面需要着眼于强化其与数字化转型的融合规划。

一是搭建服务乡村振兴业务发展的科技系统平台。银行服务乡村振兴业务的开展，面向的是农村、农业、农民，需要在服务触达和信息信用体系等方面进行建设。目前，很多银行推进的网格化营销“建档立卡”工作，本质

是建立客户信用管理体系，而这一工作的有效推进需要建设科技平台系统，以更高效地存储、处理、分析客户数据。中国农业银行宁波分行与梁弄镇政府于2021年共同打造了镇级数字乡村平台——“五彩梁弄”平台，平台板块包含文旅、党建、宣传、民生、金融等，游客和村民需要的吃、住、行、购物、金融等信息都在这个平台汇集。①

二是促进银行数字化平台建设的融合。银行要以全行系统性视角规划打造乡村振兴业务的科技系统平台，避免重复建设和资源浪费，打破各系统间数据壁垒，促进各系统间的融合，使数据在全行内高效流通，从而有利于业务管理与决策。

第二节　挖掘银行服务乡村振兴的业务发力点

作为市场经营主体，农村金融机构助力乡村振兴，要精准选择支持服务乡村振兴产业，这是有力承接乡村振兴战略的关键，也是乡村振兴业务战略规划的重要内容。农村金融机构面临大行下沉、息差缩窄等不利局面，特别是资产荒的问题由来已久，当前绝大部分农村金融机构面临资金放不出去、利润下降明显的困境。国家提出的乡村振兴战略给农村金融机构带来了新机遇。挖掘乡村振兴的发展机会，可以从区域、产业、客户、产品四个维度突破。通过区域功能定位决定主导产业与特色产业方向，异质的产业决定客户的特征，客户的特征决定产品与服务的模式。通过分析形成银行零售业务、公司业务等方面的业务战略，从而找到银行服务乡村振兴的业务发力点。

一、区域：结合主导与特色产业，制定区域业务竞争发展战略

（一）聚焦集聚提升类村庄，推进业务融合联动

《国家乡村振兴战略规划（2018—2022年）》第九章“分类推进乡村发展”明确提出“顺应村庄发展规律和演变趋势，根据不同村庄的发展现状、

① “数字浙江”创新提质奋力向前（高质量发展调研行）［EB/OL］. http://news.cyol.com/gb/articles/2023-05/25/content_77wqPqIeEN.html.

区位条件、资源禀赋等，按照集聚提升、融入城镇、特色保护、搬迁撤并的思路，分类推进乡村振兴，不搞一刀切”。其中，第一类是“集聚提升类村庄”，即“现有规模较大的中心村和其他仍将存在的一般村庄，占乡村类型的大多数，是乡村振兴的重点”，集聚提升类村庄应当“科学确定村庄发展方向，在原有规模基础上有序推进改造提升，激活产业、优化环境、提振人气、增添活力，保护保留乡村风貌，建设宜居宜业的美丽村庄”。“鼓励发挥自身比较优势，强化主导产业支持，支持农业、工贸、休闲服务等专业化村庄发展。”第二类是“城郊融合类村庄”，即“城市近郊区以及县城城关镇所在地村庄”。第三类是“特色保护类村庄”。第四类是“搬迁撤并类村庄”，“对位于生存条件恶劣、生态环境脆弱、自然灾害频发地区的村庄，因重大项目建设需要搬迁的村庄，以及人口流失特别严重的村庄，可通过易地扶贫搬迁、生态宜居搬迁、农村集聚发展搬迁等方式，实施村庄搬迁撤并，统筹解决村民生活、生态保护等问题”。

乡村振兴战略关注的重点是集聚提升类村庄。围绕乡村振兴，为集聚提升类村庄提供金融服务，根本目标是提升金融服务乡村振兴质效，主要是聚焦特色产业，进一步完善村庄的基础设施投资、村务管理建设、信用文化建设等。

一是融入普惠金融服务，提升普惠金融服务质效。随着普惠金融业务的持续推进，相关基础网络布设日渐完善，银行机构的普惠金融服务从规模推进向挖掘潜能、注重服务质效推进，从而持续全面优化普惠金融服务。因此，将服务乡村振兴与普惠金融业务结合起来，为普惠金融业务开展寻找新的突破点，一方面，通过普惠金融服务提升农村金融服务广度，从而推进普惠金融业务的持续转型、创新发展；另一方面，将普惠金融服务作为银行服务乡村振兴的一个重要窗口，利用普惠金融前期的建设服务基础，充分发挥普惠金融服务站宣传普及的作用，拓展农村金融服务的深度，真正让普惠金融站点具有“普”的功能，充分发挥“惠”的效能。

二是融入整村授信等信用体系建设，持续构建乡村良好信用体系。优质的金融服务离不开良好的信用“土壤”，信用体系建设成为发展农村金融服务的首要任务。银行金融机构服务乡村振兴，推进农村金融服务质效提升，建立良好的信用体系是基础，因此，需要持续联合政府有关部门、村组织等，将金融服务提升工作融入信用体系建设。通过文明信用村及文明信用户评定与金融支持力度相关联、曝光失信人、加大失信惩戒制裁力度、强化信用宣传等多种措施，将优化金融服务与净化信用环境相融合，在信用环境治理中强化金融服务，在信用体系构建中以优质高效的金融服务改善信用环境。

三是融入村级组织治理，有效发挥普惠金融作用。农村金融服务是持续而复杂的工作，既需要坚持不懈、久久为功，也需要多方联动、合力推进。可将金融服务与乡村建设、农村社会治理相结合，联合当地政府及村组织等，联合选派“金融助理”或赋予村干部或者村民带头人以“金融助理”职能，以综合服务的方式，借助外在力量助推农村金融服务质效提升。同时，借助当地政府及村组织数据库资源，及时整合多方信息，建立健全村民信息库，准确快速获取村民金融需求，保障群众的金融服务需求得到及时有效的满足。比如，广东省区域某农商银行深入推进“户户通”工作，通过网格化营销管理等方式为农户、产业户、龙头企业及外出务工人员智慧建档，因户施策、分层营销、批量授信，进一步巩固农村金融主阵地。结合同业经验，重点做好以下三点。

第一，以“金融特派员”或网格人员“进村入户”的靠前服务，分步推进农村市场开发建设。通过“金融特派员”和网格人员，开展进村入户走访、乡村振兴政策宣传、金融服务落地等工作，打破信息不对称，及时了解和满足农户的金融需求。通过下沉重心、下沉服务，逐村逐户地“深入走、反复做”，实现“镇—街—行政村”三级联合共建全覆盖。同时，真正拉近与涉农群体之间的距离，成为让他们信任的“自家人”，提升这一群体的金融获得感。以肇庆农商银行为例，肇庆农商银行率先建立了政银人才双向互动机制，派遣业务骨干分别到镇政府、村（居）委会担任“金融特派员”，由镇级政府向农商银行支行派驻“行长顾问”，为乡村普惠金融需求与农商银行金融服务供给搭建桥梁。

第二，探索实施批量授信，扎实推进信用村建设。在前期“进村入户”的基础上，对信用村客户实现批量调查，创新“整村授信，批量开发”的信贷服务模式，进行“主动授信”“无感授信”，推动“整村授信”行政村全覆盖。让“守信用”成为获贷“金名片”，营造良好的金融生态环境，为大力发展乡村系列贷款奠定基础，不断提升农村客户的体验度和认知度，提升服务“三农”的综合金融能力。此外，也可以探索特色产品授信模式，针对当地特色农产品、特色产业，利用农产品协会、行业协会、龙头企业、农业产业链成员内在合作关系，借助核心企业对产业链的管理功能，实现特色信贷产品个人农贷业务的公司化操作、分散农户贷款的批量化操作。

第三，构建多元化、畅通、便捷的服务渠道。搭建“物理网点+智能机具+手机银行+户户通 App”的金融服务网络，向县域及人口密集的乡镇下沉，为地方中小微实体企业和乡镇群众提供快捷、方便的金融服务。在线下渠道方面，优化网点布局，实施网点整体诊断与规划，科学调整新增自助机具布局，对人流量大、业务受理笔数多、特色产业发展较好的村、社区增设自助取款机、多媒体自助终端等设备。在线上渠道方面，打造以“手机银行+户户通”双 App 为核心的线上服务体系。可在手机银行上开拓专属模块或载入“小微”“三农”产品，同时在微信银行增加相应的服务功能。推广使用“户户通”App，构建便民服务的线上、线下一体化服务模式，为广大客户，尤其是边远地区的人民提供方便快捷的政务服务和基础金融服务。

（二）都市型乡村振兴，金融服务标准更高、需求量大、产品要求更丰富

从城市对乡村的空间溢出效应角度出发，将“发展都市型农业”“城乡一体化协调发展”“城乡统筹发展、区域统筹发展”“实现共同富裕”“全面推动乡村振兴”等一系列党和国家重要政策目标进行融合，提出“都市型乡村振兴”的概念。从城市对乡村的辐射能力、影响力度角度出发，为规范研究，本书将“都市型乡村振兴”定义为经济发达的现代化大都市行政辖区范围内乡村的全面振兴。大都市包括直辖市、经济发达省会城市和计划单列市。从空间维度上看，都市型乡村振兴是特指一个大都市行政辖区范围内的全面振兴，是生产、消费、生活领域的全面振兴。从时间维度上看，都市型乡村振兴是全面推进乡村振兴的“领先者”。从效益和功能上看，都市型乡村振兴不仅强调农业的经济效益，而且追求生态效益和社会效益，兼具经济功能、生态功能、社会文化功能。从影响力度上看，不同发展水平、规模等级的大型

城市、特大型城市，对乡村的影响半径、影响力度等存在差异，乡村振兴的要求、重点、路径模式等也不同。

“都市型乡村振兴”概念起源于发展现代都市型农业。现代都市型农业，是指处于都市辐射范围内的周边地带，与都市的经济、文化、生态等方面互利互赖、融为一体，并具有经济性、生态性、文化性等多种功能的可持续型现代农业。现代都市型农业比农区型农业和城郊型农业的形式更高级，是为大城市提供先进的、多功能化服务的现代集约型农业。《国家乡村振兴战略规划（2018—2022年）》根据不同村庄的现状、区位和资源禀赋，将村庄划分为集聚提升类村庄、城郊融合类村庄、特色保护类村庄、搬迁撤并类村庄四种不同类型，提出了分类推进乡村振兴措施。都市型乡村振兴是一种重要的乡村振兴类型，属于城郊融合类村庄的振兴。

1. 都市型乡村振兴的特征

一是基础设施和公共服务要求对标城市，振兴标准更高。注重加快现代生活环境设施建设，包括符合都市现代乡村交通出行需求的道路提档升级改造、路灯配置、公共交通线路及站点设置、燃气管网建设，以及其他公共服务设施资源的配置完善等。注重人居环境的治理改造，包括山水林田湖草沙的治理、农村污水处理、厕所粪污的治理、住宅建设升级改造等。二是“三农”比重较小，振兴要求更迫切。都市辐射范围内的乡村一般非农化程度较高，产业发展处于更高阶段，产业类型更加多样，不满足于在区域发展战略格局及资源配置中处于较弱势地位，促进产业振兴的需求更迫切。三是乡村特色的消退和人口结构的复杂性，使得振兴工作更繁杂。都市区的农田和村庄受密集的城镇建设区、产业园区，以及道路和高压线网等多种非农用地分割，空间形态比较散，乡村田园特色弱化。同时，人口结构复杂，流动性较大，增加了乡村治理建设的难度。四是依托都市空间外溢效应，乡村振兴条件更为成熟。都市对乡村形成资源转移和拉动效应，乡村城镇化水平更高、城乡一体化程度更高，呈现出产业面向全球供应链迭代升级的城乡融合发展新格局。

2. 都市型乡村振兴的金融需求

现代化大都市处于城市化发展的高级阶段，城乡要素在高位交互协同，金融服务需求与一般型乡村振兴不同。

一是公共服务和环境治理方面的金融需求出现新变化。受益于城市辐射外溢效应的乡村，在交通、自来水、通信、教育、医疗建设等方面有很大提升，但与城市相比还存在差距。农村基础设施建设和公共服务对资金的需求量更大，资金需求更加多样化，不仅有长期建设的资金需求，还有一些新型金融需求，如绿色债券需求等。

二是现代农业和涉农产业方面的金融需求出现新变化。从金融服务需求主体来看，由以普通农户为主向龙头企业、农民合作社、集体经济组织、家庭农场、小微企业等多元化主体转变。从产品类型来看，对小微企业融资、普惠金融、供应链融资、科技投入支持资金、创业发展基金、产业升级资金等的需求增加。从资金投向来看，由大规模种养殖转向投入数字农业、科技农业、设施农业等涉农企业。特别是外向型涉农地区涉农产业呈现面向全球产业链、供应链迭代升级态势，企业除传统的贷款、支付结算需求之外，还有投资、咨询、资金归集、理财、国际化综合金融服务等方面的金融需求。

三是产业园区、示范基地建设等方面的金融需求出现新变化。大都市周边分布着各类国家级现代都市型农业示范区、农业高新技术产业园区、农产品物流中心区、国家农业农村改革试验区等，农业信息化平台、农业对外合作平台建设也在稳步推进。园区建设、道路交通、管网建设、设施配套等方面都产生了大量金融需求。

四是农户金融需求出现新变化。从金融资金用途来看，由以生产性信贷为主向扩大再生产信贷、消费性信贷、投融资性信贷等多元化用途转变。此外，农户消费水平开始升级迭代，消费层次逐渐转向中高档产品，具有较强的品牌消费意识，在购车、医疗、教育、装修、改建或购置住房等方面出现金融产品需求。

（三）结合县域发展定位，因地制宜制定金融服务策略

《关于推进以县城为重要载体的城镇化建设的意见》中提到，要“加快发展”大城市周边县城，“积极培育”专业功能县城，“合理发展”农产品主产区县城，“有序发展”重点生态功能区县城，引导人口流失县城“转型发

展”。2022年中央一号文件——《中共中央 国务院关于做好2022年全面推进乡村振兴重点工作的意见》，对大力发展县域富民产业、加强县域商业体系建设等提出要求，提出推动形成“一县一业”发展格局、支持大型流通企业以县城和中心镇为重点下沉供应链等措施。

加快发展大城市周边县城。支持位于城市群和都市圈范围内的县城融入邻近大城市建设发展，主动承接人口、产业、功能，特别是一般性制造业、区域性物流基地、专业市场、过度集中的公共服务资源疏解转移，强化快速交通连接，发展成为与邻近大城市通勤便捷、功能互补、产业配套的卫星县城。

积极培育专业功能县城。支持具有资源、交通等优势的县城发挥专业特长，培育发展特色经济和支柱产业，强化产业平台支撑，提高就业吸纳能力，发展成为先进制造、商贸流通、文化旅游等专业功能县城。支持边境县城完善基础设施，强化公共服务和边境贸易等功能，提升人口集聚能力和守边固边能力。

合理发展农产品主产区县城。推动位于农产品主产区内的县城集聚发展农村二、三产业，延长农业产业链条，做优做强农产品加工业和农业生产性服务业，更多吸纳县域内农业转移人口，为有效服务“三农”、保障粮食安全提供支撑。

有序发展重点生态功能区县城。推动位于重点生态功能区内的县城逐步有序承接生态地区超载人口转移，完善财政转移支付制度，增强公共服务供给能力，发展适宜产业和清洁能源，为保护修复生态环境、筑牢生态安全屏障提供支撑。

引导人口流失县城转型发展。结合城镇发展变化态势，推动人口流失县城严控城镇建设用地增量、盘活存量，促进人口和公共服务资源适度集中，加强民生保障和救助扶助，有序引导人口向邻近的经济发展优势区域转移，支持有条件的资源枯竭县城培育接续替代产业。

根据大城市周边县城、专业功能县城、农产品主产区县城等的定位和特点，预测该区域未来发展趋势与方向，结合产业分析，制定区域竞争发展战略。由于农商银行资金不出县域，对于本地市场基本是集中发展策略居多，而对于可以细分的市场，则在乡村振兴战略中寻找机遇，采用机会型扩张战略。少部分农商银行有异地机构经营的，也可以采用渗透型扩张战略。渗透型扩张战略的主要目的是充分利用企业现有优势，通过步步为营的扩张不断提高企业影响力，实现企业的稳步发展。针对不同类别的县城功能定位，金融服务的侧重点也应遵循因地制宜的原则。

对于大城市周边县城来说，其承接的是一般性制造业、区域性物流基地、专业市场、过度集中的公共服务资源疏解转移，因此，通过对接相关产业园区、产业主体、专业市场等，金融服务的信贷类别既有一定规模的固定资产投资类贷款，又有针对经营需求的流动资金贷款，还有相当比例的小微信用贷款。同时，在这一地区，数字化水平相对较高，金融机构可以较大力度地推动线上贷款产品，以此降低相关融资成本，提升信贷效率。

针对专业功能县，对于身处专业功能县城的银行，应抓住本县大力培育发展特色产业、做大做强支柱产业的契机，倾斜信贷资源，重点营销产业集群，创新设计专门的信贷产品，针对产业的综合金融解决方案，精准对接，通过金融支持，实现县城专业功能的提升。

针对农产品主产区县城，金融服务的重点应该放在农产品加工业和农业生产性服务业上，由于二者分别属于二、三产业，一般情况下，经营主体缺乏有效抵押物，信贷投放方式应以信用贷款为主，由此，做好此类地区的信用信息数据库的建设尤为重要，当地人民银行和政府部门可协同推动，让这些二、三产业的经营主体信用信息更准确、更有效，帮助金融机构匹配到适合的放贷主体。

针对生态功能区县城，金融服务在乡村振兴业务拓展中，要立足“绿水青山就是金山银山”的绿色发展理念，重点是大力创新绿色金融产品与服务，通过大力发展绿色金融，助力农业绿色发展，为保护修复生态环境、筑牢生态安全屏障提供支撑。

不同定位的金融供给主体发挥各自优势，为不同的需求主体提供有针对性的服务。“提高县城辐射带动乡村能力，促进县乡村功能衔接互补”，这里强调的是“推进县城基础设施向乡村延伸”，需要政策性银行投放中长期贷款，同时，农村金融机构可以借助自身在城乡互通中的优势，针对乡村基础设施完善的资金需求，依托政府财政资金的撬动作用，投入必要的信贷资金。特别指出，“加强历史文化和生态保护，提升县城人居环境质量”，很多县城有着丰富的历史文化遗存，但如何做好保护性开发是其面临的挑战。江西上饶葛仙山旅游综合开发是较为成功的典型，对于具有千年历史的道佛一体的文化遗存，在做好保护的基础上，引入大型文旅开发主体，当地中国银行给予信贷支持。同时，当地农信机构针对文化旅游延伸的小微经营主体发放信用贷款，既盘活了当地的旅游文化资源，又为当地农户增收创造了更多机会。①

二、产业：基于产业规划研究重点产业机会，挖掘背后的客户链条

（一）基于产业规划研究银行的重点产业机会

2021 年 5 月，农业农村部与国家乡村振兴局联合发布的《社会资本投资农业农村指引（2021 年）》明确了：现代种养业、现代种业、乡村富民产业、农产品加工流通业、乡村新型服务业、生态循环农业、农业科技创新、农业农村人才培养、农业农村基础设施建设、智慧农业建设、农村创业创新、农村人居环境整治、农业对外合作等 13 个鼓励投资的重点领域。根据研究，银行的产业机会重点布局应体现在以下四个方面。

一是聚焦农村基础设施升级。大力支持农村基础设施建设提档升级，助推城乡一体化发展。加强与地方政府部门沟通，对接乡村安全饮用水、清洁能源、污水垃圾处理、电信网络、农村电网等基础设施建设项目。利用国家关于鼓励通过 PPP 模式建设农村基础设施项目的政策，按照“公益性项目、市场化运作”思路，对农村供水、污水垃圾处理等有一定收益的项目，以及供电、电信等以经营性为主的项目，给予重点支持。选择符合贷款条件的项目建设主体作为合作对象，结合项目建设期、投资回报期合理确定贷款额度、期限、利率、还款方式，以收费权、特许经营权等作为贷款担保，并与政府协商建立融资担保、项目保险等风险分担机制。

二是聚焦特色农业产业经营。大力培育现代农业产业体系、生产体系、经营体系，助推特色产业布局区域化、经营规模化、生产标准化、发展产

---

① 金融如何助推县城高质量发展［EB/OL］. http：//news. 10jqka. com. cn/20220519/c639217722.shtml.

业化。

三是聚焦新型农业经营主体发展。大力支持专业大户、家庭农场、农民合作社、农业产业化龙头企业等新型主体的发展，推动以农户家庭经营为基础、合作联合为纽带、社会化服务为支撑的立体式、复合型现代农业经营体系。把支持新型农业经营主体发展与支持小农户经营相结合，通过农超对接、农社对接，为小农户提供资金支持，促进小农户与现代农业产业发展有机衔接。

四是聚焦乡村旅游和休闲农业发展。大力支持发展乡村旅游和休闲农业，助推农村产业结构优化调整，拓宽农民增收渠道。依托农村山水、田园风光、乡土文化等资源，对休闲农庄、乡村酒店、特色民宿、自驾车营地、户外运动等乡村休闲项目给予积极支持，促进休闲农业多样化、个性化发展。同时，在景区设立银行服务点，为广大游客提供方便快捷的金融服务，并推介银行各类金融产品，拓宽市场营销的广度和深度。

（二）聚焦优势特色产业，挖掘产业客户链条，强化金融服务

银行要制定产业规划需要研究产业发展周期与风险，然后挖掘产业背景的客户链条。《关于推进以县城为重要载体的城镇化建设的意见》（以下简称《意见》）中提出，“培育发展特色优势产业，稳定扩大县城就业岗位”。这里所说的特色优势产业突出特色、错位发展，因此，银行金融服务需要不断丰富和创新手段与模式，支持特色优势产业。

一是集合特色优势产业丰富和创新信贷模式。例如，在四川成都彭州地区，蔬菜产业是当地特色优势产业，金融服务路径与方式也是多种多样的，包括基于蔬菜流通领域特色的仓单质押贷款，针对蔬菜流通资金“短小频急”需求的旭力农村资金互助模式等。又如，江西万年县针对生猪养殖产业的金猪担保模式、云南临沧针对甘蔗种植及糖业加工的“蔗农贷”等。

二是以重要的产业平台为服务载体，优化客户综合服务。针对特色优势产业的服务，金融不仅要在产品创新上下功夫，还要紧紧围绕优势特色产业打造平台，提供综合金融服务。《意见》指出，要提升产业平台功能，依托各类开发区、产业集聚区、农民工返乡创业园等平台，引导县域产业集中集聚

发展。因此，基于产业集中聚集发展，金融服务也应该有针对性地扎根于此。比如，在内蒙古通辽地区大力发展肉牛养殖、加工优势特色产业，当地的农商银行把服务网点建到肉牛交易市场里，贴身为相关主体提供多种金融服务，并且根据肉牛产业链条上不同主体的需求，创新活体抵押贷款产品，让养牛主体更好地扩大生产规模。

三、客户：聚焦新型农业经营主体，细分客户以确立管理策略

（一）聚焦新型农业经营主体，加强客户分析

2013 年中央一号文件《关于加快发展现代农业 进一步增强农村发展活力的若干意见》首次提出了“专业大户、家庭农场、农民合作社、农业产业化龙头企业”的新型农业经营主体概念。2021 年 4 月 29 日，十三届全国人大常委会第二十八次会议通过的《乡村振兴促进法》明确提出：“培育新产业、新业态、新模式和新型农业经营主体，促进小农户和现代农业发展有机衔接。”同年 5 月 18 日，中国人民银行联合中央农办、农业农村部、财政部、银保监会、证监会出台《关于金融支持新型农业经营主体发展的意见》指出，当前家庭农场、农民合作社、农业社会化服务组织等新型农业经营主体已逐步成为保障农民稳定增收、农产品有效供给、农业转型升级的重要力量。做好新型农业经营主体金融服务，对于巩固拓展脱贫攻坚成果、助力乡村全面振兴和农业农村现代化、构建新发展格局具有重要意义。该意见强调，要加强新型农业经营主体信息共享，健全名单发布制度，加强银企融资对接。银行业金融机构要为符合条件的新型农业经营主体提供免担保的信用贷款支持，针对不同类型新型农业经营主体的特点，研究制定差异化的信用贷款政策。

专业大户。专业大户作为一种专业化的生产主体，其业务范围主要是在某一农业产业。专业大户具有较多的资金和土地，相比小农户可以发挥规模化生产优势，更重要的是，专业大户有必要的农业机械，管理科学，技术先进，具有较大的规模、较高的集约化程度。这些都是农业生产现代化的必备要素。在规模化经营过程中，通过聘请小农户生产，可以使农户迅速学习先进生产技术，提升增收致富能力。

家庭农场。家庭农场，是指以家庭成员为主要劳动力，从事农业规模化、集约化、商品化生产经营，并以农业收入为家庭主要收入来源的新型农业经营主体。2008 年党的十七届三中全会报告第一次将家庭农场作为农业规模经营主体之一提出。随后，2013 年中央一号文件再次提到家庭农场，称鼓励和支持承包土地向专业大户、家庭农场、农民合作社流转。家庭农场的主要收益来自农业生产。家庭农场与专业大户实现了专业化、规模化经营，都有一定的技术能力。家庭农场的劳动力以家庭成员为主，其雇佣劳动力在数量上一般不会超过家庭成员数量。相对来说，家庭农场在土地要素的稳定性以及抗风险成本上都比专业大户有更多优势。

农民专业合作社。家庭联产承包责任制推广以来，虽然提高了农民农业生产经营动力，但也使“小农”经济的问题暴露出来，单个农民力量弱小，难以与强大的市场相抗衡。农户之间必须联合起来，增强农民话语权，提高农产品定价能力。因此，农民专业合作社应运而生，小农户通过联合经营、信息共享、集中加工、统一运输等多种方式提高供给端话语权。农民专业合作社是以农村家庭承包经营为基础，通过提供农产品的销售、加工、运输、贮藏以及与农业生产经营有关的技术、信息等服务实现成员互助目的的组织，从成立开始就具有经济互助性。其拥有一定的组织架构，成员享有一定的权利，同时负有一定的责任。

农业龙头企业。农业龙头企业经营的范围可以涵盖整个农业产业链条，在某个行业中具有较大的影响力和较强的示范带动作用，并对地区经济发展和行业进步有一定的贡献，是农村经济发展的一支重要力量。农业龙头企业是以农产品加工或流通为主，通过各种利益联结机制与农户相联系，带动农户进入市场，使农产品生产、加工、销售有机结合、相互促进，在规模和经营指标上达到规定标准并经政府有关部门认定的企业。农业龙头企业是将农业生产、农产品加工、物流运输以及市场营销一体化的企业化组织，在农业上技术能力相对领先、人才支持相对稳固、设备投入相对有力，具有示范性、引导性等特点。因此，其在农业生产销售的各个环节，市场竞争力都较强。

新型职业农民。新型职业农民是以农业为职业、具有相应的专业技能、收入主要来自农业生产经营并达到相当水平的现代农业从业者。“农民”是一种自由选择的职业，而不再是一种被赋予的身份。从经济角度来看，它有利于劳动力资源在更大范围的优化配置，有利于农业、农村的可持续发展和城乡融合发展，尤其是在当前人口红利萎缩、劳动力资源供给持续下降的情况下，更是意义重大；从政治和社会角度来说，它更加尊重人的个性和选择，也能激发群众的积极性和创造性，更符合“创新、协调、绿色、开放、共享”的新发展理念。培育新型职业农民不仅解决了“谁来种地”的现实难题，更能解决“怎样种地”的深层问题。

（二）强化客户分层分类管理，基于客户经营思维促进金融服务

围绕金融服务乡村振兴，推进相关客户群体的经营管理。基于客户群体的经营管理思维，围绕客户需求，以客户价值实现和增值为目标，推进银行相关金融服务。

1. 客户分类分层管理

从客户分析维度来看，可从客户的非金融信息与金融信息两个方面进行评判，同时将两类信息分为物理属性、社会属性、行为属性、财务属性四个属性进行信息收集整理，全方位价值评估，挖掘客户潜力，实现贡献度有效提升（见表 7-1）。

表 7-1 四类客户属性说明

属性维度	内涵说明
物理属性	客户基础变量（包括性别、年龄、民族、教育、健康、收入、亲属状况等），将客户物理属性进行分类，如年龄、性别等自然属性，婚姻情况、家庭人口等家庭属性，行业等工作属性
社会属性	通过用户与群体之间的相关行为，了解群体与客户之间的相互影响程度；通过所在群体，判断客户可能的喜好，以及未来可能会产生的喜好
行为属性	把消费情况、客户交易明细流水等数据按消费类型、消费累计分段，将客户行为转化为信息流，如客户消费偏好、消费需求、信用情况等信息，形成客户消费行为属性标签
财务属性	客户的资产负债情况既包括现有的存款、理财、基金等资产情况，住房贷款等负债情况，也包括固定的财务收入（年收入）及固定的财务支出（贷款偿还）

管理客户的前提是充分掌握并运用客户信息，可以结合客户的物理属性、社会属性、行为属性、财务属性，依据银行的经营方针及实施条件对客户分类鉴别及管理，以确保营销策略的针对性和资源的精准配置（见图7-3）。

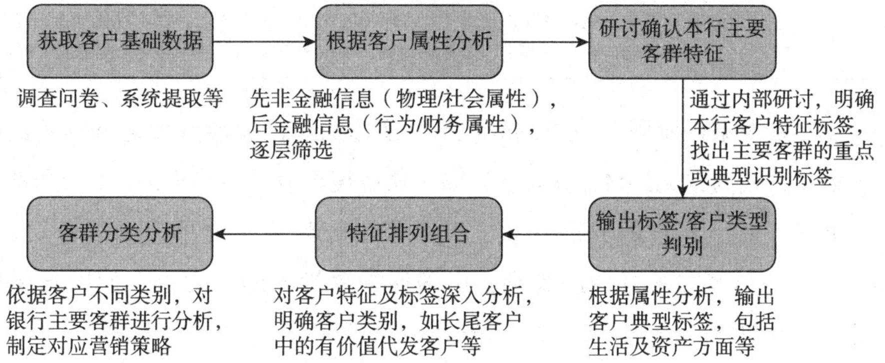

图7-3 客户分类管理流程示例

由图7-3可知，从获取客户基础数据到最终实现客群分类，不仅需要精准的数据标签，对于银行本身的信息化管理程度也有一定要求。对数据加工匹配并进行信息化处理，可根据本行的经营客群特征把握当下客群构成，对当下客群进行细分，并制定更精准的营销管理策略，如表7-2所示。

表7-2 客户分类管理策略示例

客群细分类别	客户管理策略
高端客群	建立"对公客户经理+财富顾问"联动模式，打造个人、家族、企业全生态链
经营客群	制定"经营客群专项营销方案"，实现"专业团队、专业市场、专职人员"，要求一级支行成立个贷直营团队，依托结算与电子银行部门的工商局联动系统，做到直接通过系统联系客户，挖掘客户经营贷款需求
商户客群	在一级支行层面成立拓展维护柔性团队，率先对网点周边半径2千米内商户进行集中攻坚，形成"运维团队一次营销+就近网点二次营销"的闭环
代发工资客群	将个人批量客户拓展流程化、规范化，将代发工资作为撬动个人有效客户提升的重要支点
消费金融客群	重点开展营业网点周边小微商户的网格化营销，构建以网点为中心、以点带面的零售金融消费圈，抢占支付结算市场

续表

客群细分类别	客户管理策略
按揭客群	加强推进“市分行牵头营销+支行对接落地”联动，压实主办支行责任，对合作楼盘实施“一把手楼长制”，建立按揭业务专职团队，统筹营销接单力量
外汇客群	在获客上，做好境外资金最佳汇入路径的规划；在活客上，以个性化非金融增值服务为切口；在黏客上，以重点区域、重点客户作为产品综合交叉配置的突破口

由于资源条件所限，对于部分银行，实施简单的分层管理也可以满足其经营需求，较为常见的做法是按资产量、贡献度等方式对客户进行分类管理。

此外，对于客户的分层管理，可以采用较为传统的单一维度分层法，即针对某一类客群进行分层鉴别，以确保资源投入的匹配。下面以长尾客户这一客群为例进行分析，某行按贷款余额和交易频次将其做如下分层（见表7-3）。

表7-3 客户分层管理策略示例（对长尾客群）

交易次数	贷款余额较低	贷款余额较高
交易次数较少	◈ 考拉型客户 •“睡眠”客户，月均交易次数很少或没有，资产余额和贷款余额均较少。从数据分析来看，这些客户多为睡眠客户或者低收入的老年客户，去银行时间比较固定，通常会在支取养老金的时间集中去网点办理业务，容易出现网点周期性排队的现象 •该类客户对创新性的金融产品接受度不高，且对原有银行的忠诚度一旦形成就很难改变。此类客户转化为优质客户的概率较小，不是重点目标客户	◈ 河马型客户 •交易笔数有限，资产较少但贷款余额较多。即有资金需求，但交易不够活跃，说明客户信用状况良好，有一定的社会地位和稳定的收入，客户可能在他行也有一定的资产，需要深挖细掘，此类客户有一定的机会转化为潜力客户和优质客户 •对于河马型客户，因为客户交易不活跃，维护重点是激发客户的活跃度，营销重点是渠道建设和提供有竞争力的产品
交易次数较多	◈ 蚂蚁型客户 •资产余额和贷款余额都较少，但该类客户交易频繁，活跃度较高，习惯线上操作，能熟练地操作各类交易软件，会积极开通网上银行、手机银行、第三方支付以及小额消费 •此类客群多为年轻人，是未来银行要抓住的主力军，需要去深挖掘、重点培育，从战略上进行布局和维护	◈ 鸽子型客户 •交易次数较多，贷款余额也较多，该类客户虽然在我行资产余额不多，但客户自身属于优质客户，是长尾客群中的价值客户，需要重点维护和开拓 •重点通过产品促使其金融资产逐渐增值，提升服务体验，使其逐渐升级为中高端客户，并避免被他行挖转而返回长尾客群

客户分类分层管理是客户管理的核心工作，通过对已有信息的挖掘、整理与分析，匹配自身经营方针，从而实现资源优化配置，为经营业绩发展提供保障。

2. 基于客户经营思维促进客户价值增长

客户成长激励管理在某种程度上属于加分项工作，作为服务于客户分类分层管理的模块，以客户为中心进行服务和配套权益，常体现为积分管理或社会化营销等方式。

如图 7-4 所示，某行在客户端引入金币互动等一系列功能模块，将商户、俱乐部会员、客户、线下活动进行科学化匹配，实现资源的有效配置、客户的差异化服务、客户增值。

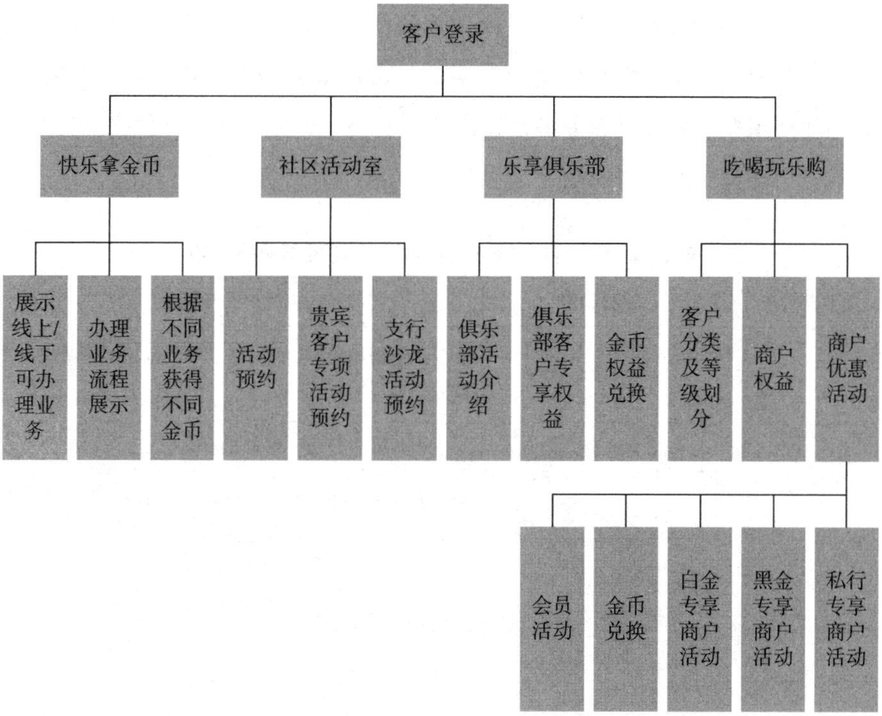

图 7-4 某行客户激励管理体系模块示例

四、产品（服务）：找准切入点，多维度推进产品融合创新

（一）找准金融产品与服务切入点

金融机构要针对新型农业经营主体融资需求和特点，完善贷款产品体系，开发随贷随用、随借随还产品和线上信贷产品，合理设置贷款期限，加大中长期贷款投放力度，优化“保险+信贷”模式，积极开展新型农业经营主体“首贷”、无还本续贷业务。要单列新型农业经营主体信贷计划，适当下放审批权限，并在内部转移定价方面给予适当倾斜，实现信贷资源增量优化、存量重组。加快推动农村信用体系建设，鼓励各地多渠道整合新型农业经营主体信用信息，推动建成完善的新型农业经营主体信用体系，探索开展信用救助。积极推广农村承包土地的经营权抵押贷款，支持农机具和大棚设施、活体畜禽、养殖圈舍以及农业商标、保单等依法合规抵质押融资，在具备条件的地区探索开展集体经营性建设用地使用权、农村集体经营性资产股份、农垦国有农用地使用权等抵押贷款业务。总结来看，银行服务乡村振兴主要可以从产业兴旺、生态宜居两个方向切入（见表7-4）。

表7-4 部分乡村振兴方向的产品与服务策略总结

主要着力点	细分维度	金融产品与服务
产业兴旺	现代农业产业园	农业产业链贷款，组合贷款，一、二、三产业联动信贷等创新型信贷产品
	农机装备推广升级	先进装备购置分期、融资租赁等
	新型农业经营主体	扩大农村抵押物范围，支持农机具和大棚设施、活体畜禽、养殖圈舍以及农业商标、保单等抵质押融资
	乡村休闲/文化旅游	设计旅游产业集聚区和旅游特色小镇建设工程、旅游业态相关主题贷款产品
	当地特色/重要产业	发展供应链/产业链上的授信服务，结合“一村一品”做“一村一策”的整村授信，设计特色产业的金融解决方案

续表

主要着力点	细分维度	金融产品与服务
生态宜居	基础设施提档升级	打造面向基础设施建设、旧村改造、“厕所革命”等的专属金融产品，提供专项资金支持
	公共服务体系建设	
	农村人居环境改善	
	乡村生态系统保护	发展绿色金融，推出“碳排放权抵押贷”等绿色贷款产品、绿色债券

资料来源：天维研究院。

广州农商银行服务乡村振兴的实践服务模式为：授信倾斜+产品创新。根据“三农”业务特性，分别就旧村改造、村社经济组织、现代生猪养殖业、种植业等领域推出了针对性的细分授信政策，加强涉农领域授信指引。积极支持乡村振兴与农业产业、产业园区、龙头企业、绿色信贷和旧村改造等，推动信贷资源向乡村振兴领域倾斜。同时，广州农商银行还针对不同企业的自身情况制定融资方案，提升对涉农企业的综合金融服务能力，如针对农业龙头企业推出的“农业链”现代农业综合金融产品等。搭建了网点、农村金融服务站等线下点和网上银行、移动银行、直销银行等线上渠道组成的多元化、立体式的普惠金。涉农贷款类产品的创新力度更大，先后上线了农耕贷、生猪养殖贷、林易贷、花卉贷等产品。该行将继续站在服务乡村振兴第一线，从政策、产品、服务、合作等多角度入手，打造“金米乡村金融”品牌，真正做到为农、惠农、强农。①

亳州药都农商银行打造乡村振兴系列信贷产品“振兴 e 贷”。为更好地满足乡村振兴多样化融资需求，2021 年，该行聚焦城乡基础设施、生态环保、民生工程、公共服务等薄弱领域，研发“振兴 e 贷”系列产品，陆续上线“招投标贷”“履约保函”“供应链融资”等产品，上线 3 个月后，“振兴 e 贷”系列产品就为 6 家企业授信 1.71 亿元。②

① 广州农商银行服务乡村振兴实践：授信倾斜+产品创新［EB/OL］. https://finance.sina.com.cn/jjxw/2021-11-06/doc-iktzqtyu5674925.shtml.

② 亳州药都农商银行“四个普惠”助力乡村振兴［EB/OL］. http://dzb.xfrb.com.cn/Html/2021-10-20/42271.html.

山东青州农商银行助推文旅产业发展、服务乡村振兴，通过发行一张全域旅游银行卡、量身打造一套服务全域旅游特色信贷产品、定向支持一个特色旅游村、重点扶持一批旅游产业龙头企业“四个一”服务机制，共同打造“文旅+金融”合作发展新模式。[①]

（二）聚焦主体及其需求，多维度推进产品融合创新

当前，银行金融产品（服务）层面最突出的一个问题就是同质化严重，产品（服务）缺乏特色，因此，对于乡村振兴这类新兴业务而言，这一问题更是严重，银行不知从何处着力发展乡村振兴业务，更无法有效发挥创造性和能动性，针对相关主体、挖掘需求进行产品（服务）创新。因此，银行应结合当地资源禀赋，走本土化、特色化、差异化发展道路，针对行内目标客群需求和特征，加快金融创新，研发设计有特色、创新性的金融产品服务方案，以培育新的业务增长点，在经营区域形成强劲的市场竞争力，打造区域金融服务品牌。

1. 金融产品创新

一是因地制宜，即积极挖掘地方“产业+特色”。银行应结合区域产业发展特点和实际创新设计、推出贷款产品。一方面，充分分析银行所处区域的已有支柱产业或优势产业，并在此基础上进行金融产品设计，大力支持地方产业经济发展。比如，交通银行“兴农 e 贷”是“交银益农通”的重要组成部分，主要提供各类信贷融资服务，并针对客群不同需求、基于数字化创新形成三大产品线：标准化产品线、场景定制产品线、产业链产品线。标准化产品线即为涉农领域的小微企业、新型农业经营主体等提供申请、准入、审查审批、用款等标准化的线上融资服务；场景定制产品线即针对以往难以深入农村开展的涉农信贷业务，依托数字化有效提升融资办理效率及客户体验；产业链产品线即主要依托农业龙头企业，制定针对一、二、三产业的全链条金融服务方案，基于农业产业链项目梳理原料采购、生产加工、产品销售、

---

① 山东青州：政银企合作助推文旅产业提档升级擘画乡村振兴“同心圆”［EB/OL］. http://weifang.dzwww.com/jrkd/202009/t20200917_6623778.htm.

养殖、物流运输、终端食品销售六大场景，提供差异化产品服务方案。[①] 广东省区域某农商银行开展行业分析和产品研发，为准确把握市场走向，根据行业周期调整信贷政策和客户营销策略，提高产品研发针对性，成立了市场分析及产品研发团队，对大棚贷、生猪贷款、批发和零售行业信贷产品、任意贷、军易贷进行立项研发；同时，组建“悦农 e 贷”业务细分产品研发小组，通过调整产品规则、分析潜在白名单客户等方式促进业务健康发展。另一方面，挖掘产业发展机会，在培育产业发展的过程中充分创新配套金融产品服务。当前，很多乡镇都在推进“一村一品、一镇一业”的特色经济发展，银行应积极跟进，派驻相关人员及时了解和分析金融在产业发展中的服务契机，加强产品创新，全力支持县域“三农”经济发展。

二是聚焦服务主体。银行应主动对接客户群体，围绕新型农业经营主体、新型农业农村产业链，以及当地中小微企业、居民的需求情况，进一步完善特色化的信贷品种，加大对核心客群的服务力度。锁定新型农业经营主体、农业产业化龙头企业、种养大户以及小微企业主等对象，重点支持现代农业经济和民营经济发展。比如，广东省区域某农商银行创新推出了支持民营经济、城乡个体及私营经济发展的“成长好易贷”“成长免抵贷”，帮助改善居民生活质量和居住环境的“安居贷”，等等。

2. 金融服务创新

随着客户需求的多样化，银行在服务乡村振兴时，应聚焦主责主业，围绕相关产业和客户群体需求，强化业务融合服务，不断创新综合金融服务模式，制定业务功能丰富、可满足客群核心金融需求的专属服务方案。

一是创新综合金融服务模式，制定业务功能丰富、可满足客群核心金融需求的专属服务方案。为“三农”、小微、新市民等客户制定服务方案，提供开户、结算、汇兑、票据、电银等“一揽子”综合性金融服务。2022 年，惠东农商银行不断加大对新市民群体以及吸纳新市民就业较多的小微企业的金融支持力度，着力打造“3+X”新市民专属金融服务体系，重点在创业、住

---

① 交通银行：打造乡村振兴新金融服务体系［EB/OL］. http：//stock. 10jqka. com. cn/hks/20211231/c635634399. shtml.

房、消费三大核心场景，以及就业、教育、养老、金融素养等 X 项延伸场景，不断提高新市民金融服务的可得性和便利性。①

二是针对不同客户提供差异化服务，提高服务的灵活性，延伸产业链金融服务与非金融服务。提高服务的灵活性，比如，为家庭农场、专业大户、农民专业合作社和产业化龙头企业开通绿色审批通道，创新续贷方法，提高授信的主动性和灵活性。推广无还本续贷，如阳春农商银行设立了 25 亿元专项信贷资金用于无还本续贷业务，为地方市场主体纾困解难。推出“年审”续贷业务，如鹤山农商银行、中山农商银行提供低成本续贷资金，实现客户续贷“无缝对接”；大埔农商银行不断简化信贷手续，创新推出“年审续贷”及最高额循环贷，“年审续贷”通过年审无转贷的方式，有效降低小微企业融资成本，推动小微企业健康发展。② 延伸产业链金融服务，围绕乡村振兴，延长和丰富产业的服务链，使金融服务覆盖产业链的全链条，围绕上下游产业链重点产业行业、重点领域、重点企业等提供“一揽子”的金融服务，银行从“资金中介”转变为“方案服务商”，提供供应链管理、财务顾问、研究咨询等各类中间服务，形成“融资+融智”的全面金融服务体系，针对企业的发展问题提供成体系的解决方案，成为产业链条上客户的合作伙伴。延伸非金融服务，重视回归服务本心，针对文化、生活、出行、健康、运动等方面扩大本地客户非金融服务范围，为客户提供更优质、更快捷、更全面的增值服务，包括厅堂强化助老适老服务，开展青少年金融知识普及宣传活动、读书会活动等。通过非金融服务，增强银行机构与客户群体之间的连接，也有利于在后续业务开展过程中更好地发挥农村金融机构亲缘、地缘的优势。

---

① 惠东农商银行迈向高质量发展［EB/OL］. https://www.163.com/dy/article/HD6PGD6I0550037C.html.

② 缩短等“贷”时间 缓解企业融资压力［EB/OL］. https://www.163.com/dy/article/HD9A2CRU0550037C.html.

第三节　建设银行服务乡村振兴的职能保障体系

一、建设和完善银行服务乡村振兴的组织模式

围绕银行服务乡村振兴战略规划目标实现以及具体的业务发展，银行首先要对组织管理架构进行相应的调整，结合乡村振兴战略定位及业务发展优势，建立组织体系，有效保障战略的落地实施。从目前的银行实践及其组织形态来看，有 3 种银行服务乡村振兴业务的组织管理模式。

（一）业务层面组建实体乡村振兴金融部（乡村振兴办公室）

业务层面组建实体乡村振兴金融部（乡村振兴办公室）组织模式通常是以业务推进为主导，直接在业务职能部门层级组建相关职能部门统筹指导乡村振兴业务工作的推进。从实践来看，这种模式组建的方式是直接在原有的普惠金融部基础上增设乡村振兴金融部，实行“一套班底，两块牌子”的组织模式。目前，一些国有大行、股份制银行、农商银行都进行了这类组织模式的构建（见图 7-5）。

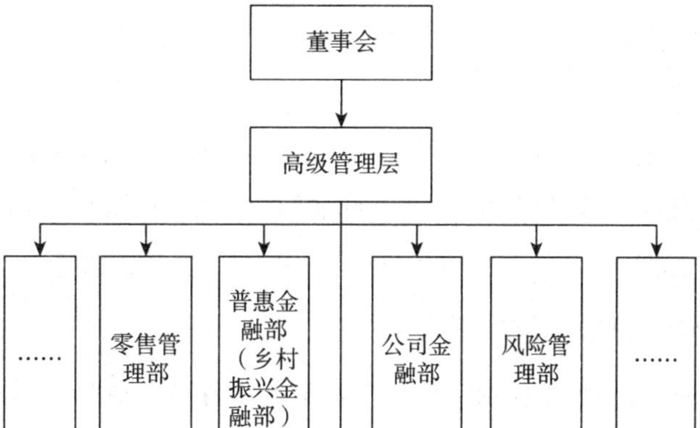

图 7-5　业务层面组建实体乡村振兴金融部（乡村振兴办公室）组织模式

在全国性大型商业银行中，中国银行、中国工商银行、中国农业银行、中国建设银行均已成立乡村振兴金融部（乡村振兴办公室），中国银行在普惠金融事业部加挂“乡村振兴金融部”牌子，牵头全行乡村振兴、县域金融、金融帮扶、定点帮扶项目审批等工作。各级机构优化乡村振兴组织架构，强化“三农”金融服务力量。构建了以商业银行业务为主体、以村镇金融为补充、以消费金融和公益金融为特色的乡村振兴“一体多元”服务体系。

光大银行于2021年末挂牌成立乡村振兴金融部。保定银行成立普惠金融部（乡村振兴部），由行党委领导班子成员主抓，坚定“一县一策”“一业一策”“一企一策”发展战略，建立长效工作机制，不断推动乡村金融产品和服务方式创新。① 介休农商银行成立乡村振兴金融部，积极贯彻落实乡村振兴战略，推动金融资源向“三农”倾斜，乡村振兴金融部为专职客户经理团队，主要负责介休辖内城区小微商户的贷款营销服务，实现小微贷款营销网格化、风控标准化、流程信息化的全新运行模式。②

（二）总行领导小组+业务执行部门

在“总行领导小组+业务执行部门”组织模式下，将乡村振兴工作的统筹与具体推进工作分离，总行组建领导小组，负责金融服务乡村振兴工作在全行层面的整体协同统筹，同时在总行、分行（支行）指定相应的业务部门作为乡村振兴业务工作执行的专业部门组织，负责日常的工作推进（见图7-6）。

在做好乡村振兴衔接方面，广西某农商银行成立了金融服务乡村振兴工作领导小组，指定计划信贷部作为执行部门，负责统筹协调金融服务乡村振兴各项工作；成立“乡村振兴特色支行”，提供特色金融服务。

（三）委员会+业务领域工作组

“委员会+业务领域工作组”组织模式依托于普惠金融业务部的部门架构和工作体系，将乡村振兴业务作为一个业务领域聚焦到普惠金融部，并在总行普

---

① 人行石家庄中心支行：凝聚金融力量 助力乡村振兴［EB/OL］. https：//finance. sina. com. cn/jjxw/2023-05-22/doc-imyuqwns5320924. shtml.

② 介休农商银行成立乡村振兴金融部［EB/OL］. https：//sx. sxgov. cn/content/2022-03/28/content_ 12722243. htm.

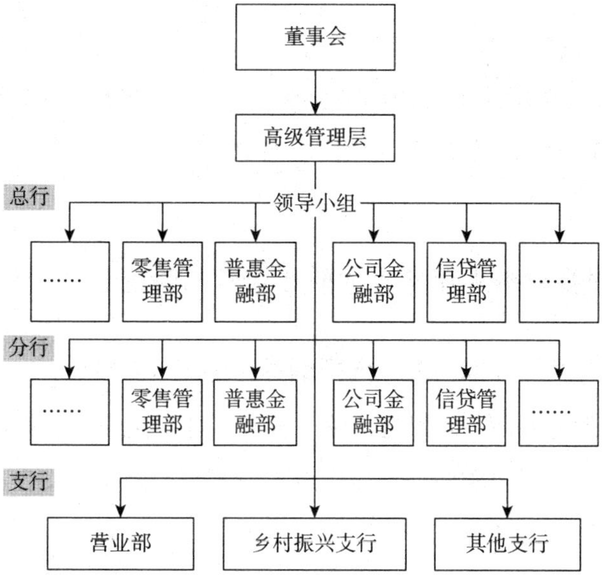

图 7-6 “总行领导小组+业务执行部门”组织模式

惠金融部内部成立专门的领导工作组，负责全行的乡村振兴业务指导和推进工作。同时，由于在这种模式下负责乡村振兴业务的具体组织层级相对较低，因此，在总行经营管理层设立相应的委员会，以统筹和把控整体方向（见图 7-7）。

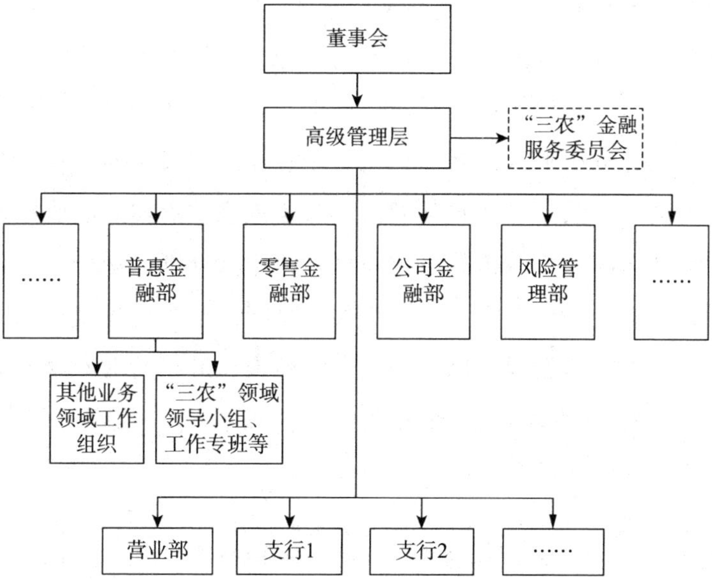

图 7-7 “委员会+业务领域工作组”组织模式

2021 年，成都农商银行在董事会下成立了金融服务乡村振兴委员会，并聘请具有农村金融专业背景的独立董事，开展乡村振兴改革创新专项调研，逐步打造“农村金融智囊团”，并提高了“三农”金融服务考核权重。[①]

二、加强乡村振兴业务人才队伍培养与管理

（一）持续优化外部引进与内部培养，充实人才队伍

一方面，发力外部人才引进，建立分类人才引进机制，构建人才引进绿色通道，加大人才引进和沟通力度。对于专家型、经验丰富类人才，通过特定的聘请机构进行人才挖掘、专家教授的推举、内推等方式引进人才，拓宽引进手段和途径。对于专业储备类人才，可以与当地知名院校建立沟通与联系，通过到校园讲学、开展联名竞赛活动、设置创新奖学金等形式，建立人才储备库，为引进高学历、专业的人才做好规划部署。

另一方面，内部持续培养专业人才，建立乡村振兴业务人才培养机制、强化人才培训模块，以此培育选拔优秀人才。一是基于岗位胜任力模型，构建人才发展体系，为员工规划线上、线下相结合的，集全覆盖培训、岗位资格考试、行内外专业资质认证于一体的学习成长路径，促进人员队伍专业结构、知识结构、素质结构迭代更新。比如，北京农商银行开展涉农从业人员资质考试，制订分支行涉农业务人员培养计划，全面提升涉农业务人员的专业素质和服务能力。二是围绕重点发展的业务领域，加强针对性培训培养，打造精品培训项目，通过内外部的课程、讲师、学习平台提供针对性的知识内容，为零售人才赋能、增强内生发展动力，最终支撑重点业务的快速发展。比如，北京农商银行邀请行业专家开展涉农重点领域培训，提高涉农业务政策把控、营销方向、风险防控等方面的能力。

① 金融支持乡村振兴：成都农商银行探索三农金融创新模式［EB/OL］. https：//www. 163. com/dy/article/H9ICAJ2005199NPP. html.

（二）持续打造服务乡村振兴的组织能力

银行服务乡村振兴业务战略是全行性战略，需要全银行各层级人员参与相关经营管理任务活动。银行乡村振兴业务的推进不能仅靠个体员工的努力，还需要提升银行各团队、组织的能力，形成服务乡村振兴的合力。

一是梳理分析和构建银行各类人员服务乡村振兴的能力体系，如信贷人员、审批人员、业务分析人员、基层金融联络员等，明确各类人员在乡村振兴业务推进中的任务工作及协作协同流程，促进各类人员形成客户服务团队，打造和提升团队能力，在整个业务过程中高效协同、提升效率，促进业务有效推进。二是强化相关人员的考核激励管理。将对相关人员的能力要求、业务推进的责任要求充分反映到考核管理中，促进人员在业务推进整个实践中加强能力建设，激发员工动力，激励员工业务发展与客户服务积极性。

A 银行发布的“A 银行价值纲领”中，明确推动乡村振兴业务要加强组织能力建设，真正打造一支干部队伍。A 银行的价值纲领包含对干部的选拔标准和要求，尤其是强调干部的四大责任，即绩效的责任、效率提升的责任、文化传承的责任，以及人才发展的责任。要把人才发展放到与效率、绩效、文化传承同等重要的位置。同时，强调组织要有自驱力，每个团队都是动车，都有发动机，每个人都是一个自驱者。自驱的核心就是自我激励、自我约束，从“要我干”到“我要干”，“我们一起干”。如果每个人都能做到自驱，每个人都是一台发动机，就会真正变成一个自驱动的组织，自我学习、自我进步的组织，能够适应外部环境的不断变化。

三、充分利用“数据+科技”强化风控管理

银行应发挥“本土数据多、数据好协调”的优势，做实本土数据。聚集数据源，扎实做好本土数据归集工作，打破信息壁垒，是银行在乡村振兴业务风控上形成比较优势的关键之处。银行数据积累来自多个渠道，包括银行内部数据，如工资代发、存贷款数据；互联网数据、反映客户的衣食住行等方面的偏好习惯；以及公积金、社保、税务、公安、不动产、民政、普查等民生类、政务类数据。通过积累数据，银行可了解客户常住地、收入、资产

状况等方面的情况等。原始数据积累为乡村振兴业务的营销、客户运营、授信奠定了扎实的基础。

通过科技强化数据运用，搭建数字化风控体系，提升自主风控能力。对于银行而言，运用金融科技手段搭建全面风险防控体系，需做好三个重点环节：一是搭建多维度的准入模型。通过人脸识别、活体检测、语音识别技术，多源信息交叉校验，精准匹配客户身份。基于知识图谱技术，有针对性地进行智能身份复核。结合反欺诈系统，综合人行个人征信、银行卡等多方面信息，快速获取并形成客户个人行为属性分析数据。根据银行的准入规则、黑白名单库等，最终反馈准入与否的结果。二是推进信贷评审机制标准化建设，加强授信风险审查。例如，桐城农商银行利用“富民惠农”线上审批平台实行贷款“背对背”审批、集中审批和专业审批，提升信贷管理水平，使新增贷款风险得到有效控制。① 三是打造智能贷后预警系统，提升零售贷款风险管理能力。基于风险模型和贷后预警指标体系，强化对零售客户的综合分析，精准及时地识别客户风险，并采取配套的风控措施。

第四节　战略绩效管理推进战略落地与目标实现

通过明确战略规划、服务模式以及业务发力点，为银行服务乡村振兴设计蓝图与路径。蓝图应如何落地、分步实施？银行应从战略、业务、管理方面设计相应的绩效管理与考核体系，有效促进银行服务乡村振兴各项策略实施及战略目标的实现。

一、实施战略绩效管理，促进银行服务乡村振兴高质量发展

银行绩效管理是化战略为行动的一套管理体系，是战略执行系统，是战略落地的工具。如果战略绩效管理体系缺失，银行战略和业务模式创新就难以落实。银行的战略管理能力体现为银行战略性绩效目标的实现能力，需要

① 桐城农商银行：坚定回归本源，今朝收获蝶变［EB/OL］. https://www.sohu.com/a/363775927_736995.

把银行战略通过绩效目标的层层分解传递；通过战略绩效管理体系将组织绩效和员工绩效紧密相连，将员工的绩效结果应用于绩效工资和职业发展；通过奖励员工并提升员工的工作能力驱动战略目标的实现。

银行战略绩效管理是以银行战略为导向，以战略绩效目标的沟通与传递、绩效承诺与评价为主要内容，以推动战略的执行与落地为核心目标的绩效管理机制与制度管理体系。

战略绩效管理的核心是将战略管理与绩效管理进行有机融合（见图 7-8）。

其一，战略分解是绩效考核的依据。战略分解工作通过层层分解，形成目标管理和绩效考核“四驾马车”（岗责设计、营销管理、绩效考核、薪酬设计）的工作，成为承接战略管理的重要工具。如某银行战略分解后的核心举措之一为推进营业网点的升级改造，其细化指标包括网点智能化以及网点轻型化，故在进行绩效管理体系建设时，应考核网点升级改造的计划完成情况。

其二，绩效管理是战略督导的抓手。将战略督导工作与绩效考核“四驾马车”相结合，将绩效考核作为战略督导的方法之一，丰富战略督导的应用。如某银行在战略审查时认定分管行领导或总行部门未按序时进度完成战略任务，可通过对绩效基数调整、季度绩效考核、年度绩效考核或额外绩效奖惩等方式，对战略审查结果进行应用。

其三，绩效管理与战略管理同步评估。绩效管理与战略管理需同步开展评估，即在对绩效管理效果进行评估时，要做好战略评估以监控战略落地情况，建立定期检视和纠偏机制。如对某银行进行战略评估后发现，由于同业竞争加剧，加速了客户流失及降低了客户综合价值回报，对此应提出改进建议以保证战略的落地，而在绩效管理中，则需完善绩效考核办法。

银行要促进金融服务乡村振兴战略有序发展，围绕乡村振兴战略实施战略绩效管理，需要从战略明确澄清，向分解管理再向考核管理实施等方向推进。

结合战略绩效管理及其流程，银行服务乡村振兴的战略绩效管理与考核策略建议主要从以下几个方面进行。

第一，以战略绩效目标为核心，将战略目标分解为业务指标，实现银行战略目标的分解和落实，从而进一步对经营计划、预算、资源等方面进行管

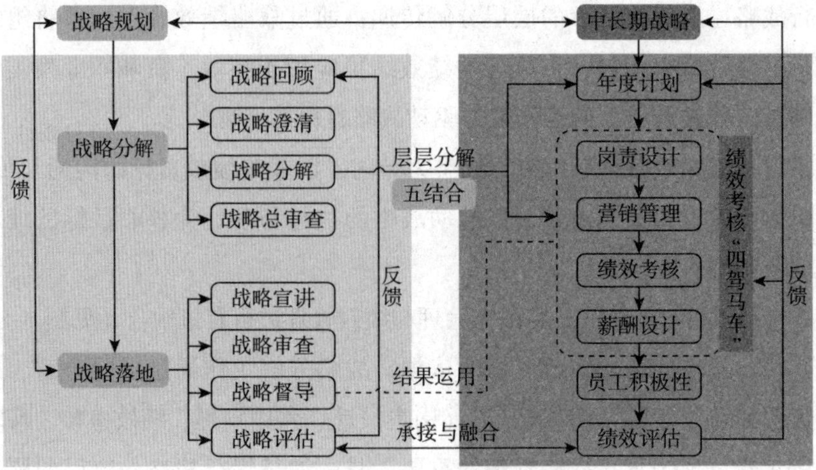

图 7-8 战略管理与绩效管理有机融合

理配置，促进与绩效管理的有机结合。形成业务单元或部门的工作计划、部门预算，并定期召开战略会议，监督战略实施情况，对部门绩效加以考核和激励；通过战略绩效目标的层层分解，将战略绩效目标落到每一位员工身上，实现绩效管理的全员参与，实现从组织绩效到个人绩效的联动。

第二，建设和优化管理、制度、文化、软件“四位一体”的绩效管理体系，并通过目标计划、辅导沟通、评价支持、反馈激励的绩效管理 PDCA 循环体系，形成持续的绩效改进体系，驱动组织和员工不断提升绩效。

第三，强化战略评估与绩效管理结合，通过战略评估与绩效评估的相互承接与融合，使战略绩效管理体系形成闭环管理，促进战略绩效管理持续改进，进而持续发挥绩效考核与管理的效果。

战略绩效管理流程如表 7-5 所示。

表 7-5 战略绩效管理流程

步骤	战略绩效管理内容
制定澄清战略规划	战略研究与分析
	制定战略规划
	根据规划路径进行业务经营管理澄清布局

续表

步骤	战略绩效管理内容
战略目标分解和落实	制订年度计划（组织平衡计分卡）
	制定年度计划预算
	制定组织绩效责任书
	制定个人绩效责任书
组织战略执行监控与沟通	确定组织季/月度目标
	编辑季/月度计划预算
	组织年/季/月度检讨与沟通
	组织季/月度绩效考核
	组织年度绩效考核
	组织年度绩效目标调整
	调整年度计划预算
个人绩效目标执行监控与沟通	制订个人季/月度计划
	个人季/月度考评与沟通、辅导
	个人年度目标调整
	个人年度考评与沟通、辅导
组织和个人的绩效考核结果应用与激励	制定激励方案
	确定年/季/月考核等级
	确定年/季/月激励
战略评估	收集战略执行资料
	编制年度战略执行分析报告

二、“两图一表”战略分解明确绩效目标与任务

（一）编制战略地图，明确各维度战略主题

战略地图的核心就是组织使用人力、信息以及组织等无形资本，建立竞争优势和提高内部效率，从而为市场提供特定的价值，最终实现组织的价值增长。金融服务乡村振兴，首先需要进行战略规划，在战略规划的基础上开展战略分解工作。

编制金融服务乡村振兴战略地图，需要银行高级管理层对内外部发展形势和未来市场走势进行判断。首先，银行高管需要结合自身分管条线，组织有关部门对外部发展形势进行调研，同时对内部管理现状进行研讨，从而制定相应的战略主题和行之有效的战略举措。其次，在召开战略研讨会议前，基于前期对银行内外部发展形势的调研，结合银行经营现状和前期的战略实施情况以及未来区域发展预期等情况进行深入研讨。常见的战略分解模型工具有 BSC 战略地图、DOAM 模型、KSF 法、鱼骨图、BLM 模型等。

第一，确定银行关于金融服务乡村振兴业务的价值增长目标，主要从财务增长的角度进行目标设定，包括乡村振兴有关的业务增长目标、利润增长目标等。相应目标的设定是基于前期的内外部发展形势调研、自身发展潜力预期以及当前的发展现状等方面综合确定的。

第二，调整客户经营策略。要实现乡村振兴金融业务的价值增长目标，需要在前期深入分析银行所处的区域内外部环境、目标客户情况等基础上，对目标客户进行分类研究并同步调整客户经营策略。现有的客户经营策略分三种：一是低成本策略，针对价格敏感型的客户；二是差异化策略，针对个性化需求的客户；三是全面化策略，针对需要提供“一揽子”服务的客户。

第三，确定各大战略主题。根据客户经营策略，银行内部各模块的经营管理要围绕策略的实施推进，进行相关工作的短、中、长期重点工作布局，明确工作重心，确定关键内部流程，从客户管理、营销管理、运营管理等方面着手相关工作，支撑战略目标的实现。

第四，从人力资源、技术等提升组织的战略准备度。判断组织现有人力等资本能否支撑乡村振兴业务的开展，寻找差距，并制定针对性策略缩小差距，从而为组织建立竞争优势，提升银行内部运营效率。

第五，制订各级行动计划。根据乡村振兴业务的价值增长目标和战略主题，将战略地图的各项内容落实到各部门，制订相应的行动计划并配置资源，确定业务发展的整体战略预算。

（二）绘制战略实施路径图，确定核心举措并规划实施路线

首先，根据 BSC 战略地图提炼乡村振兴金融业务的各个战略主题，规划

每个战略主题的实施路径。对乡村振兴金融业务战略目标的战略主题进行分解，细化成部门级或员工级的行动方案，这些行动方案构成了各大战略主题的实施路径。可采用德尔菲专家法对战略实施路径进行评估与决策，主要维度包括实施成本、实施收益、实施风险及分析结论（见表 7-6）。

表 7-6 战略实施路径基本评价维度

评价维度	维度解释	参与评价成员
实施成本	实施过程中可能遇到的阻碍和所需的资源投入量	• 银行中高层管理人员 • 外部专家
实施收益	对战略目标实现的作用大小	
实施风险	目标实施的不确定性和可能产生的负面效果	
分析结论	对实施路径的综合评价	

其次，根据每个确定的战略实施路径制定阶段控制目标，同时要确认战略实施路径的最终目的与预期效果。另外，还需要再度审视战略实施所需的资源配置并制定实施战略的指导思想、策略和具体的行动路径。在实施战略时要关注三个方面：一是确定战略实施路径的最终目标；二是实施需要做的准备，包括需要配置哪些人、财、物资源，并提供哪些相关的经营管理支撑；三是实现的方式，具体通过何种方式更好地实现目标。

最后，通过战略预算、人力资源、考核监督的措施确保战略实施。一是战略预算。战略的有效实施离不开清晰的战略预算，战略预算为战略的实施提供资源支持，战略预算与经营预算（包括全面预算和财务预算）不同，其重要性高于经营预算，应该单独编制和控制，即银行乡村振兴金融业务战略实施的预算应该进行独立的、更精细的编制和控制，并且在实际执行中可以将其分解到经营预算中。二是人力资源。乡村振兴金融业务工作的开展，需要各层级组织和人员的行动，银行应根据战略实施路径中的各战略活动确定牵头部门和协助部门，以及相关的责任人，配齐业务活动开展所需的人员。三是考核监督。绩效考核作为战略落地实施的重要管理工具，要发挥对具体战略行动的督导作用和评价作用，将战略管理与绩效管理深度融合，从而促进战略行动结果与绩效管理活动的有机结合。

（三）形成战略分解表，细化关键任务指标

1. 分解方法

关键任务的分解，需要采取合适的方法提炼关键成功因素，并形成具体行动计划。通常来说，有 3 种比较常见的绩效指标分解方法，即 DOAM 模型、KSF 法、鱼骨图。

DOAM 模型主要是通过将战略目标下的各大战略主题逐级向下分解到各部门和各员工，形成相应的战略行动方案和评价指标，让员工清楚战略目标与战略主题、战略主题与战略举措及战略行动之间的关系，确保战略方向不发生偏移。

KSF 法是首先寻找能驱动战略目标成功的关键因素，其次根据关键成功因素提炼考核指标。关键成功因素通常通过“头脑风暴”法和专家讨论法确定。

鱼骨图的使用是为了确保在战略分解过程中战略目标与战略主题、战略主题与战略举措、战略举措与战略行动之间保持清晰严谨的逻辑关系。战略行动得到有效执行，战略举措也就得到执行，而战略举措的执行将促进战略主题的完成，战略主题的完成促进了战略目标的实现，所以鱼骨图常被用于验证战略的正向分解结果。

2. 分解步骤

关键任务的分解主要有以下 5 个步骤。

一是范围确定。首先，确定框架，要做什么、不做什么。例如，在分析乡村振兴业务月度工作核心任务时，面临的主要矛盾是什么，长期目标中缺失的是什么？其次，通过内插和外延的方法确定工作范围。内插法是根据更长期的目标倒推当前阶段什么是重要的，通过任务的重要优先级最终确定工作任务内容。外延法就是从过去已经发生的出发，扩展现有的工作。过去 3 个月，我们发现了什么问题；在当前，我们需要解决什么问题。

二是目标分解。确定具体任务，下一步就是把任务拆分为更具体的目标之类。理想的战略分解，每个结果都是可以被量化的，诸如“××率达到××%”大体上一个大目标至少可以分为 3 个子目标，每个子目标又能再细分为 3~5 个子目标。如果子目标过多，则说明这个目标太大，应该考虑进行

分解。

三是优先级确定。在设定目标时，哪些是必选项，哪些是可选项。未对核心目标的实现起到充分支撑效果的，就是可选项。作为部门负责人，要有全局的视角，必须有意识地推进一些重要却不紧急的事情，须在更长期的执行周期中理解事情的优先级。

四是可执行化任务分解。战略实施路径图本身是承接战略地图进一步分解细化的产物，但并未包含具体的内容，因此从战略主题到可执行的计划，还需要更细的分解，这就是战略任务分解表。我们用看板做可执行任务的调度和跟踪。每个人每天的工作，应该在看板上产生一个变化。同样地，所有任务都是可以分解的。

五是跟踪系统。即使有了好的任务分解，如果不能有效跟踪，也无法有效率地执行，部门负责人应督促相关部门完成工作任务。

三、构建和优化绩效管理四大体系

天维信息提出绩效管理四大体系，是促进绩效考核与管理发挥作用的重点。推进四大体系建设与完善、持续优化管理运营，是银行服务乡村振兴战略落地的重要支撑。

（一）管理体系

1. 厘清乡村振兴业务组织管理，明确绩效组织模式

绩效管理的组织及其流程设计能够有效推动绩效管理，使相关业务与相关考核制度得到保障，促进执行有力度、考核有效果。管理体系的设计需要明确考核组织、人员及相关流程，因此在管理体系的设计过程中，需要明确银行推进乡村振兴业务发展的组织管理模式，相应地，考核管理体系的设计与考核运营岗位及人员的设置也依托于此。

从第三节梳理的银行服务乡村振兴的业务组织管理模式来看，当银行是简单的“总支”结构时，绩效考核管理团队涉及高层管理（董事长、行长）、业务层牵头部门及其管理者（普惠金融部、信贷管理部等及其部门考核管理人员）、业务执行层（乡村振兴支行及其考核人员），形成“一纵一横”的绩

效管理组织体系（见图 7-9）；当银行是多层级架构（如“总分支”架构）时，总行、分行两个层级架构都有相应的部门及人员负责相应的考核管理，形成“一纵两横”的绩效管理组织体系（见图 7-10）。

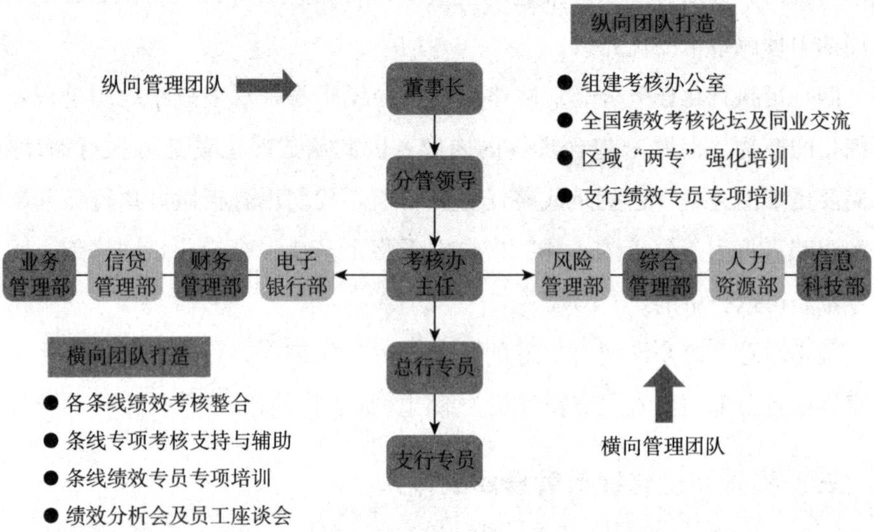

图 7-9 “一纵一横”绩效管理组织体系

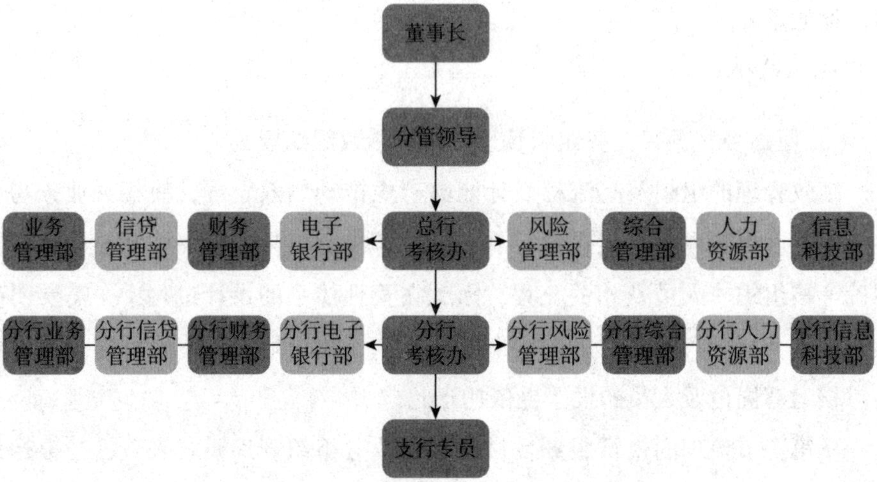

图 7-10 “一纵两横”绩效管理组织体系

2. 明确绩效组织构成及职责

在乡村振兴背景下，银行围绕业务形成相应的绩效管理组织、岗位。金融服务乡村振兴业务目前仍处于探索、摸索阶段，强化这个管理体系建设重点内容之一就是明确相应岗位管理职责及其人员的专业素养，使整个管理体系能够在相关岗位和人员的运营推动下高效运转，有效控制战略与业务策略实施及推进考核管理。在整体的考核与管理运营中，需要明确管理团队中不同角色的考核管理职责。

高层领导为指挥中心，通过业务层牵头部门进行传达和引导，业务执行层的支行能按照总行的指引进行规范打造，确保绩效考核的执行和落地。此外，高层领导层形成的委员会、领导小组等，一方面要清晰银行服务乡村振兴战略的整体目标规划，给出较为清晰的战略分析与指导，从而明确整体的绩效目标；另一方面要履行战略执行监督职责，定期检查审视业务发展与战略目标的差距，及时进行督导。

业务牵头部门及其管理者一方面要将整体战略目标分解成可执行落地的策略与业务活动，并对战略实施进行监控和统筹；另一方面需要思考如何进行有效的考核与管理推进业务发展，为绩效考核工作的质量和成效负责。

乡村振兴支行及其考核人员，支行承接执行总行下达的任务工作，按照总行的业务发展计划和层层分解的业务与业绩目标落地实施各项营销与管理工作。在考核管理上是通过执行总行的考核导向和制度规则促进业务的实施，相应地，考核人员（专职或兼职）需要根据日常运维的要求收集记录考核管理制度的反馈意见，排查核对系统数据，完成上级赋予的工作任务，审核本网点的业绩数据，及时对业绩进行维护，调整业绩关系，对支行人员提出的申诉进行解释和疏导，并及时反馈给上一级。

（二）制度体系

1. 关注监管政策考评要求，将其融入考核制度中

《中共中央 国务院关于全面推进乡村振兴 加快农业农村现代化的意见》提到，稳妥扩大农村普惠金融改革试点，依照程序建设金融服务乡村振兴试验区，将服务新型农业经营主体作为重点任务，落实好商业银行绩效评价办

法。将对新型农业经营主体的金融服务情况纳入金融机构服务乡村振兴考核评估，强化评估结果运用。为全面贯彻落实《中共中央 国务院关于实施乡村振兴战略的意见》，把更多金融资源配置到农村经济社会发展的重点领域和薄弱环节，更好地满足乡村振兴多样化金融需求，中国人民银行、银保监会制定了《金融机构服务乡村振兴考核评估办法》。该办法第六条提出，金融机构服务乡村振兴考核评估指标分为定量和定性两类，其中，定量指标权重为75%，定性指标权重为25%。金融机构服务乡村振兴考核评估定量指标包括贷款总量、贷款结构、贷款比重、金融服务和资产质量五类；定性指标包括政策实施、制度建设、金融创新、金融环境、外部评价五类，另设加分项和减分项。

2. 明确不同考核主体的考核设计重点方向

（1）省级联社“抓大放小定方向”推进差异化分层分类考核。

农信法人机构作为县域重要的金融主体，在金融服务乡村振兴工作中是中坚力量，而在我国的农信管理体制下，省级联社作为监督、指导、服务农信法人机构的主体，对法人机构的考核管理将直接影响其具体的考核制度设计。

省级联社为全省的农信法人机构提供指导服务，但省级区域内法人机构所处的区域社会经济发展情况、自身发展水平及定位存在诸多差异，因此，省级联社在对法人机构的乡村振兴金融业务推动工作进行考核管理时，一方面需要从方向性、共性的角度进行规范；另一方面要兼顾区域差异性，对法人机构进行分层分类考核管理。

如中西部某农信系统对全系统服务全省乡村振兴、加快农业农村现代化进行部署。围绕工作推动、工作衔接、工作质效，强化结果应用等维度强化对法人机构的考核管理。一是工作重视情况，主要考核各级班子、主要负责人和机构对巩固拓展脱贫攻坚成果和服务乡村振兴工作的重视程度，包括工作措施、工作机制、政策运用、保障措施是否落到实处。二是工作衔接情况，实施差异化考核制度，重点考核乡村振兴重点帮扶县县级行社巩固拓展脱贫攻坚成果、整体推进县县级行社支持农业农村现代化建设、先行示范县县级行社支持县域内城乡融合发展、市级机构落实执行帮扶政策情况。三是工作质效，主要考核信贷投放数量和信贷资产管理质量。实施过程管理，按月评价，按季通报、排名。四是强化考核结果应用。加大考核力度，将服务乡村振兴工作的考核结果纳入党建工作和省联社综合考评体系，作为县级机构评优评先、领导班子及领导人员履职评价，并与市县机构高管绩效挂钩。

在绩效考核层级方面，对市、县两级机构分别进行考核。市级机构根据辖内县级机构巩固拓展脱贫攻坚成果和服务乡村振兴整体工作完成情况统一标准考核。县级机构根据乡村振兴重点帮扶县、整体推进县、先行示范县进行差异化分类考核。重点帮扶县重点考核巩固拓展脱贫攻坚成果；整体推进县重点考核服务乡村振兴，兼顾巩固拓展脱贫攻坚成果；先行示范县重点考核服务乡村振兴。

在具体考核指标内容方面分为三类指标：一是管理类指标，主要考核市县机构巩固拓展工作的组织推动、政策运用、抗风险能力、风险处置能力、金融服务等情况；二是经营类指标，包括信贷投放、资产质量；三是差异化指标，包括重点帮扶县、整体推进县、先行示范县。

（2）法人机构精细化制定考核制度方案。

法人机构作为金融服务乡村振兴的具体实施主体，考核制度方案的设计需要在承接监管与省联社要求的基础上更加精细准确，根据法人机构各层级乡村振兴工作推进工作任务对考核内容指标与标准进行设计，通过发挥绩效考核的“传送带”作用，将整体的经营目标分解到各专营部门、各专营支行、各专营团队，根据各个职能部门工作的侧重点差异化设置考核指标，进一步优化“三农”业务绩效考核体系，专项设置农户贷款、民生代理业务、乡村电子机具布放、产品模式创新等金融服务乡村振兴战略的考核指标，将考核指标的完成情况与业务授权额度、资源配置以及职能部门班子考核相挂钩，围绕信贷结构调整丰富员工考核指标，结合法人机构业务实际，通过考核导向将信贷结构调整落到实处，引导全行员工坚持支农、支小、支散、支微的市场定位。同时，做好风险防控工作，建立贷款质量考核，设置返还指标，激励员工加大对到期贷款、新增不良、欠息贷款、存量不良贷款的清收力度，提高员工对风险防控、合规经营的重视程度。实施差异化的监管和评价政策，如适当提高农户业务的风险容忍度，对金融扶贫贷款采取差异化的经济资本系数和拨备标准，对涉农业务实施独立的效益核算机制等，确保金融服务乡村振兴战略落到实处、取得实效。

综合运用多种考核制度方案，针对银行服务乡村振兴战略目标与业务发展过程中的主体对象和具体任务进行及时精准激励，从而有效提升银行服务乡村振兴效率和效果。比如，针对员工强化个人激励，提升员工积极性，可以采用业绩计价考核到个人，根据业务不同分类，设置不同的业绩标准，通过提高乡村振兴有关的业务业绩标准促进员工推进乡村振兴业务的发展。针对机构进行激励，可以设置机构任务考核，按照上级监管以及总行自身发展的要求，对支行任务考核指标中相关指标的内容、权重等进行调整，从而引导机构重点关注乡村振兴业务的推进。针对阶段性的专项任务激励，设置专项考核方案，采取单独考核形式，强激励、强约束，引导员工专注阶段性业务重点发展方向或重点工作内容。

3. 围绕产品全价值链，关注“以贡献为本”的考核设计

从前文分析银行差异化金融服务乡村振兴的业务策略可知，产品（服务）的融合与创新是促进金融服务乡村振兴业务高质量发展的重要策略，实现产品（服务）持续升级是绩效管理助力乡村振兴的重要绩效目标。

实现产品（服务）持续升级的整体战略绩效目标，需要将战略绩效目标分解到银行产品管理生命周期的全价值链当中，精细化产品生命周期管理的全价值链过程，从而实现准确评价产品管理各环节人员绩效，关键要基于产品管理本身流程，即从概念产生到开发再到营销服务的整体流程重塑产品价值链，明确产品价值链的关键价值环节及其任务活动，以及相应活动实施的主体，在此基础上构建“以贡献为本”的精准考核与分配体系。

(1) 基于产品管理生命周期重塑产品价值链。

产品价值链的设计，应该围绕产品从无到有再到面向客户的整个循环流程中的价值环节及其活动进行，清晰明确哪些环节和活动是在最终的价值目标实现中起作用，并将这些环节和活动通过价值链条串联起来，可以清楚地理解哪个环节、哪些活动对价值目标实现是有价值的，既强化了各个环节的联结，也强化了各环节与银行目标的价值联结（见图 7-11）。在强化链条环节自身联结的同时，组织人员围绕产品价值链条推进相应环节和活动，强化

价值链条上各价值环节内部、价值环节之间的工作任务、人员组织、资源配置等方面的协同，促进产品价值增值。同时，基于产品本身流程，即从概念产生到开发再到营销服务的整体流程，其每个阶段的任务活动应该都是以客户为中心，也就是说，流程环节中的所有活动任务都是基于客户需求和优化体验而进行的，而不是为了做而做，这也是产品最终产生效益的基础。

通过产品价值链重塑，在整体的价值链活动中明确关键价值环节及其任务活动，在产品价值链的产品战略、产品市场、产品需求、产品规划、产品研设、产品上线营销、持续服务等价值环节及对应环节都有相应的具体活动，这些活动通过任务目标分解能够精准地与执行主体进行对应。因此，基于产品价值链，在考核分配时，只有将有限的资源精准配置到真正参与产品价值链价值创造的主体对象上，才能实现整体绩效管理的精准化，实现按贡献精准地考核与分配。

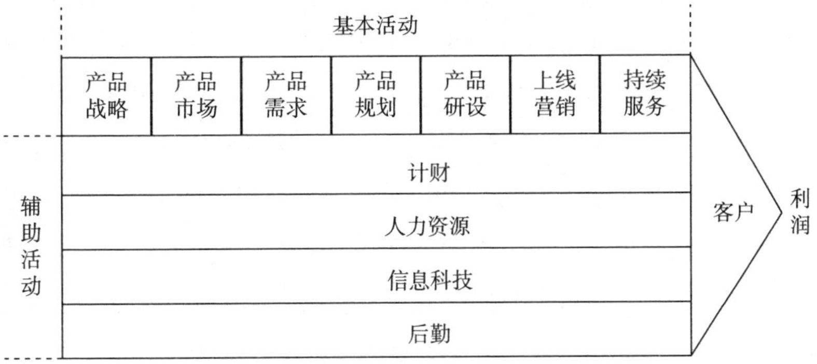

图 7-11 基于产品管理生命周期的产品价值链

（2）“以贡献为本”的产品价值链核算体系是精准化考核设计的前提。

基于产品价值链，银行如果要以贡献度为基础对相关对象进行考核评价，就必须先构建“以贡献为本”的产品价值链价值核算体系，即首先明白个体、团队、部门甚至是各价值环节对整体价值创造的贡献是多少，才能根据贡献进行考核分配。经过系统性分析，总结出产品价值链的价值衡量与核算思路及方式，如表 7-7 所示。

表 7-7　产品价值链的价值衡量与核算思路及方式

结果性衡量	过程性衡量（以价值创造过程中的贡献度测算为基准进行核算）				
产品价值	价值链主体			价值环节	
价值 EVA 体系、FTP 利润体系、规模体系	核算因素：工作任务量、工作复杂度、工作强度、工作技能	核算思路：根据核算因素对分解到每个主体的任务活动进行打分，然后计算与其权重的加权和得到主体贡献得分，某一主体贡献得分与所有主体得分的比值则为该主体贡献度	核算公式：$M_{i}=A_i\times a\%+B_i\times b\%+C_i\times c\%+D_i\times d\%$（$M_i$ 为某主体 i 的贡献得分，A_i、B_i、C_i、D_i 分别为各因素评分，a、b、c、d 为各因素权重）；$P_i=M_i/\Sigma$（价值环节主体的贡献得分）（P_i 为贡献度）	核算思路：以每一环节的参与主体进行价值贡献归集	核算公式：$F_m=\Sigma\ (P_i)$（F_m 为第 m 个价值环节的局部贡献）；$Q_m=F_m/\Sigma$（7 个价值环节的局部贡献）（Q_m 为第 m 个价值环节的贡献度）×产品特征调节系数

总而言之，产品价值链的核算从过程性衡量到结果性衡量，核心是围绕对价值的贡献度测算进行的，以各价值环节中任务活动的 4 个价值因素为依据，首先核算以实体主体与虚拟主体为代表的个体价值层，其次以此为基础通过价值贡献集聚核算各价值环节，团队、条线、部门等团体的价值贡献，最后产品价值链的整体价值导向就是通过对产品价值链的价值贡献最终实现客户价值。比如，金融服务乡村振兴产品的创新与营销，能够根据产品管理生命周期对产品研设小组及营销人员进行全面的价值贡献分析，并在此基础上对相关主体进行精准化的产品业绩考核。基于此，构建“以价值贡献为本”的产品价值链的评估体系，如图 7-12 所示。整个评估核算体系形成“1234”的架构体系。

1 个价值目标导向：产品价值链的评估核算以客户价值实现为导向，银行内部围绕客户价值实现，通过对产品价值链的价值贡献促进产品价值实现，进而满足客户价值诉求。

2 条价值归集路径：各层次价值贡献度的归集路径有两条，一条是从个体价值贡献到团体组织价值贡献的归集，通过个体与团体组织之间的工作关系、组织隶属关系等进行归集；另一条是从个体价值贡献到价值环节的价值贡献归集，通过价值活动等进行归集。

3 个价值贡献层次：分别是以实体主体与虚拟主体为代表的个体价值层、

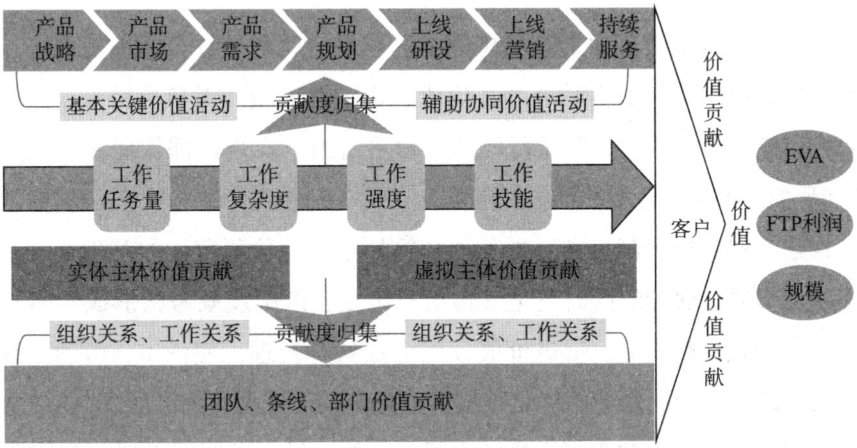

图 7-12　“以价值贡献为本”的产品价值链的评估体系

组织价值层以及产品链条环节层。

4 项价值因素依据：所有价值贡献的评估核算都是以工作任务量、工作复杂度、工作强度以及工作技能这 4 个价值贡献因素为依据的，是价值贡献核算的基础。

（3）“以价值贡献为本”的考核与分配机制促进产品考核精准化。

通过产品价值链及其核算体系的构建，围绕“贡献”能够精准地实现对相关主体的考核与绩效分配，促进产品价值链整体绩效管理的精准化，如图 7-13 所示。

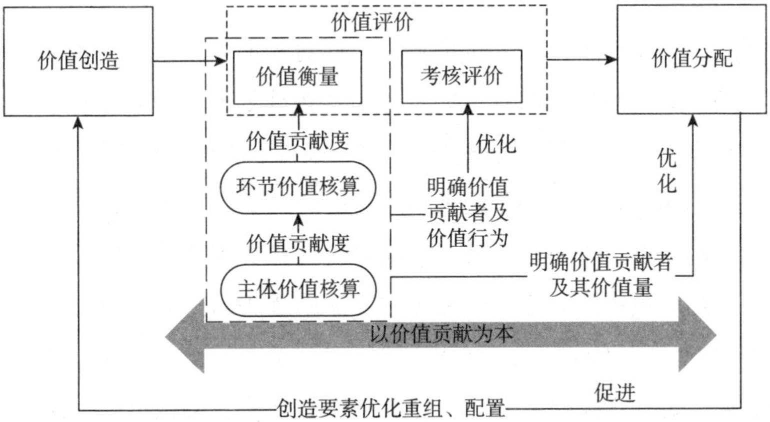

图 7-13　“以价值贡献为本”的考核分配机制有效促进产品价值链考核与分配精准化

构建“以价值贡献为本”的价值核算体系，就考核评价的前提而言，明确承载价值贡献的价值贡献者及其价值行为，促进绩效考核更精准，激励更有效，以绩效管理为抓手的银行经营管理更有力，实现内部管理从“以人为本”到“以价值贡献者为本”的转变。

构建“以价值贡献为本”的价值核算体系，就价值分配的基础而言，能够在明确价值贡献者的同时清楚其价值贡献量，匹配绩效考核形成“多贡献多得”的考核分配机制，促进价值分配更加科学合理，使资本、劳动、科技等要素在新一轮价值创造中优化重组、配置，实现更大的价值创造。

形成考核资源“按贡献度决定配置量，按激励对象决定配置优先权”的机制。考核资源首先应当秉承“按贡献度决定配置量”的原则，在对不同产品的价值链、不同环节进行贡献度分析后，再根据部门、人员与任务环节的主体对应关系确定相关部门及人员的贡献度，最后根据贡献度分配绩效考核资源。

“按激励对象决定配置优先权”，即银行根据自身实际需要，不同产品处于不同阶段其着重优先激励的对象不一样，根据产品价值链内需要优先激励的对象优先分配考核资源。从实践中可以看到，很多银行会采取措施优先保障一线人员考核资源，这正是因为产品最终要实现的价值，只有一线营销机构及其人员成功将产品销售给客户，可量化的经济收入才能体现。因此，一线营销机构及其人员在产品价值量化实现中承担重要任务，具有重要价值，对其的考核导向体现了任务的价值特点，即对产品营销实时变现的贡献。整体而言，他们更需要即时激励，促进产品销售计划的有效实施执行，因为产品只有卖出去了，才能真正实现价值变现，银行才能获得收益。

形成“多贡献多得”的分配机制。这里的“贡献”既可以是劳动者提供的劳动产生的贡献，也可以是技术、信息等虚拟要素产生的贡献，价值分配要倾向于高绩效主体的要素，鼓励先进，激励优秀员工与主体。“多贡献多得”，强调的是产品价值链要素在价值创造中的贡献，这种贡献是要能够创造增量贡献的，是真正能够促进产品价值链产品增值。根据员工主体（实体员工、虚拟员工等）、团队、部门等在产品价值链中的贡献度的高低，实现对各层次主体的绩效更精准的分配。

目前，不少银行在产品考核上进行了创新实践，J 城商银行通过构建价值链将中后台囊括在产品考核中，按中后台贡献度进行直接创利分配，使中后台人员与产品最终效益大小的联系更加紧密，通过考核使中后台绩效与产品效益挂钩，要求突出中后台人员的贡献，让中后台人员成为“创利型”人，而不是成本型人与管理型人。同时，设定“从前到后”的考核资源配置机制，强调对一线营销人员的激励，先市场一线、后中后台；先个体、后团队；先相对直接的价值创造节点、后相对间接的价值创造节点，按“市场一线—中后台”的顺序兑现业绩薪酬。在平均业绩薪酬兑现比例方面，中后台人员不高于市场团队，通过对营销人员的即时激励推动产品营销实现价值变现。D 农商银行基于贷款产品的不同类型，重新梳理其贷款产品在产品营销、持续服务价值环节的主要活动流程，将贷款产品划分为纯线上贷款、线上线下相结合贷款和线下贷款，不同贷款类型的价值活动不同，参与主体及其参与程度也有所差异。如纯线上贷款客户经理主要进行获客营销、贷后管理等工作，对其进行的考核主要强调拓户营销，强激励，同时对于需要线下管户的客户，强调工作量及管户动作履职，而对营销收益、质量考核进行弱化，对此部分在考核研发环节进行强化。

4. 深耕客户考核，提升精准化客户服务经营能力

（1）强化客户精准服务，促进价值循环转化。

精准服务既是乡村振兴金融服务的要求也是目标。在乡村振兴背景下，农村金融机构服务的客户群体主要有农户、新型农业经营主体、小微企业等。精准服务通过将精准的产品、服务提供给客户，实现客户价值转化，同时促进营销管理、客户管理、科技等的协同，让相应岗位员工充分有效履职，实现岗位价值，实现员工价值转化，进而实现银行整体价值转化。因此，银行需要加快构建和提升客户管理能力、深耕客户经营、推进客户考核，提升盈利能力。

客户价值转化是指客户的生命周期阶段转化，从一次性交易的客户变为重复交易的活跃客户到长期交易的忠诚客户。员工价值转化，是指员工通过服务，为客户创造价值，提升客户忠诚度，促进客户交易，从而获得自我成

就感、良好的客户反馈以及绩效回报。银行价值由员工和客户创造，员工、客户的价值转化和提升必然带来银行价值的提升。

客户、员工、银行三者之间价值转化是基于客户的精准服务，建立差异化的客户考核体系，促进客户分层营销，强化价值循环。差异化的客户考核体系建设包括客户分群分类、基于客户的业绩关系分配规则确定、基于不同客群差异化考核体系建设三个重要环节。

（2）持续动态优化客户分群分类，夯实精准服务基础。

客户细分管理在本章第二节的业务发展策略部分已有相关描述，具体到为考核管理服务而言，银行需要根据自身客户经营实际情况进行精细化分群分类优化。客户分群及画像是客户精准服务的基础，更是考核的业绩关系基础。在金融服务乡村振兴背景下，对当前目标客群先进行特点梳理（见表 7-8），后进行分群、分类或分层，分类标准既可以按照客户属性、交易属性、行为特点等单一指标划分，也可按照复杂指标或多指标组合划分，部分银行客户分类示例如表 7-9 所示。银行客户信息的全面性、技术工具的支撑和运营、客户运营及管理能力决定了客户分类的精细化程度。

表 7-8　不同客群的特点梳理

客群	特点	信贷产品	渠道	业务特点	营销服务策略	客户关系策略
农户	信息不完善，金融意识不强	抵押贷、信用贷、扶贫贷等	线上、线下（如便民服务站）	额度小、风险高	整村授信、走访	客户经理、协作人员，批量维护
新型农业经营主体	信息不完善，金融意识不强	养殖贷、旅游贷、粮食贷等	线上、线下（网点）	需求快、风险评估难	整村授信、走访	客户经理“一对一”维护
小微企业	信息不完善，需求及时性要求高	线上快贷	线上、线下	需求快、风险评估难	线上授信，网格化营销、客户经理专人维护	客户经理“一对一”维护
企业	需求复杂，议价能力强	产业链贷、供应链贷等	线上、线下	金额大、风险高	客户经理专人维护	团队“一对一”维护

表 7-9 客户分类示例

分类标准	客户分类
农区客户（信贷需求意愿）	暂缓客户（无需求）、潜在客户（预计后期有需求）、目标客户（当下有需求）
城区客户（综合需求）	基础客户（支付需求）、信贷需求客户（信贷产品）、综合需求客户（存贷款、理财等）
客户（竞争性及信贷需求额度）	蓝海客户、黄海客户、澄海客户、红海客户
客户（存贷款额度、AUM）	一般客户、白银客户、黄金客户、白金客户、钻石客户、战略客户
客户（贷款余额、交易次数）	蚂蚁型客户（交易次数多、贷款余额低） 鸽子型客户（交易次数多、贷款余额高） 考拉型客户（交易次数少、贷款余额低） 河马型客户（交易次数少、贷款余额高）

在乡村振兴背景下，很多银行以整村授信、网格化营销、线上贷款等模式开展客户经营工作，按村、网格、社区、渠道、场景客户的经营单元划分，对客户进行分类分群也是一种可选模式。

在厘清客户分群分类管理的基础上，银行可以更加明确地将客户分配到个人，员工与客户的业绩关系匹配是考核激励到个人的基础。在以客户为中心的考核体系下，农村银行机构可以对不同的客群实施不同的业绩关系分配规则。对于农区客户或城区长尾客户，可以按照行政村、网格等匹配客户经理，对于农区新型农业主体、重点客户群体、城区小微企业客户、企业等则可以按单个客户匹配到客户经理。

（3）围绕客户全周期的需求管理，促进客户价值增值。

通过持续的客户经营，关注客户资产创造能力、资金沉淀能力、财富增值能力，全面提升客户综合价值，促进客户价值增值，进一步在考核管理层面，精细差异化地围绕不同客户的全周期需求进行考核设计，持续促进客户价值增值，从而实现银行价值。一方面，可以依据客群所处的开发阶段的不同，如获客、活客、黏客，设置相应的考核内容和指标，在考核导向上需要考虑规模、质量、效益的有机结合，如图 7-14 所示。另一方面，金融服务乡村振兴业务面向不同类型的细分客户。基于不同类型客户的需求差异，对他们的营销管理全过程活动也存在差异，因此考核指标内容要相应地改变，如表 7-10 所示。

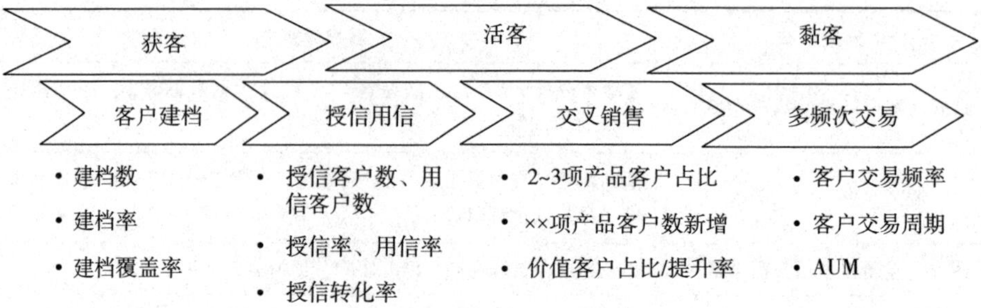

图 7-14　不同阶段考核指标示例

表 7-10　基于不同客户类型的全过程考核指标示例

客户类型	营销阶段	考核指标
农区客户：种植养殖大户、新型农业主体	批量获取信息	与村委会合作，批量获取信息
	建档	基础建档、达标建档，行政村建档覆盖面
	整村授信	授信客户数、整村授信覆盖率
	纳入白名单	预授信户数，行政村预授信覆盖面
	客户分类	按照客户信贷需求进行分类
	综合营销	用信户数、用信覆盖面，各类贷款产品新增，电子银行产品新增
	贷后管理	不良贷款容忍度
城区客户：个体工商户、小微企业主	划定网格	按照社区、商圈进行分类
	走访建档	基础建档、达标建档
	客户分类	按照客户金融需求进行分类
	产品服务方案制定	根据客户类别匹配产品和服务策略
	综合营销	贷款产品新增，电子银行产品新增
	贷后管理	不良贷款容忍度
城区客户：工薪客户	名单信息收集	基础建档、达标建档，事业单位建档覆盖面
	批量授信	授信覆盖面
	客户触达	电子银行产品新增
	综合营销	贷款产品新增，电子银行产品新增、结算业务新增
	贷后管理	不良贷款容忍度

续表

客户类型	营销阶段	考核指标
营销过程管理	营销过程关键动作行为	晨会、营销资料准备、客户走访、数据分析等，根据检查情况进行评分或扣分

（三）文化体系

1. 统思想，打造全员参与的绩效管理文化

促进战略绩效管理效果持续实现的一个关键点就是银行从战略层面到管理层面，再到基层实践，都需要全员参与。因此，绩效管理与考核促进金融服务乡村振兴，要最大限度地激发员工积极性，使战略目标、业务策略、管理活动能切实落实与实施推进，更需要在整个绩效管理活动过程中促进全员参与，转变绩效管理是考核者任务的思想，促使员工形成自觉自发、自我驱动的绩效管理文化观念。

一是思想上，从考核者与被考核者的关系理念转变为绩效合作伙伴理念。在银行绩效目标实现的问题上，各层级的管理者与员工的目标是一致的，是绩效合作伙伴。促使员工积极参与，共同制定实现目标的措施和方法，群策群力，找寻目标实现的路径，实现共同绩效目标。

二是提升全员绩效管理能力。各层级管理者通过绩效管理这一有效的管理工具，不断关注任务目标、员工成长，引导员工努力实现绩效目标，提升与改进部门绩效，包括计划分解、人员与物质资源配置、绩效沟通辅导、绩效反馈分析、制定改进策略并实施、考核指标的细化调整等方面的能力提升；提升管理运营能力，推进绩效管理 PDCA 运营循环等。同时，普通行员绩效管理能力的培养和提升也是关键，要明确所有人员都是自身绩效的第一负责人，鼓励员工参与绩效管理，如绩效目标的制定，绩效实施过程中具体业务营销能力的培训提升，自我绩效分析、绩效改进的能力提升等，从而提升员工绩效全流程的参与能力和绩效创造能力。

2. 固流程，考核管理循环改进深入员工日常工作

战略绩效考核管理的有效落地与推进，要求在绩效管理中持续对标阶段性目标，及时改进，促进考核管理持续循环提升，这些流程动作包括月度跟进、季度评估、年度总结等。需要将这些流程、工作思路在绩效管理中持续

进行固化、优化，使其融入员工日常工作，形成绩效持续改进优化的理念，使之成为指导员工工作的重要准则。

(1) 月度跟进。每月跟踪相关部门、支行的业务开展情况，分析重点业务指标变动，及时发现业务短板。

(2) 季度评估。每季度对全行经营任务、支行经营任务、绩效兑现情况进行分析评估，评估绩效兑现与业务变化的匹配度，评估绩效考核激励和导向作用的效果，及时诊断、及时发现、及时改进。

(3) 年度总结。总结年度规模、客户、效益、风险、结构等方面的变化，根据现有业务结构制定下一周期经营策略，同时配套设计与之对应的薪酬预算方案和绩效考核方案，确保薪酬资源流向与战略规划相匹配。

3. 强沟通，绩效管理反馈沟通贯穿业务管理全过程

绩效管理围绕银行服务乡村振兴业务开展的整体过程进行推进实施。在这个过程中，强化绩效管理的沟通反馈，使各主体始终以绩效目标实现为共同目的推进业务的实施。

在绩效目标计划阶段，相关主体主要是要确定绩效计划的内容和实施流程以及最终目的，各相关主体承担的责任与评价标准要一致。目标是一个工作流程的导向，只有确定目标，针对目标制订的计划才有实际意义。只有通过沟通，管理者把组织和自身对干部职工的期望传达下去，干部职工才能更好地理解组织业务管理发展的要求，确定最终的绩效计划。在绩效计划内容确定阶段，包括业务目标的分解、指标的设定，任务级别的确定、授权问题，相关可支配资源、可能存在的困难和需要的帮助等，都需要绩效双方进行沟通确认，促进绩效计划的顺利完成。

在绩效实施阶段，银行各职能部门围绕服务乡村振兴的业务绩效目标开展相关任务工作，在整个任务实施过程中需要不断强化各部门、业务团队之间阶段性的纵向与横向沟通，围绕业务目标绩效实施进度、问题难点、协作调整等方面进行阶段性的反馈沟通，及时发现业务实施过程中的问题，监控实施进度，从而能够及时、灵活地对业务进行策略调整。

在绩效考核阶段，沟通反馈是推进考核管理、有效激励员工的关键。在

对考核结果及时反馈的同时加强与员工的沟通，与员工共同分析绩效结果并讨论绩效改进方向与计划；组织专门的绩效工资分析会、员工座谈会等进行反馈，使员工不仅了解自身的绩效情况，也对团队、组织的绩效情况有更全面的掌握。各层级管理通过反馈沟通、绩效分析，精准定位业务管理过程中的问题与不足，制订、改善行动计划。

4. 建标杆，挖掘先进事迹典型

各级银行机构要在服务乡村振兴中深入挖掘先进事迹典型，利用现代化传媒手段，创新宣传形式，对先进典型进行全方位、立体式宣传报道，增强先进典型的引领作用，激发基层客户经理学先进、争先进、赶先进的热情，推动信贷人员找准价值坐标，增强职业道德理念，用身边的人、身边的事教育引导信贷队伍。要积极运用典型带动方法，总结一批可复制、易推广的工作经验做法，促进乡村振兴业务工作深入开展。

在此基础上，提升上对下的精神激励，即在下一层形成的先进典型，不仅要在本层级进行宣传激励，上一层级也应该积极参与到标杆典型的宣传和荣誉激励中，使相关标杆人员获得全方位的认可，进一步加强标杆的带动作用。比如，商业银行总行、省联社等对服务乡村振兴工作中涌现出的先进单位和个人进行表彰、奖励，进一步调动各级想干事、敢干事人员的热情和干劲。

厦门农商银行深耕“金融助理”建设，推广“党建+金融助理+多社融合”模式，为厦门乡村振兴提供有力的金融人才支撑，带动更多金融资源配置到乡村地区，更好地满足乡村振兴多层次、多样化的金融需求。截至 2021 年 3 月，该行已选派 310 名干部职工赴 319 个村居、57 家企事业单位挂职，覆盖全辖 6 个行政区、18 个镇街。其中，涌现出不少先进代表，为表彰优秀、树立标杆，厦门农商银行评选出了 12 名“乡村振兴优秀金融助理”，进行表彰颁奖。①

（四）软件体系

在银行金融服务乡村振兴方面，无论是客户管理中的建档、走访等资料

---

① 厦门农商银行：智慧金融赋能 助推乡村振兴［EB/OL］. https：//baijiahao. baidu. com/s?id=1706402497621156806.

数据的沉淀、更新，还是营销管理过程中的活动基础数据留痕等，都为绩效考核与管理运营提供了坚实的数据基础。随着银行战略绩效管理的推进，作为绩效考核管理落地的系统工作，仅提供绩效数据统计运算功能已经无法满足银行业务发展的需要，同时在以客户为中心、数字化转型的趋势下，银行绩效管理迎来了一些新的变化。一是从传统绩效向大绩效转变。数字化时代的价值创造除了传统的人的因素外，也包含数据要素、技术要素、创新要素等非人因素。二是从局部绩效场景向全面场景绩效转变。以往不少银行的客户关系管理、市场营销系统等都会增加一个绩效考核模块帮助该业务系统更好地运营下去，但是如果仅关注局部经营管理活动的价值提升，而忽略围绕战略目标的全盘、联动考虑，那么最终很难取得好的成效。全面场景绩效指以银行的全价值链为绩效提升方向，突出各个经营管理活动的价值，以银行整体经营效果的变化为依据，以战略目标为引领，以绩效考核为抓手，对客户管理、产品管理、营销管理、人力资源管理等活动进行全面场景化设计。因此，利用相关技术建设一个集成性、系统性的，能够为银行业务发展提供决策依据并推进营销与客户管理的一体化系统工具成为必然，以进一步建设完善系统平台，促进融合智能化。

1. 打造高绩效工作平台系统

高绩效工作平台系统是以战略绩效管理为抓手，构建“强大中台+敏捷前台”管理架构，旨在通过促进外部营销拓展及内部精细管理全面提升员工绩效、客户绩效，从而实现组织绩效的全面提升，是帮助银行打造员工和客户共同成长的一体化数字平台（见图 7-15）。

高绩效工作平台系统引入平台框架，通过消息、任务及看板等模块打通了各场景，提升了员工工作效率；构建营销闭环，赋能多元化营销场景，从获客、留客到活客、客户洞察，实现单客户的提升，有针对性地设计了多种营销产品，能够帮助客户经理更轻松地完成营销目标；金融管家通过社交裂变模式，构建管家的个人平台，激发员工热情，实现员工与银行业绩双提升；客户宝引入客户标签体系，通过海量数据搭配推荐算法，洞察客户所需，为营销赋能。

从整体技术层面的应用架构上分析，高绩效工作平台系统需要构建三层

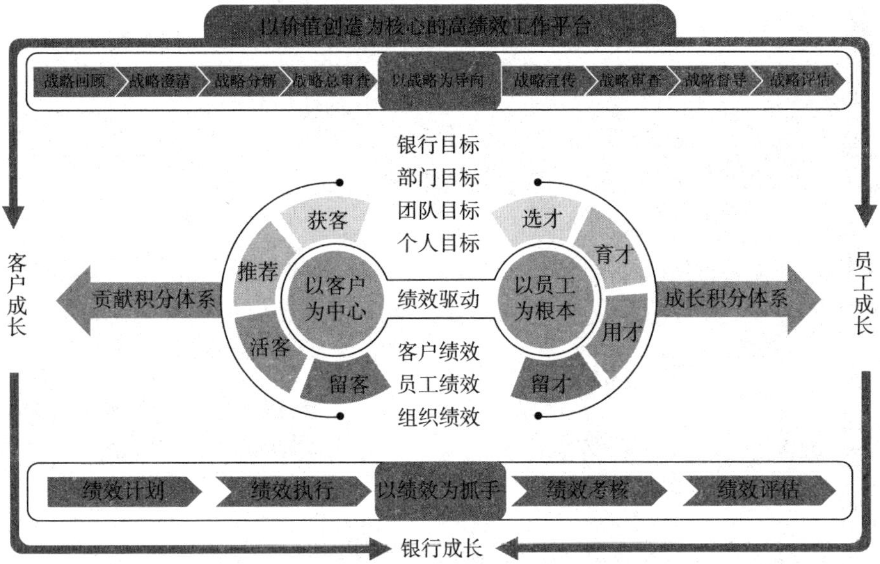

图 7-15　银行高绩效工作平台系统

架构，下层是中台支撑、中层是前台应用、上层是接入层（见图 7-16）。最下层的中台依靠技术中台、数据中台以及业务中台支撑这种基础建设。前台应用核心是围绕相关的核心应用，比如，数字化战略绩效、数字化营销以及数字化人才运营等，从驾驶舱、绩效报告和智能分析的角度，基于这个业务板块构建系统，从而多维度展现数据和绩效结果。相对来说，上层的接入层比一般的系统复杂，用户端除了银行之外，未来还可以接入银行的客户，实现开放应用。

2. 强化应用升级，促进平台融合智能化

（1）提升绩效管理平台应用的融合能力。

在各业务的系统上增加考核模块，竖井式的建设无法满足银行全面绩效管理的要求，越来越多的银行将绩效管理系统作为独立的系统建设，但是仍存在将绩效管理系统定位为绩效考核的现象，缺乏与业务系统之间的联动，未能充分发挥绩效管理系统的“抓手”作用。

基于全面绩效价值链，提升绩效管理平台应用的融合能力，即以业务为核心，通过基于战略导向的价值链的建设和运营，促进业务与战略的紧密对接，促进业务与考核高度融合，整合一套全新的业务流程，包括定目标（战

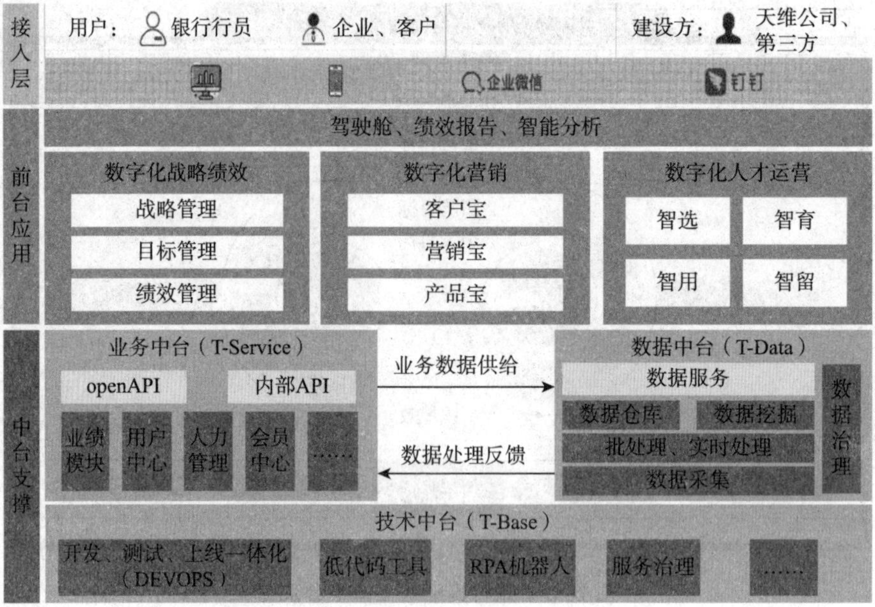

图 7-16　高绩效工作平台系统应用架构

略管理)、搭班子（人力资源管理)、找客户（客户管理)、做营销（营销管理)、分绩效（绩效管理)。其中，以分绩效为核心，串联起各个主流程。例如，通过绩效管理可以评价反馈对应的目标，对员工进行评价和激励，对客户和营销客户的行为制定 KPI，进行考核和奖励（见图 7-17)。

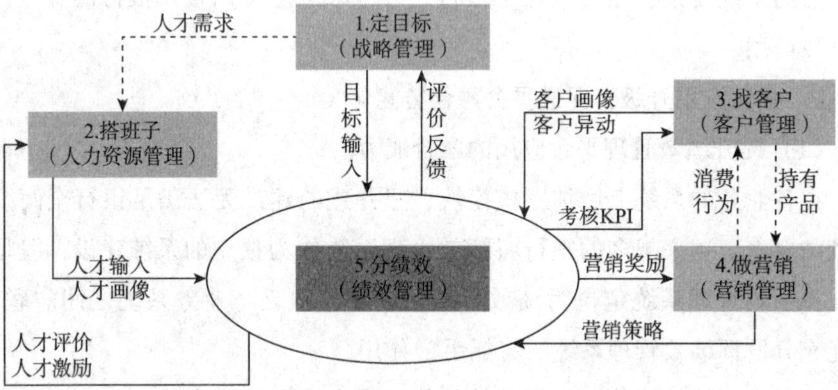

图 7-17　业务与考核融合后的业务流程

以 N 银行为例，随着该银行大零售 2.0 改革和数字化转型在总分行层面逐渐落地实施，零售条线人员队伍迅速扩张，管理半径快速延长；同时，零售条线正在推动“以产品为中心”向“以客户为中心”转型，推动“以规模为导向”向“以利润为导向”转型，推动“传统服务渠道”向“一体化服务渠道”转型。目前，考核体系逐渐趋向完善，但仍依赖线下传导，考核有效性和透明度有待增强；资源统筹愈加有效，但精细化管理有待加强，需要进一步形成围绕客户综合贡献度和业务条线利润贡献的投入产出分析；人员队伍已初步形成统一管理，但整合度仍有待提升，业务发展与队伍的评价、晋升、淘汰未形成有效闭环，2022 年启动大零售经营分析平台系统建设，该平台包括经营分析、绩效考核、人才分析等模块。

（2）提升绩效管理平台应用的连接能力。

绩效管理平台不是一个孤立的系统，其考核业务、考核对象数据主要来源于数据仓库系统、经过绩效管理系统计算的考核结果，考核明细数据、考核指标等数据也会应用于指导经营分析、客户营销、人才发展。过往，我们主要采用点对点集成、SOA 总线集成、分布式集成等方法实现绩效管理系统与其他系统的集成，但是点对点集成有高耦合、集成无法复用、重复开发造成资源浪费、运维复杂等问题；SOA 总线集成有易用性差、业务边界固化、两条总线间对接困难等问题；分布式集成有安全挑战、边界定义困难、无法与合作伙伴进行跨业务领域的协同，对 IT 团队运维管理要求高等问题。

基于“数据共享+开放 API”提升绩效管理应用的连接、集成能力。按照业务与考核融合整合出的全新业务流程，梳理绩效管理平台与各业务系统边界及接口，建立绩效数据共享中心、数据看板、即时消息、工作台等。如果银行已有统一门户平台，那么可以将数据共享中心、数据看板、即时消息、工作台快速集成到银行统一门户平台。这些要素的连接，能让银行在各个系统间进行灵活、无缝衔接，提高工作效率。银行还可以通过货架式的设计，构建“绩效+战略”“绩效+营销”“绩效+人力”等多样化的管理需求场景（见图 7-18）。

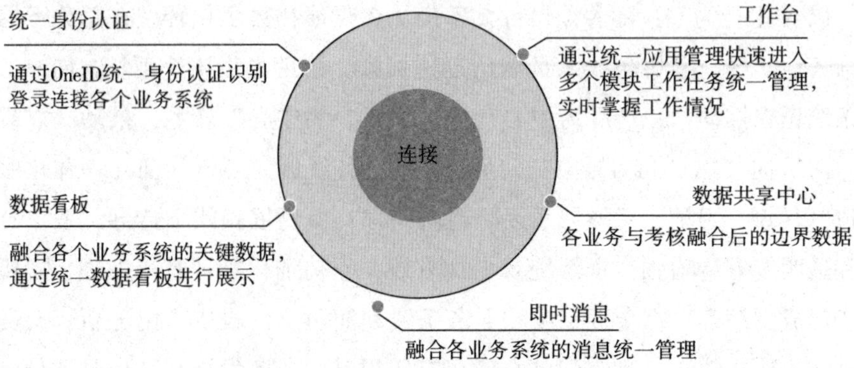

图 7-18　绩效管理应用平台连接能力

（3）提升绩效管理平台的数智分析能力。

目前，绩效管理平台通过行领导驾驶舱、绩效报告、绩效管理等丰富、多维度、智能化的分析诊断功能赋能管理者、员工、相关人员。尽管当前绩效管理平台的分析功能涉及绩效、业绩、经营、客户、风险等方面，但是整体上数智分析能力还有待提升，主要表现在：缺乏体系化的分析框架；分析方法单一，以描述分析为主；可视化能力一般，以常见图表样式为主。

构建以“战略、绩效、能力”为核心的高绩效分析体系，帮助银行找到战略目标的实现路径。一切围绕战略目标的实现，将战略目标分解成“规模、成本、风险、利润、价值”维度的绩效目标，再从“产品、客户、渠道、组织、运营、员工、IT”七个方面发力，以达成绩效目标（见图 7-19）。

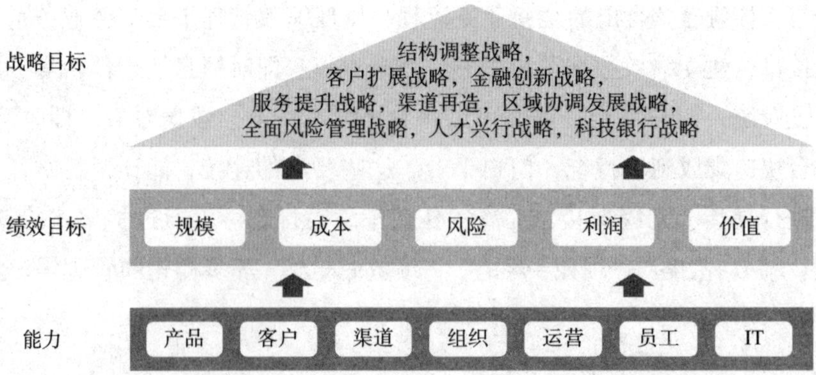

图 7-19　以“战略、绩效、能力”为核心的高绩效分析体系

构建多维度绩效图谱，为智能化分析打下数据基础。以账户、事件、任务、活动等各个绩效原子为粒度，核算绩效实体、绩效组织、绩效主题，形成一张多维度的绩效图谱（见图 7-20）。银行可以根据实际需求，实现各维度组合式的绩效分析。

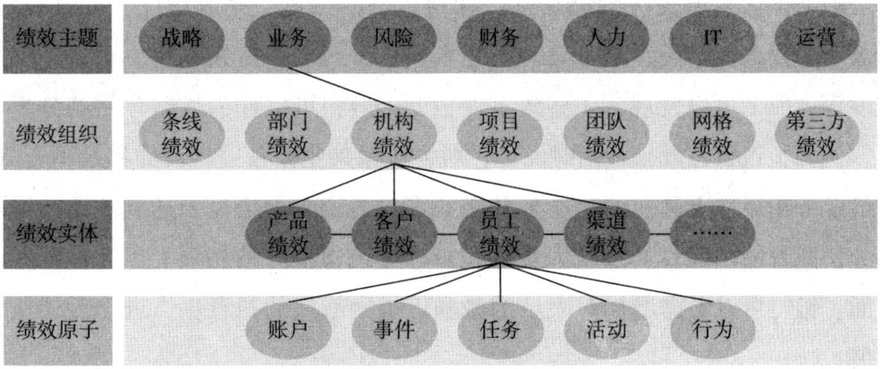

图 7-20　多维度绩效图谱

四、强化战略评估与绩效管理效果评估结合

绩效管理的最终目的是助力银行服务乡村振兴战略目标的实现，绩效管理与考核效果的持续发挥也充分体现了银行服务乡村振兴战略的效果持续得到实现。因此，在战略绩效管理实施下，加强战略评估与绩效管理结合，在反馈机制中形成更全面的评估体系，有利于战略绩效管理体系的整体改进，从而促进绩效管理三层效果的持续实现（见图 7-21）。

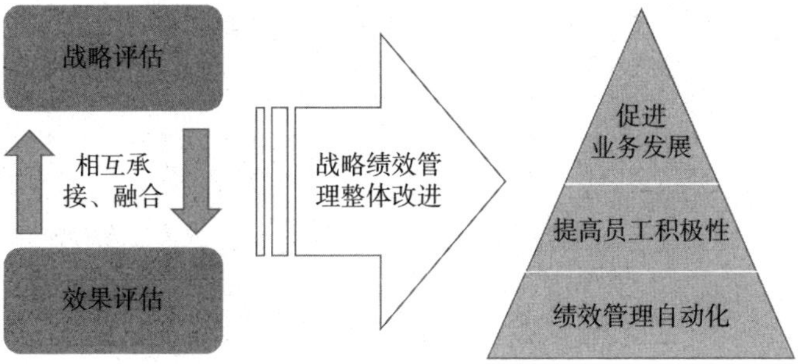

图 7-21　加强战略评估与绩效管理结合

（一）评估同时面向战略管理与绩效管理

战略绩效管理是战略管理与绩效管理的有机融合，两者相互关联、相互影响。战略评估作为战略管理的关键环节之一，往往需要与绩效管理的效果评估同期开展。

战略评估主要关注战略目标、计划执行的偏离、完成程度、有效程度，绩效管理效果评估关注绩效管理的运营情况、对员工激励程度、对业务促进程度等方面。可以发现，一些效果评估的内容，可以作为战略评估的分析原因。例如，银行在效果评估时发现，对乡村振兴业务营销人员的激励不充分，人员业务积极性不高，同时业务及相关客户的增长增值也未达到预期，进一步分析两者的相关性，发现人员的积极性影响了业务的拓展。因此，在战略层面，银行可以考虑增加对人员的激励以提升战略的执行度，进而促进业务发展。

（二）强化战略评估建议在绩效管理中的应用

绩效管理服务于业务经营发展，制度建设、价值测算等工作需要结合战略评估的模型，保证绩效管理制度与战略保持一致。绩效考核解决的是资源投入问题，优化资源配置，能够最大限度地提高战略执行效率，因此效果评估会以战略评估的结论为依据。例如，银行乡村振兴业务发展战略强调以客户为中心，落地到绩效管理，银行就需要建立以客户为中心的考核体系。

同时，战略评估反映出来的战略执行过程中的问题、不足等，都需要通过完善业务与管理策略措施进行纠偏和调整，相应地，绩效管理的资源配置、目标导向、内容等都需要随之进行调整和优化。

参考文献

［1］陈星池，毛伟．农村金融助力乡村振兴战略实施研究［J］．信合金融，2022（14）：175-177.

［2］董欢．企业战略管理理论研究综述［J］．中国盐业，2015（1）：47-53.

［3］杜欣欣．互联网金融与风险约束下的银行多元化战略［J］．中国商论，2018（6）：47-48.

［4］郭照兴．工商银行内蒙古分行“乡村振兴贷”风险管理研究：基于乡村振兴战略背景［D］．呼和浩特：内蒙古财经大学，2022.

［5］何广文，刘甜．基于乡村振兴视角的农村金融困境与创新选择［J］．学术界，2018（10）：46-55.

［6］魁因．企业应对变化的战略［M］．北京：世界图书出版公司，1987.

［7］李文．乡村振兴背景下甘肃农村金融服务发展研究［D］．兰州：兰州财经大学，2022.

［8］刘璐．“乡村振兴”背景下 S 农商银行发展战略研究［D］．武汉：中南财经政法大学，2018.

［9］刘旭科．乡村振兴金融需求多元化与农村金融供给侧结构性改革探讨［J］．时代金融，2021（21）：64-66.

［10］刘雪．安徽省乡村振兴发展的金融支持研究［D］．合肥：安徽大学，2019.

［11］马蔚华．加快银行业经营方式全面转型［J］．中国金融，2010（14）：37-42.

［12］明茨伯格，等．战略历程：纵览战略管理学派［M］．刘瑞红，等

译．北京：机械工业出版社，2002.

［13］彭双红．屏山农商银行金融支持乡村振兴战略的路径研究［D］．昆明：昆明理工大学，2021.

［14］谱写新时代乡村全面振兴新篇章：2017年中央农村工作会议传递六大新信号［EB/OL］．http：//www.moa.gov.cn/ztzl/ncgzhy2017/zxdt/201801/t20180103_ 6133748.htm.

［15］秦国伟，董玮．农村土地流转有供惜给与有需慎求的博弈困境［J］．福建农林大学学报（哲学社会科学版），2018，21（5）：33-39.

［16］孙志军．农村金融需求变化特征与金融产品创新策略［J］．金融理论与实践，2009（5）：107-109.

［17］谭笑．乡村振兴战略下乡村人才振兴［J］．经济研究导刊，2022（20）：94-96.

［18］天维公司银行绩效考核最佳实践研究所．战略绩效管理：为中小银行赢得未来［M］．北京：中国经济出版社，2021.

［19］王城英．新形势下金融服务乡村振兴战略的实践与创新：以中国农业银行福州分行为例［J］．福建金融，2022（8）：46-50.

［20］王刘娟，莫丽萍．服务乡村振兴视角下农村金融供给侧管理研究［J］．现代农业研究，2022，28（2）：124-126.

［21］吴丹．城乡融合背景下城郊型村庄发展模式研究［D］．郑州：华北水电水利大学，2020.

［22］谢丹菁．国土空间规划背景下城郊融合类村庄规划研究［D］．荆州：长江大学，2021.

［23］叶永振．我国中小金融机构发展策略研究［J］．企业改革与管理，2019（6）：116-122.

［24］阴映月．乡村振兴战略提出的背景及意义探讨［J］．现代化农业，2018（4）：36-38.

［25］张婷婷．我国乡村振兴的金融支持问题研究［D］．长春：吉林大学，2021.［26］张馨爻．新时代乡村振兴战略背景下农商银行再转型研究［D］．天津：天津师范大学，2019.

［27］邹一南．从二元对立到城乡融合：中国工农城乡关系的制度性重构［J］．科学社会主义，2020（3）：125-130.